日本古代氏族研究叢書⑦

阿倍氏の研究

大橋信弥　著

雄山閣

「日本古代氏族研究叢書」刊行にあたって

本シリーズは、日本古代に活躍した個々の氏（ウヂ）について、それぞれにふさわしい研究者が、その研究成果を一冊の書物にまとめて刊行するものである。近年、七世紀代に遡る出土文字史料の増加により、七世紀、さらにはそれ以前の時代に対する関心が、再び高まってきている。一方、稲荷山古墳出土の鉄剣銘文が発見されて以来、ウヂや系譜についての研究も大きく進展した。しかし、個々のウヂについて、それを全体的に取りあげた研究はそれほど多くはない。このような状況のなかでの本シリーズの刊行は、今後の氏族研究の発展に大きな意味を持つであろう。

目次

序　阿倍氏研究の課題と視角

戦後の古代史の研究、特に「大化前代」の史的究明において、個別氏族研究が重要な一分野となってきたことは、当シリーズの刊行趣旨にも唱われている通りである。私自身も、その研究の出発点は、蘇我氏・大伴氏・阿倍氏などの個別氏族研究であったし、その後の研究も、中央豪族だけでなく、地方豪族や渡来氏族などを対象とする氏族研究を大きなテーマのひとつとしている。そうした中で、かつて重要な課題として手を付けながら、その後種々の事情で中断を余儀なくされたのが、阿倍氏であった。今回当シリーズで阿倍氏に取り組む機会を得て、私自身の積年の課題を果たすことになった。なお、阿倍氏研究のこれまでの歩みについては、本書の中で個々に詳しくふれているので、ここでは、研究の現状を概略整理し、課題と研究視角を述べることにしたい。

古代豪族阿倍氏については、その重要な位置にもかかわらず、これまで、部分的な考察に留まり、本格的な論究はなされてこなかった。この点は今日においても変わらないが、その理由としては、阿倍氏だけでなく、その主要な同族が、きわめて多面的な活動を示しており、その全体像がつかみ難く、容易に焦点が絞れないことがあげられる。すなわち、阿倍氏は「臣」のカバネをもち、大和東部に本拠を持つ有力豪族でありながら、伴造氏族とのかかわりも深く、王権の儀礼にも関与しており、その同族も一見バラバラな性格をみせているからである。逆に言えば、そうしたことが、阿倍氏とその同族の本来的な性格を示しているといえるかもしれない。

阿倍氏についての個別氏族研究としては、大塚徳郎氏と志田淳一氏の研究が、先駆的なものであり[1]、両氏の研究により、阿倍氏とその同族についての主要な課題・論点はほぼ出し尽くされており、まず両氏の研究をやや詳しくみておきたい。大塚氏は、東国・東北に濃密に分布する丈部の有力者が、阿倍安積臣・阿倍会津臣・阿倍陸奥臣など、阿倍某臣に改姓していることを手がかりに、阿倍氏と丈部の関係を究明するという問題意識から出発し、さらに阿倍氏に関わる史料を広く検討して、その氏族的性格を明らかにしようとされた。私なりに要約すると次のようになる。

①阿倍氏は、蘇我氏とともに、欽明朝ごろに政治的進出を果たした新興豪族で、蘇我氏とよく似た性格を持ち、その下で、後の大納言に当たる大夫（マエツキミ）として、官司制的部民制を領導した、「近侍官人的性格」の氏族である。

②阿倍氏は、宣化元年二月、大連物部麁鹿火・大伴金村と大臣蘇我稲目につぐ大夫として、阿倍火（大）麻呂が見えるのを初見とし、推古十八年三月、四大夫の一人に、阿倍鳥子臣がみえるように、大夫補任氏族として、長く朝廷に参議していたとみられる。

③阿倍氏の職掌は、具体的には、供膳・屯倉経営・軍事・外交など多方面にわたっている。そうした職掌の手がかりとなるのは、大嘗祭における阿倍氏の特異な役割である。宝亀二年（七七一）十一月二十一日の光仁天皇の大嘗祭において、阿倍氏が、「諸司宿侍」の名簿を奏したとあり、また、『延喜式』神祇部践祚大嘗祭条にも、「坐定安倍氏五位二人、六位二人、左右相分共就版位、奏侍宿文武官分番以上簿」とあり、阿倍氏が大嘗祭において、官人の名簿を奏上する役割を担っていたことがわかる。このことは、阿倍氏による官人の統括的な役割を示すもので、それは朝廷において、大王の近くに仕える近侍官人的な性格と理解される。こうした性格によって、供膳・屯倉経営・軍事・外交など多様な職務に関与することになったと考えられる。

④阿倍氏が、大嘗祭で吉志舞を奏するのは、阿倍氏が難波屯倉の経営に関与する中から、吉志舞を伝流する「吉士集団」との関係を深め、「吉士集団」を率いて奏上することになったからで、これも朝廷における阿倍氏の役割、「近侍官人的性格」を示すものとみられる。

以上のように、大塚氏により阿倍氏に関わる主要な問題が検討され、そこから、その氏族的性格を「近侍官人的性格」とみて、阿倍氏が関わる様々な職掌もそうした性格から説明できるとされた。こうした指摘を受けて、個別氏族研究の視点から改めて阿倍氏をめぐる基本的な問題を取り上げたのが志田淳一氏であった[2]。

①阿倍氏の本拠については、その祖大彦命に関わる系譜や伝承が、三輪山山麓に集中することから、十市郡阿倍説を支持し、そのウジ名の由来も、通説のとおり、その本拠の地名によるとする。ただ、その職能である供膳に由来する「饗（あへ）」とする説にも興味を示している。

②同祖系譜については、『日本書紀』（以下『書紀』と略記）が、大彦命の後裔として、阿倍・膳など七族をあげるのに対し、『古事記』が、大彦命ではなく、その子建沼河別命を「阿倍臣等之祖」とし、比古伊那許士別命を、「膳臣之祖」とすることについて、『新撰姓氏録』（以下『姓氏録』と略記）が、阿倍氏同族の祖の多くを、建沼河別命とはせず、大彦命としているところから、『書紀』の系譜が新しいとし、その背景に阿倍氏本宗家の交代を想定している。すなわち、蘇我氏の滅亡に伴い、それまでの阿倍氏本宗家は没落し、持統朝に氏上となった布勢朝臣御主人が、新しい本宗家となり、その祖を建沼河別命から大彦命に改変したとする。

③『古事記』『日本書紀』（以下『記紀』と略記）の崇神天皇の御世に、大彦命を北陸に、建沼河別命を東海に派遣するとする、いわゆる「四道将軍」の物語は、崇峻二年七月条の近江臣満（東山道）・宍人臣（東海道）・阿倍臣（北陸道）を遣わして、それぞれ国境を観察させた記事から述作されたとする説を支持しながらも、これが、

事実ではなく宮廷儀礼を伝承化したものとする。

④阿倍氏の台頭は、五世紀末から六世紀ごろのことで、それは岡田精司氏が明らかにされた、地方豪族の大王への服属儀礼、後に新嘗祭・大嘗祭として宮廷儀礼化する「新嘗・服属儀礼」の盛行期に重なるとし、それを担っていたのが阿倍氏であるとする。

⑤阿倍氏や同族が、対外交渉に深く関わる所伝が多いことも、「新嘗・服属儀礼」に関わるものであり、特に、阿倍氏と吉志舞の関わりは、そのことを具体的に裏付けるとする。すなわち、吉志舞は、久米舞と並んで、大嘗祭において奏上される、服属儀礼であり、久米舞が、国内の服属をテーマとするのに対し、吉志舞は、海外の服属をテーマとするもので、阿倍氏が「新嘗・服属儀礼」を主掌していたことから、統括することになったとする。

⑥阿倍氏と屯倉経営についても、阿倍氏が「新嘗・服属儀礼」を統括することにより、そうした新嘗の料を貢進する屯倉との関わりが生じたからで、阿倍氏同族に、屯倉経営と関わる難波吉士や大戸首などが組み込まれたのは、「新嘗・服属儀礼」における繋がりからであったとする。

このように、志田氏は、大塚氏の「近侍官人的性格」という指摘に加え、「新嘗・服属儀礼」の主掌者とする視点を導入して、阿倍氏をめぐる様々な問題を検討された。この両氏の研究により、阿倍氏の実態と性格が総合的に明らかにされ、その後長く通説的位置を占めるところとなった。ただ、両氏が阿倍氏の性格として指摘された、「近侍官人的性格」や「新嘗・服属儀礼」の主掌者とする視角については、阿倍氏の多様な事跡を、こうした性格に適合させて理解しようとした結果、やや一面的な考察となる傾向もみられ、問題を残すところとなった。このため、その後の研究は、両氏の見解の不備な部分を含め、具体的に個々の課題について再検討する方向ですすめられることになる。

まず、阿倍氏の性格を考える上で、重要な視点である大夫という地位については、関晃氏が、基礎的な論究をされている。関氏は、大化前代の朝廷の首脳としては、大臣・大連だけが指摘されるだけで、その他の中央豪族は、伴造か、伴造の上級指揮者として、世襲の専門職で朝廷に仕えていたとみられているが、六世紀以降、職制や政務の分化・複雑化に対応して、諸官司を統合的に運営し、地方や海外の課題に対応して主要政策を決める、議政官的な制度が必要になったとし、そうした職務を行う官職として、諸史料に見える「大夫」に注目した。(3) 関氏は、「改新詔」第一条の、大夫以上に食封を賜うという規定から、改新政府を構成する諸豪族のうちに、特に高い地位を占める層（上流豪族層）のあることが窺えるとし、それを大夫とされた。すなわち『書紀』の大夫の古訓に、マチキミ・マチキミタチがあり、その語意は、「前つ君」で天皇の前に候らう公であり、大夫の職務や地位を示すとされた。そして、養老令では、大夫の範囲がさらに限定されたが、実際には五位以上を一般に大夫と呼んでおり、後には五位の通称として大夫が使われるようになるとされた。

さらに、大夫の具体的な地位・構成を、舒明即位前の「大夫」会議についての『書紀』の記載を取り上げ、それが、皇位に関わる朝議の場であり、大夫が議政官であったことを示すとし、大夫が参議と奏宣に関わることを明らかにした。関氏の研究により、欽明朝ころから、大臣・大連などの執政官に加えて、複雑化する朝廷の政務や職制など主要な政策を合議により運営する議政官的な制度として、大夫（マエツキミ）と呼ばれた上級豪族層が創成されたことが明らかにされたのである。そして、阿倍氏については、早くから朝廷で高い地位にあったとし、その職務・地位は、大塚徳郎氏が指摘された、天皇に近侍する諸官の「最高統率者」であるとされている。こうした大夫についての、関氏の見解は通説化し、その後、貴族政権論、畿内政権論の起点となるが、大夫制そのものについては、加藤謙吉氏が、関説を継承した上で、その成立期や、その具体的な変遷、大夫の政治的権限など、関氏が論究されていない点について、再検討を試みている。(4)

加藤氏は、大夫制そのものについての歴史過程の考察が不十分であったとし、太夫制と冠位十二階との関わりを取り上げ具体的に検討している。そして、崇峻や舒明の即位に当たって開催された大夫による合議の分析から、大夫の権限の一つに、大王位の承認権があったとし、推古朝以前に、すでに大夫による合議制が存在したことを推定する。また冠位十二階の徳冠を賜った人物の分析により、徳冠は太夫の家柄を固定し、政治的立場を保証し、冠位制に裏づけられた宮廷貴族の創出が目的であったとし、大夫を出す家は当時「良家」と呼ばれたと指摘している。その後、氏族合議制の成立過程を検討した倉本一宏氏は、マエツキミは、これまでの研究で、六世紀後半ごろ成立した官職で、氏族を代表して、朝政に参議し、奏宣に関与する冠位の小徳以上のもので、大王の即位に参与し承認するとともに、軍隊の統帥にも関与した、官職というより、地位・称号とみる。そしてマエツキミ会議は、大王の即位をはじめ朝政の重要事項を合議で検討し、承認・決定する国政審議の場であり、王権が分裂した欽明朝に、オオマエツキミ―マエツキミ制として成立したとされている。(5)こうしたマエツキミ制については、大塚・志田両氏の見解を含め、本書の第六章で再検討を試みた。

阿倍氏の研究のもう一つの視角は、阿倍氏が大嘗祭で吉志舞を奏上する事情の検討から、阿倍氏の氏族的性格に迫ろうとするものである。この点についっては、志田淳一氏が吉志舞の奏上に関わる「吉士集団」が、対外交渉に携わっていたことと、具体的な吉志舞の所作の分析から、国内の服属をテーマとする久米舞に対し、海外の服属をテーマとする儀礼とされた。これについては、「吉士集団」の実態を詳細に研究された三浦圭一氏や藤間生大氏の指摘や、芸能史研究の視角から、吉志舞を難波地方の「土風歌舞」とされた林家辰三郎氏の研究に触発され、私見を述べたことがある。[6] しかし、その前提となる「吉士集団」そのものについての論究は、難波吉士と草香部吉士について、一部検討したにとどまり、全面的な考察に至らず、中断することになってしまった。[7] 本書の第二章では、こうした「吉士集団」について、その後の研究も参照して、基礎的な論究を果たし、改めて吉志舞の実態に迫ろうとしている。

また、阿倍氏と大嘗祭の関係については、大塚徳郎氏が指摘された、阿倍氏が大嘗祭において官人の名簿を奏上するという、特異な役割を担っていたことについて、佐藤長門氏は、大塚氏が官人の統括的な役割を示すものとして、「近侍官人的性格」とされた点を一歩すすめ、官人の名簿の奏上が、そうした官人たちの王権への服属儀礼を、大王へ取り次ぐ役割を果たしたものであるとされている。そして佐藤氏は、阿倍氏の名簿奏上が大嘗祭の固有の行事で、祭儀に奉仕する伴造系の中小氏族を率いて、大王への服属・奉仕を儀礼化したもので、倭王権段階からの伝統とする。[8] こうした王権儀礼の成立過程については、志田氏の指摘された、「新嘗・服属儀礼」の検討とともに、第六章で論究している。

阿倍氏の同祖系譜については、志田氏にやや詳しい研究があるだけで、本格的な検討はなされていなかった。そうした中で、かつて私も同祖系譜の成立過程について、粗削りな考察をおこなったが、部分的な検討に留まった。[9] 本書においては、第三章で阿倍氏同祖系譜の中核をなす阿倍氏と膳氏について、改めてやや詳しい検討を加え、それとの関わりで、第四章で埼玉県稲荷山古墳出土鉄剣銘にみえる始祖系譜について、溝口睦子氏の研究を継承して、私見を述べた。[10] また、第四章とも関わるが、第五章では、同祖系譜の中で、やや特異な存在でもある佐々貴山君を取り上げ、その特徴と地方における同族の存在形態について検討を加えた。そして、こうした検討を前提として、第七章では、阿倍氏同祖系譜の成立過程とその特質について総括し、阿倍氏の氏族的性格についての私見を示そうとしている。なお、第一章では、こうした論究の前提として、阿倍氏が継体・欽明朝ごろに突然中央政界に登場する背景について、継体朝の成立に果たした阿倍氏の動向を、私なりに検討している。なお、阿倍氏については、このほかにも、本書で取り上げなかった「越経営」の問題や、[11]阿倍氏の本拠とみられる十市郡阿倍の地域的検討、それとも関連する「安倍寺」をめぐる問題など、[12]まだまだ多くの課題が残されているが、力不足で論究できなかった。本書で取り上げながらも、いまだ未消化な論点も含め、今後の課題としたい。

註

（1）大塚徳郎「阿倍氏について」（『続日本紀研究』三―一〇・一一　一九五六『平安初期政治史研究』吉川弘文館　一九六九）
（2）志田諄一「阿倍臣」（『古代氏族の性格と伝承』雄山閣　一九七一）
（3）関晃「大化前後の大夫について」（『大化改新の研究』下　関晃著作集第二巻　吉川弘文館　一九九六　初出一九五九）
（4）加藤謙吉「大夫制と大夫選任氏族」（『大和政権と古代氏族』吉川弘文館　一九九一　初出一九八六）
（5）倉本一宏「氏族合議制の成立―「オオマエツキミ―マエツキミ」制―」（『日本古代国家成立期の政権構造』吉川弘文館　一九九七　初出一九九一）
（6）大橋信弥「吉志舞について」（『日本古代の王権と氏族』吉川弘文館　一九九六　初出一九七五）
（7）大橋信弥「難波吉士について」（前掲書　初出一九七八）
（8）佐藤長門「阿倍氏と即位儀礼」（『日本古代王権の構造と展開』吉川弘文館　二〇〇九　初出一九九三）
（9）大橋信弥「阿倍氏同祖系譜の成立過程」（『日本史論叢』第七輯　一九七八）
（10）溝口睦子『日本古代氏族系譜の成立』（学校法人学習院　一九八二）、同「系譜論からみた稲荷山古墳出土鉄剣銘文

―父系制度の問題を中心に―」（『十文字国文』第九号　二〇〇三）

（11）米沢康「越国守阿倍引田臣比羅夫考」（『北陸古代の政治と社会』法政大学出版会　一九八九）、若月義小「律令国家形成期の東北経営」（『日本史研究』二七六　一九八七）、熊谷公男「阿倍比羅夫北征記事に関する基礎的考察」（高橋富雄編『東北古代史の研究』吉川弘文館　一九八六）、関口明『蝦夷と古代国家』（吉川弘文館　一九九二）

（12）菱田哲郎「瓦当文様の創出と七世紀の仏教政策」（『ヤマト王権と交流（5）ヤマト王権と交流の諸相』名著出版　一九九四）、近江俊秀「安倍寺の瓦」（『古代文化』四九－五一　一九九七）

第一章　継体朝の成立と阿倍氏
―継体妃「阿倍之波延比売」をめぐって―

はじめに

阿倍氏が本格的に史上に登場するのは、宣化元年二月条の任官記事である。大連の物部麁鹿火・大伴金村と大臣の蘇我稲目につぐ大夫として、阿倍大（火）麻呂がみえている。すなわち、この大麻呂以降、阿倍氏は大和政権の執政官である大臣・大連を補佐して、合議により政局の運営に当たった、「大夫」という、一種の議政官の地位を継承したとみられている。こうしたことから、阿倍氏は欽明朝ごろから、蘇我氏とともに急速に政治的に進出したとされ、それ以降、蘇我氏と連携して、屯倉経営・軍事・外交などに深く関わったとみられている。(1)ただ蘇我氏の場合は、欽明天皇に稲目の娘、堅塩媛・小姉君の二人を入内させているように、外戚としての立場を固めており、継体・欽明朝における政治的上昇の道筋がうかがえるのに対し、阿倍氏の場合は、そうした形跡がほとんどみえないのである。ただ、『古事記』には、継体天皇妃として、「阿倍之波延比売」がみえ、三人の皇子女をもうけたとあり、阿倍氏に出自することがうかがえるが、その記載の真偽については多少問題もあるので、まず、この記載を手掛かりとして、継体朝の成立と阿倍氏の動向を検討し、その政治的上昇の背景を考えてみたい。

第一節　継体朝の成立

継体天皇の即位について、『古事記』は武烈天皇段の終わりの部分に、「天皇（武烈）既に崩りましぬ。日続知らす可き王無し。故、品太天皇（応神）五世之孫、袁本杼命（継体）、近淡海国自り、上り坐さ令メ而、手白髪命於合せまつりて、天下を授ケ奉りき。」と簡略に記載し、五世紀の倭の五王とは、ゆかりのない応神五世孫と称する継体が、「畿外」の近江より迎えられ、武烈の妹の手白髪命と結婚して即位したことを述べている。いっぽう『書紀』は、まず仲哀天皇の五世孫とする倭彦王を迎えようとしたが失敗し、改めて越前三国にあった、応神五世孫の継体を迎えたことを記している。

このように『記紀』は、王位継承や王統譜について、必要以上に慎重な立場をとっているにもかかわらず、近江・越前に本拠をおく傍系の「王族」の擁立を記述しており、この時期の大和政権が、大きな王統の危機にあったことを示している。このため、継体の出自や即位事情については、これまで多くの疑問が出されている。雄略の死後に即位した清寧をはじめ、続く顕宗・仁賢・武烈の実在についても、否定的な見解があるし、継体こそ武烈没後の内乱的状況を背景に、近江または越前を基盤として、「風を望んで北方より立った豪傑の一人」にほかならず、応神五世孫を自称して、新王朝を樹立した地方豪族であったとする見解や、継体とかかわり深い近江に本拠をおき、『記紀』の王統譜に幾重にもからまって登場し、天武朝に皇親氏族に与えられる真人をいち早く賜姓された地方豪族息長氏こそ、継体の出身氏族とする見解も出されている。

このように、継体朝の成立に当たっては、王権をめぐる動乱の様相が明らかであるが、そうした継体にとって、越前三国や出生地である近江高島は、当然、重要な拠点であったが、その后妃の出自から、さらに広い地域に擁立勢力の存在が想定される。

　継体の后妃は『古事記』に七人、『書紀』に九人みえるが、このうち、大后とされる手白香を除いて、まず注目されるのは、『書紀』が「元妃」とする尾張連草香の女、目子媛である。尾張連は、熱田神宮を氏神とする尾張の豪族であり、国造家であった。目子媛は安閑・宣化の母であって、当然、手白香立后以前の正妃たる位置にあったとみられる。手白香・目子媛についで重要な位置を占めるのが、「次妃」とされる三尾角折君の妹稚子媛である。『古事記』はこの妃を筆頭に上げており、最も早く入内した可能性が大きいが、三尾氏からは今一人、三尾君堅楲の女倭媛を出している。継体とのつながりは、予想以上に強かったのであろう。三尾氏は継体の父彦主人王が、拠点として活動していた「三尾別業」のある、近江高島南部の有力豪族であった。そしてこのほか、坂田大跨王の女・息長真手王の女・根王の女は、父が「某王」を称し王族のごとくであるが、後の近江国坂田郡を本拠とする有力豪族、息長君・坂田酒人君・坂田君の所生とみられる。このほか、茨田連小望の女がみえ、摂津の豪族と継体の関わりも注意される。そして、『書紀』に第七妃とされる和珥臣河内の女、荑媛の存在は、和邇氏が唯一の中央豪族であることから、とくに注目されるところである。和邇氏は、大和東北部から山背南部に拠点があった。しかし、この荑媛について『古事記』は、「阿倍之波延比売」としており、阿倍氏からも継体妃が入内していた所伝が知られる。そして、それに加え、注意されるのが、『釈日本紀』が引用する「上宮記一云」にみえる、継体の祖母、久留比売命（乎非王の妃）である。父は、美濃の豪族牟義都国造伊自牟良君で、美濃も有力な擁立勢力と考えられる[2]。このように、継体の有力な擁立勢力としては、継体の母の故郷である越前三国をはじめ、近江三尾・近江坂田・尾張・美濃・摂津・山城南部などの豪族が想定されるが、そうした中で、中央豪族である和邇氏と阿倍氏の存在は注目される。ところが、和邇腹と阿倍腹とされる二人の妃は、その名も所生した皇子女も同じであって、『記紀』における、同一人物の異伝とみられている。どちらの所伝が正しいのであろうか。少し検討が必要となる。

『書紀』継体元年三月十四日条には、「和珥臣河内の女を荑媛と曰ふ。一の男・二の女を生めり。其の一を稚綾姫皇女と曰す。其の二を圓娘皇女と曰す。其の三を厚皇子と曰す」とあり、『古事記』継体天皇段には、「阿倍之波延比売に聚して、生みませる御子、若屋郎女。次に、都夫良郎女。次に、阿豆王。〈三柱〉」とあり、明らかに異伝ではある。『書紀』の場合は、「和珥臣河内」とフルネームで記載されており、和邇氏に出自することは間違いないが、『古事記』の場合は、「阿倍之」とだけあって、父の名やカバネの記載がなく、地名とみる説もある。(3) しかし、『古事記』の場合、ほかにカバネを省略する例もあるから、阿倍氏と理解しても問題ないとみられる。

ただ、この所伝では、ハエヒメの出自に和邇氏と阿倍氏とする二説があり、これを合理的に説明するため、ここにみえる「阿倍」を大彦命の後裔である阿倍氏ではなく、和邇系の阿倍氏とみる説が出されている。すなわち、太田亮氏は、『記紀』の継体妃ハエヒメは、皇子女の記載も一致し、同一人物とみられるから、『古事記』の「阿倍」は、「大春日朝臣同祖」を主張する和邇系の「和安部朝臣」のこととするのである。(4) すなわち、『姓氏録』左京皇別下に「和安部朝臣　大春日朝臣同祖。彦姥津命三世孫難波宿禰之後也。続日本紀合。」「和安部臣　和安部朝臣同祖。彦姥津命五世孫米餅搗大使主命之後也。」とあり、同条の和爾部宿禰・櫟井臣・葉栗臣なども、「和安部朝臣同祖。」「和安部同祖」とされており、いわゆる和邇氏の同族に和安部朝臣・和安部臣の存在が知られるのである。またその唯一の実例として、『続日本紀』(以下『続紀』と略記)神護景雲二年(七六八)閏六月五日条には、左京人従六位下和安部臣男綱ら三人に朝臣を賜わったことがみえる。太田亮氏は、こうした記載により、継体妃ハエヒメの出自を和邇系の和安部臣とみて、整合性を主張されたのである。

ただ、和安部朝臣・和安部臣の実在については、その実例が和安部臣男綱ら三人のみであることから、早くから疑問が出されている。本居宣長は、若干躊躇しつつも「和安部」を「和邇部」の誤記とし、通説化していたが、[5]田中卓氏は、このことを再考し、和邇部の「邇」「爾」の略字「尓」が、「和安部」の「安」の書体に似ていることが、誤記の原因であるとし、また「阿倍」の「倍」は古代において「部」と書かれた例はないとし、「和安部」を「和邇部」の誤記とした。[6]これに対し、加藤謙吉氏は、「爾」の略字「尓」と「安」の誤記説に、『姓氏録』左京皇別下の「和安部朝臣同祖。」とある和爾部宿禰に「爾」が使用されていることから、田中説は決定的な根拠に乏しいとする。加藤氏は、和安部臣男綱ら三人以外に実例のないことに対し、養老元年（七一七）に唐に派遣され、玄宗皇帝に寵愛され、結局帰国できなかった阿倍朝臣仲麻呂が、和安部朝臣であったことを、様々な角度から考証している。[7]しかし、その考証は傍証であって、必ずしも成功しているとは思えない。ここでは、この問題にこれ以上深入りせず。「和安部」が和邇部に他ならないことを指摘したい。

まず、『姓氏録』にみえる「和安部」は、「阿倍」の「倍」ではなく「部」を使用しており、田中氏のいうように、「部民制」に関わる「某部」と解した方が一般的ではないか。そして、『姓氏録』の「和安部」の表記をとる各条の記載をみると、すべてが、「彦姥津命」の後裔を称し、その三世孫の難波宿禰・建穴命、四世孫の矢田宿禰、五世孫の米餅搗大使主命を始祖としている。これらは、加藤氏も詳しく検討されている、いわゆる「和邇部氏系図」に関わる和邇部臣氏の始祖に連なっており、「和安部」は「和邇部」と理解をした方が、無理がないのではないか。

和邇部臣氏は、壬申の乱で大功をあげた和邇部君手の出身氏族とみられ、後の近江国滋賀郡北部の和邇村を本拠とし、「和邇部氏系図」によると、その後裔は、中央政界のほか滋賀郡だけでなく、山城国愛宕郡の郡領氏族として、繁栄しており、その一族は、『続紀』天平神護元年（七六五）七月十四日条によると、「右京人甲斐員外目丸部臣宗人等二人賜姓宿禰」とあり、『姓氏録』の和邇部宿禰は、この氏の可能性が高い。[8]ちなみに、先にみた左京人従六位下和安部臣男綱ら三人が朝臣を賜わったのは、神護景雲二年閏六月のことであり、近い時期に和邇部臣氏と和安部臣が、宿禰・朝臣を賜っているのは、偶然であろうか。

以上のように、和安部朝臣・和安部臣は、和邇部朝臣・和邇部臣の誤記とする旧説を支持し、継体妃の阿倍之波延比売の出自は、やはり阿倍氏であったと考える。そして、継体の后妃については、『古事記』が七人、『書紀』が九人とするように、もともと異伝が少なくなかったのではなかろうか。『記紀』に共通してみえる后妃を除くと、茨田連小望の女（妹）關媛、和珥臣河内の女荑媛、根王の女広媛と阿倍之波延比売の四人が、単独で取り上げられており、『記紀』の編者も整理しきれなかったのではないか。したがって、継体の擁立勢力としては、この十人の后妃すべてについて、検討すべきと考える。ただこれまで、継体の擁立勢力については繰り返し論究しており、詳細はそれに譲ることとし、ここでは荑媛に絞り込んで、考えることにしたい。(9)

ところで、阿倍氏は、継体妃以外にも、多くはないが大王家に后妃を出している。『書紀』崇神元年二月十六日条・垂仁天皇即位前紀には、大彦命の女御間城姫が崇神天皇の皇后とあり、阿倍氏出身とはいえないが、それに準ずるといえる。そして継体妃の波延比売があり、少しとんで『書紀』大化元年（六四五）七月二日条に、阿倍倉梯麻呂大臣の女小足媛が「元妃」として見え、有間皇子を生んだとあり、同じく橘娘が天智嬪となり飛鳥皇女・新田部皇女を儲けたとある。また、阿倍氏の同族に対象を広げるなら、天武二年二月（六七三）二十七日条に、宍人臣大麻呂の女媛娘が入内し、忍壁皇子・磯城皇子・伯瀬部皇女・託基皇女をもうけたとある。そして、『記紀』に記載はないが、『上宮聖徳法王帝説』などによると、聖徳太子妃の菩岐々美郎女は、膳臣傾子の娘で、太子の弟来目皇子（久米王）妃も菩岐々美郎女（食菩支々弥女郎）の妹比里古女郎であった。膳氏は上宮王家の外戚として、推古朝ごろには朝廷内で隠然たる勢力を持っていたことが窺える。このようにみるなら、阿倍氏が継体妃を出していたとしても、特に問題があるとはいえないであろう。

第二節　継体の本拠地と阿倍氏

継体天皇の死について、『古事記』は継体天皇段の文末に、次のような記述を載せている。

此之御世に、竺紫君石井、天皇之命に従は不而、禮无きコト多くありき。故、物部荒甲之大連、大伴之金村連二人を遣し而、石井を殺さしメたまひき。天皇ノ御年、肆拾參歳。〈丁未ノ年ノ四月ノ九日に崩りましき。〉御陵者、三嶋之藍ノ御陵なり。

継体天皇の末年、筑紫君磐井の乱が鎮圧されてほどなく、天皇が亡くなり、その墓は摂津の三島に営まれたことを述べている。

『書紀』は、継体二十五年（辛亥五三一）二月七日条と同年冬十二月五日条に、継体の死についての、比較的詳しい記事を載せている。

丁未に、天皇、磐余玉穂宮に崩りしぬ。時に年八十二。

丙申の朔庚子に、藍野陵に葬りまつる。〈或本に云はく、天皇、廿八年歳次甲寅に崩りましぬといふ。而るに此に、廿五年歳次辛亥に崩りましぬと云へるは、百濟本記を取りて文を爲れるなり。其の文に云へらく。大歳辛亥の三月に、軍進みて安羅に至りて、乞乇城を營る。是の月に、高麗、其の王安を弑す。又聞く、日本の天皇及び太子・皇子、倶に崩薨りましぬといへり。此に由りて言へば、辛亥の歳は、廿五年に當る。後に勘校へむ者、知らむ。〉

『書紀』本文が採用する『百済本記』に記載されている継体の死は、朝鮮半島情勢の流動化に連動して、大和政権内部においても、継体と太子・皇子が同時に亡くなるという、重大な事変が生起したことを示唆するものである。

このように継体の出生と死は、波乱万丈で謎に包まれているが、現在、継体天皇の墓とされているのは、大阪府茨木市に所在する、大田茶臼山古墳である。茨木市と高槻市の境界近くの台地上に所在し、全長二二六メートルを測り、三段築成で、左右のくびれ部に造出をもつ均整の取れた美しい前方後円墳である。しかも周濠を含まない古墳本体の規模は、今城塚古墳を凌駕する北摂地域最大の巨大前方後円墳である。そして、『延喜式』に、「三嶋藍野陵〈磐余玉穂宮御宇継体天皇。在摂津国嶋上郡。兆域東西三町。南北三町。守戸五〉」とあり、平安時代には、「摂津国嶋上郡」にあったと認識されていたことがわかる。ところが大田茶臼山古墳は、各種の資料により「摂津国嶋下郡」に所在し、「摂津国嶋上郡」にあるのは、今城塚古墳なのである。しかも大田茶臼山古墳は、陵墓であるため、当然未調査で不明な点が多いが、宮内庁書陵部による修陵工事の前の発掘調査で出土した埴輪は、五世紀前半のもので、六世紀はじめに亡くなった継体天皇の墓とするには古すぎることが明らかになっている。

いっぽう大阪府高槻市所在の今城塚古墳は、大田茶臼山古墳の一・五キロ東の淀川北岸にある、巨大前方後円墳で、全長一八六メートル、濠を含めた長さは三五〇メートル近くにも及び、二重の濠が巡っている。平成九年（一九九七）に始まった発掘調査では、円筒埴輪、家形埴輪、挂甲武人埴輪など多数の埴輪のほか、墳丘上から熊本県宇土半島産の阿蘇溶結凝灰岩などで造られた三つの家形石棺の破片が出土し、大きな成果をあげた。六世紀前半では、国内最大の抜きん出た規模をもつことが明らかになった。

そして、平成一三・一四年度の調査では、国内最大規模とされる埴輪祭祀区の全容が明らかになった。遺構は古墳の北側のくびれ部にある造出に対応する内提に設けられたもので、大量の人物・動物・家形埴輪などの形象埴輪が、円筒・柵形埴輪で区画された五つのブロックに整然と配置されていた。（第六章参照）

そして平成一九年（二〇〇七）一月には、後円部中央の北側で、横穴式石室の基礎とみられる石組み遺構が発見された。石組み遺構は、盛り土の中に造られる、初期の横穴式石室特有のもので、巨石を支える基礎工事を示すものとされている。しかも、この調査によって、石室の発見された場所は、元の位置ではなく、おそらく慶長元年（一五九六）の伏見大地震（豊臣秀吉の築いた伏見城が倒壊した）により、北側約四メートル下部へ滑落したことが明らかになった。こうした調査によって、今城塚古墳が、真の継体天皇陵であることは、ほぼ確実となった。(10)

そこで問題となるのは、この摂津という地域に、二基の大王クラスの前方後円墳が、相次いで造られたのは何故であろうか。しかも二つの古墳は、全く無関係ではなく、古墳に樹立された埴輪は、共に隣接する新池南埴輪窯群で焼成されており、同じ造営主体によると考えられている。周知のように、天皇陵とされる巨大前方後円墳の大半は、大和（奈良県）・河内（大阪府）・和泉（大阪府）に集中しており、この地に所在すること自体、かなり異例のことなのである。また今城塚古墳が真の継体天皇陵とするなら、大田茶臼山古墳は、いったい誰を葬った古墳なのであろうか。大田茶臼山古墳は五世紀中ごろに築造されたもので、二つの古墳の間には七〇～八〇年余の年代差がある。しかも当時、大田茶臼山古墳は、大和東北部のヒシアゲ古墳（全長二一八メートル）、大和南西部の川合大塚古墳（全長一九五メートル）など、近畿一円にいくつかみられるが、なかでも古市古墳群の大仙陵古墳（仁徳天皇陵）は全長四八六メートルの抜きん出た規模の大王墓である。したがって、その規模からみて大田茶臼山古墳に葬られた首長は、大王に準ずる地位にあった可能性が高いといえよう。

ところで継体天皇の即位について、『書紀』は、継体天皇を応神天皇の五世の孫で、彦主人王の子であったとし、彦主人王が「近江國の高嶋郡の三尾の別業（現在の滋賀県高島市三尾里）」にいた時に、美しいとの評判であった越前三国（現在の福井県坂井市三国）の坂中井出身の振媛を妻に迎えたことを記している。そして『書紀』は、継体が幼いうちに彦主人王が亡くなり、振媛は故郷の越前三国にもどり、継体を育てたことを記している。

このように継体天皇は、それまでの王統とは大きく外れ、しかも母の故郷越前ないし、近江から都に上って即位したとされているが、生まれは近江高島、育ちは母の故郷越前三国とするなら、本来の本拠地はどこかという疑問が生じる。父の彦主人王が居住していたのが、「三尾別業」とあるから、その本拠は常識的にみて、継体の墓が造られた摂津三嶋とすべきであろう。当時の慣習では、異郷で亡くなった人も、故郷に埋葬されるのが普通であったからである。そうした場合、今城塚古墳が継体の墓とするなら、その規模や両古墳の密接な関わりからみて、大田茶臼山古墳は、継体の祖父ないし曽祖父の墓と考えるのが妥当なところであろう。事実そうした指摘も少なくないが、私は以下の理由で、大田茶臼山古墳は、その父彦主人王の墓と考える。

『記紀』の年齢記載に、どれほど信がおけるか不安であるが、継体は『書紀』によると、五三一年（継体二五）に八二歳で亡くなったとあり、その即位は五〇七年、五七歳の時で、生年は四四九年、允恭天皇の三八年ということになる。継体の子安閑・宣化は、それぞれ五三五年と五三九年に七〇歳と七三歳で亡くなったとあり、いずれも長命とする伝えがあったものとみられる。これらは必ずしも根拠のあることではないが、こうした世代認識で父彦主人王の没年を推測するなら、仮に継体の一〇歳ころに亡くなったとするなら、四五九年（雄略五）となり、継体と父彦主人王の没年は、おおよそ七〇年を隔てることになる。これを三島の二大前方後円墳の年代観と照らし合わせるなら、二つの王墓を継体とその父のものとすることも、まったく不可能ではないと考えられる。そうした場合、大田茶臼山古墳の規模や格式からみて、彦主人王は傍系の「王族」として、不遇をかこっていたのではなく、大和政権の有力者として、それなりの待遇を得ていたとみるべきであろう。

継体とその父の出身地と墓がこのように考えられるなら、継体は、応神五世孫であるかどうかは別として、大王家の王統に繋がる傍系とはいえ、有力な「王族」となり、親子二代にわたり、摂津三島に本拠を置きつつ、大和政権内における地位を着実に築いていたとも考えられる。

ところで、継体大王家が本拠とした、摂津三島の地を拠点とする古代豪族としては、この地の阿武山に墓を営んだとされる中臣（藤原）鎌足のことが想起されるように、中臣連氏が指摘できる。すなわち『書紀』皇極三年（六四四）正月一日条に、「中臣鎌子連」が「神祇伯」に任じられるが、固辞し、病を口実に「三嶋」に「退去」したとあり、『家伝』は「崗本天皇御宇之初」（舒明朝）に家業を継ぐよう命じられたが、固辞して「三嶋之別業」に「帰去」したとある。その年次に違いはあるが、中臣連氏の「別業」が、摂津三島にあり、鎌子（鎌足）は、このころ居住していたことがわかる。

また、この地に築造された二基の巨大前方後円墳、今城塚古墳・大田茶臼山古墳を見下ろす、阿武山の尾根先端部（標高二一四メートル）に所在する阿武山古墳は、昭和九年（一九三四）四月、京都大学阿武山地震観測所の観測機器設置工事中に不時発見されたもので、地下五〇センチメートルに、瓦礫を敷詰めた層があり、その下部から石積みに漆喰を詰めた構造物（埋葬施設）が発見された。埋葬施設は、幅が狭く中央に棺台があり、黒漆塗のきっちょう棺が安置されており、棺内には遺骸が完存し、頭部付近には玉枕・金糸が、体部には布団が掛けられていた。発見当初からこの地が、藤原鎌足の埋葬地として有力であったこともあり、「鎌足の墓」説が広く主張され、古代の貴人の墓として、大きな反響を呼んだ。（図1　古代の三島）

古墳はその後、保存のため埋め戻されていたが、昭和五十七年（一九八二）になって、周辺地の開発の進捗もあり、国指定史跡として恒久保存を図るべく、範囲確認調査が行われた。その結果、墳丘はなかったが、墓域を画する浅い周溝の全周することが明らかになり、周溝内などから古墳に伴う須恵器の出土があり、年代決定の大きな

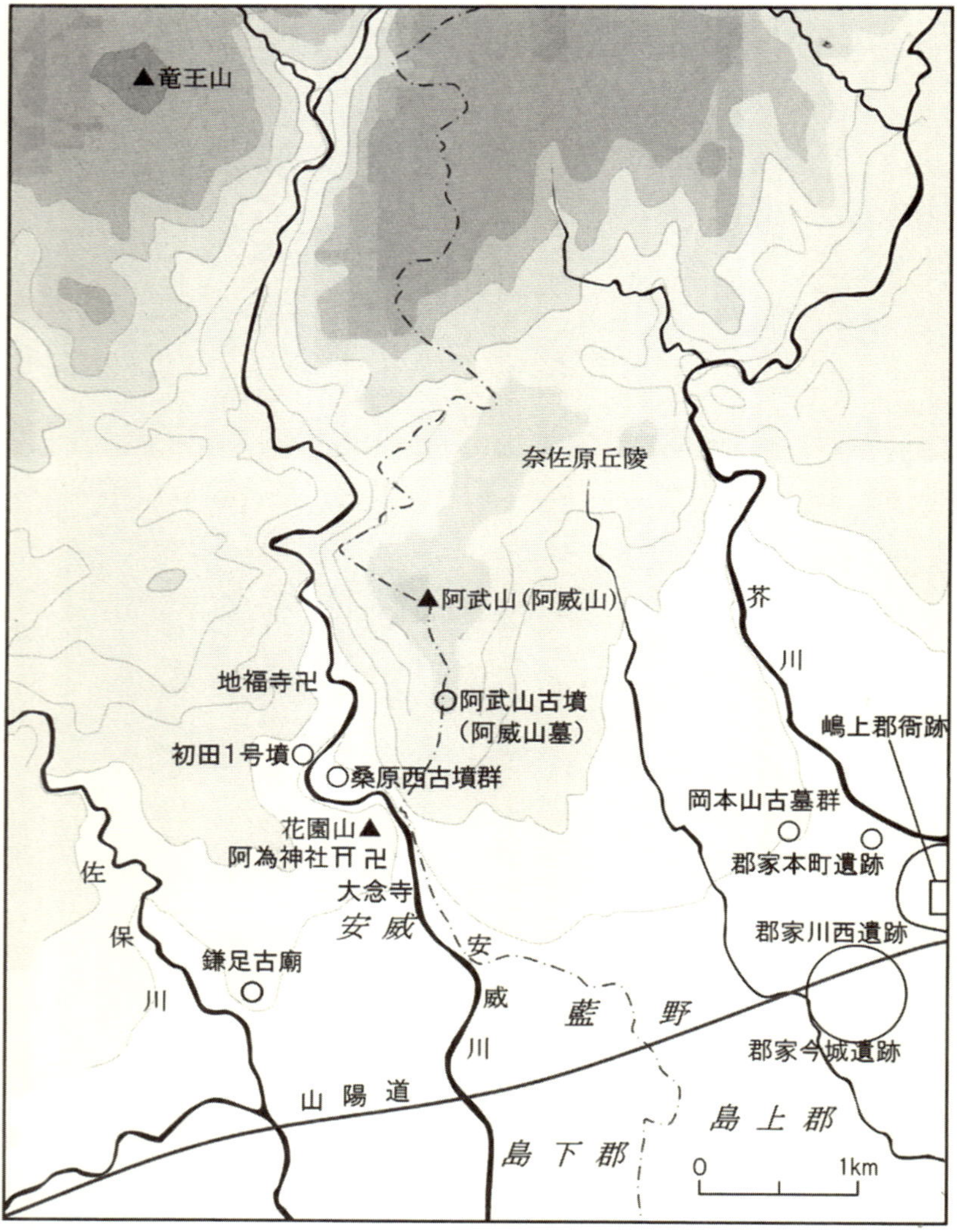

図１　古代の三島
（高槻市立今城塚古代歴史館『中臣（藤原）鎌足と阿武山古墳』より）

材料を提供することになった。阿武山古墳は翌年国指定史跡となり、その後現地の保存工事が行われたが、これとは別個に、京都大学阿武山地震観測所から、発見当時のX線写真やガラス乾板の銀塩写真が見つかり、その分析と検討がすすめられ、大きな成果を上げげた。昭和六二年に公表された成果は、冠帽の存在や玉枕の構造が明らかになったのをはじめ、人骨に骨折の跡がみられること、また、保存されていた出土資料サンプルの再調査により、棺材の断片・棺内面に塗布された朱、玉枕のガラス玉・銀線・覆布などの部品、遺骸の一部などが新たに発見された。

古墳の年代については、埋葬施設は特異なもので、年代決定は難しいが、おおよそ七世紀後半、須恵器の年代は、全体として六六〇年代とする見解が有力であり、天智八年（六六九）の鎌足の死と整合する可能性が高いとされる。[11]しかし、石槨の規模などから、大化薄葬令の規定を参照して、この地に関わりのある阿倍古曾部朝臣を被葬者とする見解も出されており、未確定な部分も残されている。[12]（図2　阿武山古墳の外形と埋葬施設）

阿武山古墳について、少し深入りしたが、被葬者が鎌足であった場合、三島の地と中臣連氏のつながりは、かなり強いことになり、継体大王家と中臣連氏の関係は、予想以上に密接であった可能性がうかがえるのではないか。継体擁立勢力として見直す必要があると思われる。そして、実は本書が課題とする阿倍氏も三島の地と、まったく無関係でないのである。その一つが、阿武山古墳の被葬者の候補とされている、阿倍氏の複姓の同族である阿倍渠曾倍（許曽倍）朝臣である。『姓氏録』左京皇別上に「許曽倍朝臣　阿倍朝臣同祖。大彦命之後也。日本紀漏」と見え、その初見は、『書紀』大化元年九月三日条の阿倍渠曾倍朝臣であり、佐伯部子麻呂と共に、古人大兄皇子の討伐に派遣されている。現在の高槻市古曽部は、元は島上郡に含まれ、阿倍渠曾倍朝臣の本拠として有力視されている。[13]

そして、阿武山古墳が所在する阿武山は、九世紀末ごろ「安部山」と呼ばれていたことは注目される。すなわち『扶桑略記』寛平元年（八八九）十二月二日条（『宇多天皇御記』『増補史料大成1　歴代宸記』にも同文がある。）に、

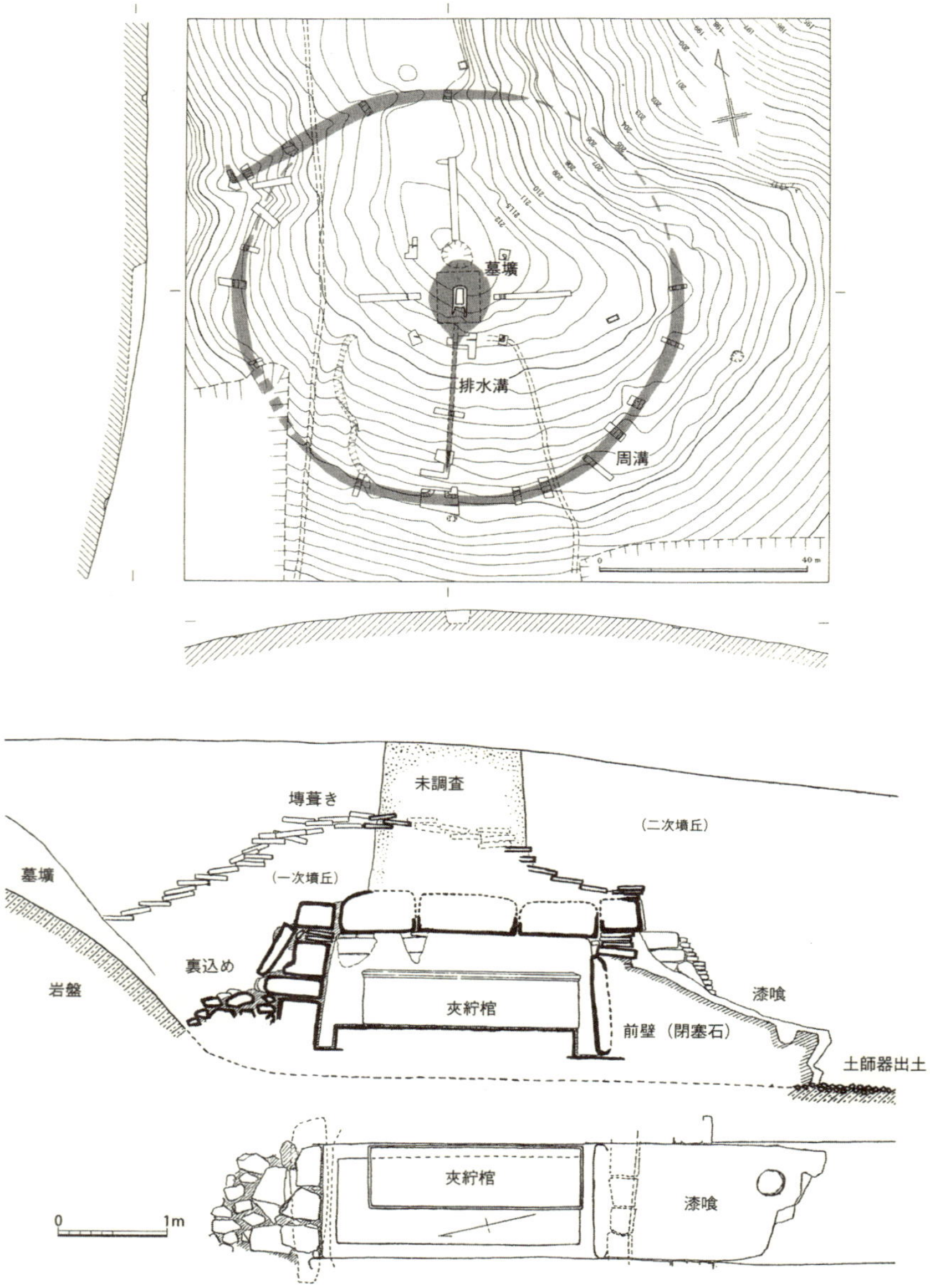

図２　阿武山古墳の外形と埋葬施設
（高槻市立今城塚古代歴史館『中臣（藤原）鎌足と阿武山古墳』より）

陽成太上天皇が、島下郡の藤原氏助の宅を御在所として、「安部山」の猪鹿を狩ったことがみえる。これが阿武山であるとする説は、従うべき見解であろう。(14)「安部山」は、「アブヤマ」と読んだとみられるが、元は「アベヤマ」と読んでいた可能性もあろう。三島の地が阿倍氏の拠点であったことを裏付けるデータといえよう。そして、継体大王家と摂津三島の地との関わりを考えるなら、継体妃「阿倍之波延比売」が、阿倍氏から入内したとすることも、あながち否定できないと思われる。

先にみたように、継体朝の成立期は、王統の断絶という危機的状況の中で、それまでの大和政権の枠組みにも大きな変化が生じ、『記紀』の記載からも、政権を担う豪族のメンバーの変動・改編がうかがえる。そうした中で、蘇我氏とともにこの時期以降、中央政界を主導することになった阿倍氏が、継体朝の成立前夜から、すでに継体擁立勢力の一角を担い、継体妃を入内させていたと考えることができるであろう。

第三節　阿倍氏の政治的進出と那津官家の修造

阿倍氏の政治的進出の状況については、『書紀』宣化元年（五三六）二月条に、大連の物部麁鹿火・大伴金村と大臣の蘇我稲目につぐ大夫として、阿倍大麻呂が見えるのを初見とし、その後も、用明二年（五八七）の物部戦争において、阿倍臣人が、同族膳臣賀拕夫と共に、蘇我馬子側について参加しており、推古十八年（六一〇）三月には、四大夫の一人に、阿倍鳥子臣がみえる。同二十年には、蘇我馬子の妹で、欽明天皇妃の堅塩媛を、檜前の大陵に改葬した時、阿倍内臣鳥が第一番目に天皇の命を誄していること、また、推古三十二年には、蘇我馬子大臣が、葛城県の占有を天皇に要求した時、阿倍臣摩呂が阿曇連と使者となっていること、そして、舒明即位前紀の皇位をめぐる群臣会議において、阿倍麻呂臣が、蘇我蝦夷と事前打ち合わせをするなど、蘇我氏と一体になって政局を主導していることが確認できる。そして、私は、阿倍氏が政権内において、このような重要な役割を担うことになった明確な第一歩こそ、宣化朝における那津官家の修造への関与であったと考えている。

すなわち、『書紀』宣化天皇元年五月条には、筑紫の那津官家の修造のことが記載されている。この記事は、後述するように、政府に残されていた記録に基づくものとみられ、史実を核とする所伝とみられる。

夏五月の辛丑の朔に、詔して曰はく、「(A)食は天下の本なり。黄金万貫ありとも、飢を療すべからず。白玉千箱ありとも、何ぞ能く冷を救はむ。夫れ筑紫国は、遐く邇く朝で届る所、去来の関門にする所なり。是を以て、海表の国は、海水を候ひて来賓き、天雲を望りて貢を奉る。胎中之帝より、朕が身に洎るまでに、穀稼を収蔵めて、儲粮を蓄へ積みたり。遥に凶年に設け、厚く良客を饗す。国を安みする方、更に此に過ぐる無し。(B)故、朕、阿蘇仍君〈未だ詳ならず。〉を遣して、加、河内国の茨田郡の屯倉の穀を運ばしむ。蘇我大臣稲目宿禰は、尾張連を遣して、尾張国の屯倉の穀を運ばしむべし、物部大連麁鹿火は、新家連を遣して、新家屯倉の穀を運ばしむべし、阿倍臣は、伊賀臣を遣して、伊賀国の屯倉の穀を運ばしむべし。官家を、那津の口に修り造てよ。(C)又其の筑紫肥豊、三つの国の屯倉、散れて懸隔に在り。運び輸さむこと遙に阻れり。儻如し須要ゐむとせば、以て率に備へむこと難かるべし。亦諸郡に課せて分り移して、那津の口に聚め建てて、非常に備へて、永ら民の命とすべし。(D)早く郡県に下して、朕が心を知らしめよ。」とのたまふ。

この記事は、筑紫那津之口に設置された「官家」の成立事情を記したもので、ミヤケの修造目的および事情を具体的に記したものとして、貴重な史料といえる。ミヤケ制研究においても、後述するように、これをミヤケの起源とする評価もみられるのである。

この記事は、(A)から(D)の四つの段落に区切ることができ、内容的には、(A)・(B)・(C)の三つの部分に分けることができる。（A）の部分は、従来から指摘されるように、『漢書』景帝紀によって文を作っており、[15]内容の信憑性も薄いが、（B）（C）の前段として、『書紀』編者が述作したもので、詔の全体の趣旨を知る上で参考にはなる。そのいうところは、「食」が国家存在の基礎であり、筑紫が海表の国との往来の関門として、遠近の国々から朝賀のために来日したり、賓客が往来するところであるから、応神帝以来、ここに穀を収蔵・蓄積して、両客を饗応して、凶年に備えてきたとし、これが国の安定にとって重要な施策であることを指摘している。（B）・（C）の前段として、那津之口の官家の修造目的を述べた部分といえる。

そして（B）は、天皇を先頭に、宣化朝の有力者が、各地の屯倉から穀を運んで、那津之口に官家を修造したことを述べた部分であり、この記事の核心部分といえる。そこで、便宜上記事の内容を表示すれば、次のとおりである。

天　皇	阿蘇仍君	河内国茨田郡屯倉
蘇我大臣	尾 張 連	尾張国屯倉
物部大連	新 家 連	新家屯倉
阿 倍 臣	伊 賀 臣	伊賀国屯倉

この記事でまず注目されるのは、稲目だけがフルネームで、「宿禰」という敬称を付して登場していることである。これは、蘇我氏がこの記事の成立に何らかの形で関与していることをうかがわせる。そして、ここに登場する宣化朝の有力者、蘇我大臣・物部大連・阿倍臣の三人は、宣化元年二月条の執政官の再任・新任記事にも見える人物であり、潤色の可能性も否定できないが、（A）にあるように国家的な事業であるから、当時の政権中枢がこのことに関与していても不自然ではないと考える。したがって、ここにおいて、阿倍氏の関与が記されていること

は、阿倍氏が継体朝以来、当時の政権を主導する立場にあったことを示すとともに、那津官家の修造に深く関与していることをうかがわせる。

ところで、この記載内容で気になるところは、同じような形式の記事でありながら、屯倉の名や穀の運送に関与した氏族が、バラエティに富んでいることである。すなわち、「尾張国屯倉」「伊賀国屯倉」のように、令制の国名を冠するものと、「河内国茨田郡屯倉」のように国郡名を冠するもの、「新家屯倉」のように単に地名を関するものがあることである。国郡は粉飾としても、記載に統一性がないことが、逆にこの記事が何らかの史実を核にしている可能性を示していると考える。このことは、屯倉の穀の運搬に関わった氏族についても同様であり、尾張連や伊賀臣のように、国造の系譜につらなる地方豪族や、新家連のように、新家屯倉の管掌者とみられるもの、阿蘇仍君のように、「書紀編者」が「未詳」とし、表面的には茨田屯倉との関わりがみられないものなどがあり、これも本来の史料がかなり生のかたちで掲載されたことを示し、史実に基づく可能性をうかがわせる。そこで個々の屯倉について考えてみたい。

まず茨田屯倉については、茨田提築造の物語とも関連して、論ずべき点は少なくないが、吉井巌氏の詳細な分析により、茨田連氏・茨田勝氏が、その運営に当っていたことは明らかである[16]。茨田屯倉の成立については、『古事記』仁徳天皇段に「(此の天皇之御世)、また秦人を役し、茨田堤また茨田三宅を作り」とあり、『書紀』仁徳十三年九月条に、「始めて茨田屯倉を立つ。よりて春米部を定む」とあるように、茨田堤の築造と関連して、大王家主導による「開墾地系ミヤケ」の典型とされていた。これに対し山尾幸久氏は、奏氏の渡来、あるいは海面上昇などの時期の検討から、かかる事実が六・七世紀、推古朝のころのこととし、他のいわゆる「前期的ミヤケ」とともに、仁徳朝に仮託したものとされている[17]。私はそうではなく、継体・欽明朝のことではないかと考えているが、茨田屯倉が、大王家の主導で運営されたことは、天皇が自ら阿蘇仍君に命じて、「穀」を運ばせていることに対応しており、大王家主導という成立事情を示すものであろう。

物部大連が関わる新家屯倉については、新家連が、『先代旧事本紀』（以下『旧事本紀』と略記）天孫本紀に、「物部竺志連公」を祖とすることがみえ、物部連氏との関係は明白である。『日本書紀通証』は、記載順から、伊勢国志摩郡新家にその所在を比定する。妥当な見解といえよう。『旧事本紀』の物部竺志連氏は、そのウジ名からして、筑紫を本拠とする豪族とみられ興味深いが、ここでは、新家屯倉と新家連氏が、物部氏に近い氏族であることを確認しておきたい。

阿倍氏が関わる伊賀国屯倉については、特定の屯倉の名称でなく、伊賀地域に設置された屯倉の総称であろう。そして伊賀臣氏は、伊賀の国造級の豪族であって、この屯倉の管掌者としては、ふさわしい存在といえよう。伊賀臣氏は、周知のように、『書紀』の阿倍氏同祖系譜の中の七氏にみえ、阿倍氏との密接な関係がうかがえるのである（第二章参照）。

蘇我大臣に関わる尾張国屯倉については、以上三者とはやや異なり、問題点がいくつかみられる。尾張連氏との関係は伊賀国屯倉とほぼ同様に理解されるが、蘇我氏との関連は、明確に認められない。これに対して、物部連氏と尾張連氏が同族関係にあったことは著名な事実であり、いささか不可解なのである。このことと、最初に指摘した、稲目に関する異例の記述と考え合わせるなら、本来は稲目ではなく、物部氏の名があった可能性も推測されてくる。ただ、尾張連氏が、葛城の地に出自するとする『旧事本紀』などの記述を参照するなら、蘇我氏と葛城氏との近い関係から、尾張氏とのつながりが復元されるかもしれない。[18]

以上、（B）の部分が記す、那津之口の官家の成立に関する所伝を、一通り検討したが、それでは那津之口官家に各地から運ばれた穀は、具体的にどのような用途となったのであろうか。穀は稲穂から外した籾がついたままの米であり、保存に適しているため正倉などに収蔵される米は稲穀が一般的であった。したがって、（A）の部分に記されるように、穀は凶年や賓客の饗応にそなえ、収蔵・蓄積することにより、これが国の安定に重要であるとしていることは、整合性が認められる。このことをさらに考えるために、少し脇道にそれるが、ミヤケ制についてのこれまでの知見を、少し整理しておきたい。

第四節　那津官家の修造とミヤケ制の成立

ミヤケ制については、戦前からの長い研究史があるが、ここでは戦後における動向を簡略にみておきたい。戦後の研究は、政治史的な立場からする門脇禎二・井上辰雄氏の研究を先蹤として、[19]経済史的な視角から、類型論・構造論を再生させた弥永貞三氏の研究によって、ほぼ定説が形成された。[20]ミヤケは屯倉という用字の通り、朝廷直轄のクラとそれに付属する水田、それを耕作する人間からなるというもので、大王家による大土地所有として理解され、収穫物は所有する大王・皇族に収められたと考えられていた。これに対し、栄原永遠男氏が、まず旧説の再検討を試み、[21]それをうけて、舘野和巳氏が、ミヤケの性格にかかわる新しい提言をしている。[22]ここでは、栄原氏と舘野氏の研究をとりあげたい。

栄原永遠男氏は、吉備白猪・児島屯倉についての関連史料に再検討を加え、それらが「白猪史の家記」と「馬子の復命に関する史料」の二つの系統からなることを明らかにし、それが同じ事実を別の側面から述べたものであることを指摘した。そして、従来別個のものとして考えられていた、白猪・児島の両屯倉を同一のものであるとし、いわゆる「田令」についても、旧説と異なり、吉備全体に対するミコトモチであり、従来より令制の先駆をなすとされていた「田戸」という記載についても、後世的な潤色にほかならないとされた。その上で、白猪＝児島屯倉の成立については、第一段階として舒明朝ごろ、大臣蘇我稲目ないし命令を受けた官人が、吉備地方に派遣され、「田部」にあたる部民を設定したこと、第二段階として、敏達～推古朝に、馬子の命によって、胆津が実務を担当、田部の増益をはかり、丁籍の制度を導入、それに伴って、「田令」に正・副が生じたとされた。そして、こうした白猪＝児島屯倉の性格については、農業経営を副次的とする、海上交通の要衝におかれた、政治的・軍事的拠点であるとして、港湾施設・客館施設を主たる内容とするものであるとされた。

こうした栄原説を継承した舘野氏は、まず、屯倉の本質について再検討を加え、倉を中核とした水田を含む一定領域を大王が直轄するという（大土地所有）通説的理解には疑問が多いとして、その実態は王権により設置された、軍事的・政治的拠点としての建物＝「官衙」にほかならないとし、国造制・部民制による地域支配に伴う、中央からの派遣官が駐在する施設がミヤケにほかならないとされた（A型）。A型屯倉の初見は、盤井の乱後設置された糟屋屯倉で、その大部分は推古朝ごろ成立したとされている。いっぽう、田地を付属し稲穀収取を目的とした屯倉（B型）の場合は、畿内周辺の豪族から田地を割き取って稲穀の貢納を果すもの（B1型）と、いわゆる開墾地系のもの（B2型）の二種類があり、後者の画期も推古朝とされた。

こうした舘野氏のミヤケ論について、鎌田元一氏は、このようにミヤケ制を理解した場合、ミヤケ制は国造制・部民制の中に解消されてしまい、田地を伴うミヤケのみが、ミヤケという制度として捉えられるに過ぎないと批判された。(23) これに対し、舘野氏は、田地所有を主体とするミヤケ理解の一般化が、ミヤケ研究を混乱させたとして、自論を展開している。(24) そして、第三章でふれているように、ミヤケ制と国造制・部民制の関係を整理するため、大化元年八月五日条の、「東国等国司詔」の評の官人の任用条件にかかる記載を再検討した。

すなわち「若し名を求むるの人ありて、元より国造・伴造・県稲置に非ずして、輙く詐り訴へて言さまく。我が祖の時より、此の官家を領り、是の郡県を治む。」という記載の理解から、ここでいう、評の官人の任用条件に当てはまるものは、大化以前から、国造や伴造・県稲置に任じられ、官家（ミヤケ）を管理して、「郡県」（コホリ）を治めて、王権に奉仕してきた人物であり、六世紀段階では、王権による支配の及んでいた地域では、国造・伴造・県稲置に任じられた豪族は、その管下に、王権によってミヤケが設置され、それを管理・経営することで、コホリという地域に居住する人間集団を治め、王権に奉仕したと理解された。

言い換えると、各地に所在した様々な首長のうち、王権に奉仕することになって、国造・伴造・県稲置に任じられた豪族は、その管下に政治拠点であるミヤケを設置して、それを管理・経営して王権に奉仕したのであり、首長（豪族）がもともと管理していた人間集団はコホリに編成され、首長に従って、王権に奉仕したという理解である。すなわち、六世紀にはいると、王権は、それまで自立していた各地域の首長層を、次第に支配下におき、国造・伴造・県稲置などの「官職」を与え、その管下にミヤケを設置して、地域支配を強化したとされたのである。王権はミヤケを拠点に、必要な物資を貢納させ、トネリ・ウネメなどの労役を課したと理解されたのである。

こうしたミヤケ制研究によるなら、ここで取り上げている那津官家の修造が、こうした、王権が地方に設置した政治的・軍事的拠点としてのミヤケ源流となることは明らかであろう。その運営に充てる穀は、大王をはじめとする政権の有力者の指示で、各地のミヤケから集積されており、典型的なミヤケといえよう。そして那津官家が特に重視されていることは、当時の政権が総がかりでこのミヤケ設置に動いていることからわかり、特別な性格を持つものといえよう。当然、那津官家に穀を運んだ四つのミヤケの場合は、米穀の貢納を義務付けられたミヤケで、尾張連や伊賀臣らが、大王にミヤケを献上しその運営・管理に当たったのであろう。したがって、運ばれた穀は必ずしも凶作や外客の饗応用だけでなく、非常時である対外戦争の臨時的な兵糧としての役割もあったのであろう。それでは、（C）の部分の記述は、どのように理解することができるのであろう。築・豊・肥三国の屯倉が、それぞれ遠く離れて散在し、運搬に困難であることなど、非常時に備えるためには不十分であるため、諸郡に命じて、分け移し集め、兵事に備えるというのがその大意であって、（B）が、全国的な見地から、那津之口の官家の物資を那津之口に集積しようとしたもので、那津官家の経営に関わる北部九州限定の政策と考えられる。事実、（C）は、那津官家そのもの修造ではなく、非常時に備え、北九州の諸屯倉の物資を那津之口に集積しようとしたもので、那津官家の経営に関わる北部九州限定の政策と考えられる。事実、（C）は（B）と「又」で繋ぎ、いちおう、一連の記述としているものの、文章上のつながりや、内容上のつながりは、必ずしも認められない。これらの点から、（B）と（C）は、本来別個に出された命令で、時期も異なる可能性が考えられよう。それが同じ那津官家に関わる所伝であったことから、あたかも一連の政策であるように、『書紀』編者が述作したと思われる。

それでは、こうした那津官家修造の意義は、どこにあったのであろうか。そこにおける阿倍氏の役割は、どのように考えられるのであろうか。まず、那津官家の修造が、『書紀』が記述するように、宣化初年のことであったのか。このことを証明する手だては、当然のことながらないが、この間の対外関係・国内事情から、おおよそ推定できると考える。先に少しふれたように、継体天皇の崩御は、『百済本記』に依拠して採用された辛亥年（五三一）のことであり、この年、前年に生起した筑紫国造磐井の「反乱」がようやく終息したものの、それとも深く関わっていた朝鮮半島の情勢はさらに流動化の度を深めていた。南加羅（金官国）への圧迫を強める新羅に対抗して、伽耶への影響力を強める百済が、伽耶の有力国である安羅に侵攻した、まさにその時に生起した継体の死は、そうした半島情勢の緊迫化に関連して起こったクーデターとみられている。しかもそれは、継体と太子・皇子が同時に亡くなるという、重大な事変と想定される。(25) 翌五三二年、新政府はこうした朝鮮半島南部の動乱に介入するため、近江臣毛野を安羅に派遣、百済・伽耶諸国・新羅の三者の調停に乗り出すが、間もなく新羅が金官国を併合し、次には卓淳、そしてその先には安羅への侵攻をうかがっており、毛野の調停はことごとく不調に終わっている。

そして、こうした動きと連動するかのように、『書紀』は、安閑・宣化朝において、ミヤケ設置記事を集中して載せている。すなわち、安閑二年（五三五）五月条には、全国二六カ所の屯倉設置記事を一括載せており、これに続いて宣化元年夏五月条に筑紫那津之口官家の修造に関わる記事がみえるのである。したがって、特に後者は、朝鮮半島南部とは海を隔てて接している北部九州においてすすめられた国家的な政策であって、こうした対外情勢とまったく無関係ではないといえよう。長く大和政権の対外政策の窓口であった伽耶諸国が、新羅・百済の挟撃にあって滅亡の危機がすすむ中で、特に倭国とは四世紀末以来長く提携関係にあった金官国と卓淳国の滅亡は、倭国に大きな衝撃を与えるとともに、早急な対策を講じる必要に迫られていたといえよう。那津官家とは、そうした伽耶諸国に代わる対外政策の拠点として設置されたものであろう。したがって、この記事を五三六年のことと『書紀』が書いているのは、それなりに根拠があったと考えられよう。

そして、こうした新しい政策をすすめるにあたって、それまでの大和政権の政治組織に加え、ミヤケ制が創出されたのではなかろうか。第三章で検討しているように、トモ制ないしその前身となる倭国の政治システムは、すでに五世紀末の雄略朝ごろには形成されており、各地の有力豪族は、一定の「職」をもって、大王に奉仕していたことが確認される。ただこの段階では、王権が関与できたのは各地の有力首長との君臣関係の構築に留まり、その支配下の住民にまで支配が及んでいたわけではなかった。そうした中で、それまでの政治体制の枠組みを組み替えて成立した継体・欽明朝では、朝鮮半島における危機的状況を突破口として、ミヤケ制の導入をはかり、対外政策の再構築とともに、各地の有力豪族の支配下にある住民にも、一部ではあるが、楔を打ち込もうとしたのではないか。第二章で詳しく検討しているように、那津官家が単独で成立したのではなく、白猪・児島屯倉と難波屯倉と一体の関係にあったことも重要であろう。前者が蘇我氏と深く関わること、後者が「吉士集団」の統括とともに、阿倍氏の主導で運営されていたことは、那津屯家と共通する大和政権の政策であることを示している。こうした重要政策に、蘇我氏・物部氏とともに、阿倍氏が関与していることは、この時期の政権において、阿倍氏が従来考えられていた以上に、大きな役割を果たしていたことを示すものと考える。

おわりに

阿倍氏が欽明朝ごろに中央政界に登場することについて、蘇我氏との提携が主張されることはあっても、阿倍氏自身の要因については、史料的な制約もあって、ほとんど議論されることがなかった。そこで、私は王権だけでなく、政権中枢において大きな変動があった継体朝の成立期に注目し、いくつかの視点から検討を加えた。いずれも確証のあることではないので、憶測の多い考察に終始したが、継体妃阿倍之波枝比売を手掛かりに、継体大王家の本拠であった摂津三島にも阿倍氏の拠点があり、継体朝の成立に当たり、阿倍氏もその有力な擁立勢力として、中央政界への足掛かりを得たことを推定した。そして、北部九州に設置された、大和政権の対外政策の拠点、那津官家の修造と管理・運営を担っていることに注目し、継体から欽明へと続く王朝の政策の形成を、蘇我氏とともに主導する立場にあったことを想定した。こうした憶測が認められるなら、阿倍氏がそのような地力を付けた背景が明らかにされねばならない。章を改めて論究したい。

註

(1) 大塚徳郎「阿倍氏について」(『続日本紀研究』三四・三五、一九五六。後に『平安初期政治史研究』吉川弘文館一九六九に所収)、志田諄一「阿倍臣」『古代氏族の性格と伝承』(雄山閣　一九七一)
(2) 大橋信弥『継体天皇と即位の謎』(吉川弘文館　二〇〇七)、同「継体天皇と美濃—「守君船人」墨書土器発見の意義—」(『淡海文化財論叢』第六輯　二〇一四)
(3) 笹川尚紀「皇極朝の阿倍氏—乙巳の変の歴史的前提—」(『日本書紀成立史孜』塙書房　二〇一六　初出二〇〇四)
(4) 太田亮『姓氏家系大辞典』阿倍条・安倍条(角川書店　一九六三)
(5) 本居宣長『古事記伝』二二之巻(『本居宣長全集』第十巻　筑摩書房　一九六八)
(6) 田中卓『新撰姓氏録の研究』(国書刊行会　一九九六)
(7) 加藤謙吉『ワニ氏の研究』(日本古代氏族研究叢書③　雄山閣　二〇一三)
(8) 大橋信弥『小野妹子・毛人・毛野』(ミネルヴァ日本評伝選　ミネルヴァ書房　二〇一七)
(9) 大橋信弥『日本古代国家の成立と息長氏』(吉川弘文館　一九八四)、同『継体天皇と即位の謎』(前掲)
(10) 森田克行『今城塚と三島古墳群』(同成社　二〇〇六)、同『よみがえる大王墓　今城塚古墳』(新泉社　二〇一一)
(11) 高槻市教育委員会『中臣(藤原)鎌足と阿武山古墳』(今城塚古代歴史館　二〇一三)
(12) 高橋照彦「律令期葬制の成立過程—「大化薄葬令」の再検討を中心に—」(『日本史研究』五五九　二〇〇九)
(13) 笹川尚紀「皇極朝の阿倍氏—乙巳の変の歴史的前提—」(前掲)
(14) 天坊幸彦『上代浪華の歴史地理的研究』(大八州出版　一九四七)、直木孝次郎『蘇った古代の木乃伊—藤原鎌足—』小学館　一九八八)
(15) 小島憲之『上代日本文学と中国文学』上(塙書房　一九六二)

(16) 吉井巌「茨田連の祖先伝承と茨田堤築造の物語」(『天皇の系譜と神話』二　塙書房　一九七六)
(17) 山尾幸久『日本古代王権形成史論』(岩波書店　一九八三)
(18) 吉村武彦『蘇我氏の古代』(岩波書店　二〇一五)
(19) 門脇禎二「ミヤケの史的位置」(『史林』三五－三　一九五二)、井上辰雄「『ミヤケ制の政治史的意義』序説」(『歴史学研究』一六八　一九五四)
(20) 弥永貞三「大化以前の大土地所有」(『日本古代社会経済史研究』岩波書店　一九八〇)
(21) 栄原永遠男「白猪・児島屯倉に関する史料的検討」(『日本史研究』一六〇　一九七五)
(22) 舘野和己「ミヤケ制の成立」(『日本史研究』二二一　一九七九)
(23) 鎌田元一「『部』についての基礎的考察」(『律令公民制の研究』塙書房　二〇〇一　初出一九八四)
(24) 舘野和己「ヤマト王権の列島支配」(『日本史講座　第1巻　東アジアにおける国家の形成』東京大学出版会　二〇〇四)
(25) 大橋信弥「継体・欽明朝の『内乱』」(『古代を考える　継体・欽明朝と仏教伝来』吉川弘文館　一九九九)

第二章　阿倍氏と「吉士集団」―吉志舞の性格をめぐって―

はじめに

阿倍氏のことを考える場合、避けて通れないのが、阿倍氏と「吉士」をカバネとする集団（以下「吉士集団」と呼ぶ）の関係である。その中で特に問題となり、大きな課題となっているのが、天皇の即位に当たり執り行われる王権儀礼の大嘗祭において奏上される吉志舞のことである。大嘗祭における諸儀礼に関わったのは、大伴氏が久米部を率いて奏上する久米舞や、隼人が奏上する隼人舞（風俗歌舞）、吉野国栖が奏する奏歌などのように、いわゆる伴造氏族や服属民であって、阿倍氏のように「臣」を称する、必ずしも伴造氏族とはみられない氏族が関わることは、やや不自然ともみられるからである。ここでは、阿倍氏が吉志舞を奏上する事情の検討を手がかりに、吉志舞の性格をはじめ、阿倍氏と「吉士集団」との関わり、ひいては阿倍氏の氏族としての性格を考えたい。

第一節　阿倍氏と吉志舞

阿倍臣と吉志舞の関係については、これまでいくつかの視角から論じられており、まずそうした研究の歩みを振り返っておきたい。

阿倍氏について先駆的な研究を発表した大塚徳郎氏は、まず大嘗祭における阿倍氏の特異な役割に注目する。

すなわち、『続紀』宝亀二年（七七一）十一月二十一日条にみえる光仁天皇の大嘗祭において、阿倍氏が、「諸司宿侍」の名簿を奏したとすること、また、『延喜式』神祇部践祚大嘗祭条にも、「坐定安倍氏五位二人、六位二人、左右相分共就版位、奏侍宿文武官分番以上簿」とあることなど、阿倍氏が大嘗祭において、官人の名簿を奏上する役割を担っていたことに注目する。そして、このことは、阿倍氏が官人の統括的な地位にあったことを示すもので、朝廷において大王の近くに仕える「近侍官人的性格」を示すものと理解した。こうした性格により、阿倍氏は朝廷において供膳・屯倉経営・軍事・外交など多様な職務に関与することにもなったと考えた。すなわち、阿倍氏は大夫（マエツキミ）として、官司制的部民制を領導した、「近侍官人的性格」の氏族であるとするのである。そして、阿倍氏が吉志舞を大嘗祭で奏するのは、阿倍氏が難波屯倉の経営に関与する中で、吉志舞を伝流する「吉士集団」との関係を深め、「吉士集団」を率いて奏上することになったからで、これも朝廷における阿倍氏の役割、「近侍官人的性格」を示すものとする。(1)

次いで、阿倍氏について、初めて全般的な考察を加えた志田淳一氏は、阿倍氏の台頭は、五世紀末から六世紀ころのことで、それは岡田精司氏が明らかにされた、地方豪族の大王への服属儀礼、後に新嘗祭・大嘗祭として宮廷儀礼化する「新嘗・服属儀礼」の盛行期に重なるとし、その儀礼においては、豪族から貢進される采女が、諸国の国魂の象徴としての御酒・御饌など食物を供献し、併せて服属の証として寿歌の奏上を行ったとし、そうした「新嘗・服属儀礼」の統括者が阿倍氏であったとする。そして、阿倍氏やその同族が、対外交渉に深く関わるのも、「新嘗・服属儀礼」に関わるものであり、特に、阿倍氏と吉志舞の関わりは、そのことを具体的に裏付けるとする。

すなわち、吉志舞は久米舞と並んで大嘗祭において奏上される服属儀礼であり、久米舞が国内の服属をテーマとするのに対し、吉志舞は海外の服属をテーマとするものであったとする。そして吉志舞は、もともと難波吉士の関与で、高句麗の新羅駐兵と新羅の服属を芸能化した儀礼であり、阿倍氏が「新嘗・服属儀礼」を主掌していたことから、阿倍氏が「吉士集団」を率いて奏上することになったとする。そして、阿倍氏と屯倉経営についても、阿倍氏が「新嘗・服属儀礼」を統括することにより、そうした新嘗の料を貢進する屯倉との関わりが生じたからで、阿倍氏同族に、屯倉経営と関わる難波吉士や大戸首などが組み込まれたのは、そうした阿倍氏の職掌との繋がりからであったとする。(2)

大塚・志田の両氏が指摘する「近侍官人的性格」や「新嘗・服属儀礼の統括者」といった性格は、阿倍氏の本来的な氏族的性格で、阿倍氏の関わる様々な職掌や業務は、そこから説明できるとされており、その可否について、それ自体詳しく検討を要することであるから、後に考えることとしたい。

さしあたって阿倍氏と吉志舞の問題に限定して、考察をすすめることにしたいが、その点で注目されるのは、中世芸能史の成立過程を検討した林屋辰三郎氏の指摘である。林屋氏は、吉志舞に関わる史料の検討から、それが難波地方と密接な関係にあるとして、大和に本拠を置く有力豪族阿倍氏ではなく、難波阿倍野あたりに本拠を置いていた安倍氏が関与していたとする。林屋氏の指摘の内、阿倍氏に大和と難波の二派があったとし、吉志舞を奏上した安部氏と中央豪族阿倍氏を区別されたことは、後述するように従えないが、この歌舞をもともと伝流していたのが、難波に本拠を置く「吉士集団」であったとし、その源流を「難波地方の土風歌舞」とされたことは、重要な指摘である。(3)そこで、吉志舞そのものを検討するため、関連資料を掲出する。

（一）『釈日本紀』所引「大嘗会儀式」

午日、伴・佐伯両氏、舞人を率いて儀鸞門より入る。〈左に伴氏、右に佐伯氏、五位以上相別れて列す。〉中庭の床子に就く。〈所司預かり設く。〉久米舞を奏す。〈廿人二列にて舞う。〉訖りて退出す。次に安倍氏人。

〈五位以上相分かれて列す。〉吉志舞を奏す。〈出入門并人数行列等は久米舞に同じ。〉

（二）『北山抄』巻四大嘗会事条

次に安倍氏吉志舞を奏す。〈五位以上之を引きいる。床子等を設けること前の如し。高麗乱声を作りて、進みて舞う者廿人。楽人廿人。安倍・吉志・大国・三宅・日下部・難波等の氏供へ奉つる。寛平記云う。工四人は六位の袍を著け、闕腋を打懸け、甲冑をつけ鉾を執る。承平記云う。舞台の西で之を奏す。頭二人を引きい、台の下に立つ。舞人前後端に在る者は、甲冑を服す。中間に在る者は、頭冠を帹し、末は褐衣を額け、福を補す。皆楯戟を執り、酣抜刀して舞う云々〉畢わりて各退出す。

（一）は、大嘗祭の午日の豊明かりの節会における、吉志舞奏上の進行を規定しており、伴・佐伯両氏が久米舞を奏上して退出した後、阿倍氏の五位以上の氏人が、儀鸞門より中庭に入り、二列に並んで奏上したことがみえる。久米舞が伴・佐伯両氏が舞人を率いて奏上するのに対し、吉志舞は「安倍氏人」が、奏上したとあり、（二）は、それを詳細に記述している。「氏人」の内訳が具体的に書かれており、「安倍・吉志・大国・三宅・日下部・難波等の氏」とあるように、難波に本拠を置く「吉士集団」である。そして、『寛平記』『承平記』を引いて、舞人の一部が、「甲冑執桙」、「皆執楯戟」、「舞酣抜刀」とあるように、甲冑・鉾・頭冠・楯戟などで武装し、刀を抜いて舞うという所作からみて、戦闘歌舞として演出されていることは間違いない。また、これらの点と、『吏部王記』に、阿倍臣の先祖が新羅を討って功を上げ、帰国し復命したのが、大嘗会の当日であったため、阿倍臣が吉志舞を主掌することになったとする伝承＝由来譚があることや、志田氏が指摘するように、「高麗乱声を作りて」という所作などに注目して、国内の服属を主題とする久米舞に対し、吉志舞が海外の服属を主題とする歌舞とする見解も、大嘗祭の「余興」として演出された儀礼とする上では間違いないところであろう。

ところが久米舞を奏上する大伴・佐伯氏と異なり、阿倍氏はもとより、吉志以下の諸氏は、もともと軍事を「職」としていたわけではないから、本来の性格は戦闘歌舞とは考えられない。その点で、吉志舞の名称にもかかわり、阿倍氏とともに舞人・楽人を出した「吉士集団」との関わりは注目される。「吉士集団」は、後述するように、難波吉士、草香部吉士、三宅吉士、日鷹吉士、多胡吉師など、難波・和泉・紀伊の大阪湾岸と北九州の博多湾岸に本拠をもつ渡来系氏族であって（ただしその多くは大彦命裔を主張しているが）、対外交渉や外客の接待に携わるほか、それらと不可分につながる難波屯倉や那津官家の運営にも深く関与していたと考えられる。(4)したがって、（二）の史料にあるように、平安時代においても吉志舞の奏上に、難波の「吉士集団」が参加していることは、長い伝統であったことを示唆するとともに、本来渡来氏族であった「吉士集団」が、阿倍氏の同族に組み入れられていることは、阿倍氏と「吉士集団」の関係が、かなり深いものであったことを示唆している。

そして「吉士集団」が、その在地において、独自の歌舞を伝流していたことは、林屋氏が指摘されたように、『続紀』天平六年（七三四）三月条に摂津職が四天王寺で「吉師部楽」を奏したとある記事や、同天平神護元年（七六五）閏十月条に孝謙女帝の難波行幸の際、弓削寺において「黒山企師部舞」が奏上されたとある記事などから推測され、本来的には、難波地方の土風歌舞として流通していたと考えられるのである。(5)これらの点から、吉志舞は、「吉士集団」がその本拠である難波地方で伝流していた土風歌舞を、「吉士集団」を統括していた阿倍氏の主導で、海外の服属をテーマとする儀礼に改変し、大嘗祭において奏上されることになったのではないか。そこで次に、阿倍氏と「吉士集団」の関係がどのように成立し、どのような性格を持っていたかについて、節を改めて具体的に検討したい。

第二節　「吉士集団」の性格

「吉士」をカバネとする集団が古代史上重要な役割を演じたことは、先にみたように、早くから、三浦圭一氏や藤間生大氏が詳細に検討されており、ほぼ通説的位置を占めていた。(6) しかしながら、両氏の研究が公表されて以降、古代史研究の進展は著しく、「吉士」研究の基本史料である『記紀』の原典批判や、個別氏族研究もすすみ、両氏の研究についても、いくつかの問題点が生じ、修正すべき点も明らかになってきた。こうした中で、その後、多様な視角から、「吉士」とその集団について、再検討が加えられている。そこで、両氏の見解と、その後の研究を整理しておきたい。

まず、「吉士」についての先駆的な研究を発表された三浦圭一氏は、「吉士」は、倭政権によって編成された「水手＝船頭の専業集団」であり、その職掌は、海外からの「技術奴隷」の獲得、外交交渉、屯倉の税の保管・運搬、反乱の鎮圧、蝦夷征討等の軍事行動等であったとする。そして、五世紀段階では、紀伊国日高郡から番上する水手集団を率いる日鷹吉士などが有力で、その組織形態は、いまだ地方豪族に依存する初期官司制的なものであり、六世紀初頭から顕在化した在地豪族層の自立化の動きの中で、解体・没落した。その後再編成された「吉士集団」は、難波吉士や草香部吉士を中心とするもので、中央の官司に直属する、官司制的な構造をもつものであった。新たに編成された「吉士集団」のうち、難波吉士は、摂津国吉師部神社付近を本貫とする最有力氏族であり、天武朝以降は、単に吉志を名乗った。この難波吉士の一分流である草香部吉士は、和泉国和泉郡日下部郷を本貫とし、天武朝以降は、難波連を称した。又多胡吉師は、筑前国戸籍にみえる宅蘇吉志と同氏であり、磐井の乱後、北九州に設置されたとみている。

いっぽう藤間生大氏は、直接「吉士集団」を取り上げるのではなく、難波吉士を例として、大和国家の機構整備の過程を考察しようとし、難波吉士は、元来和泉に本拠を持つ「帰化」系の氏族であったが、早くから、大伴氏に従属していた関係で、大伴氏による難波屯倉経営に、その在地での経営能力を買われて参加、難波へ本拠を移した。大伴氏の失脚後、物部氏の配下として、難波屯倉の経営を継続したが、物部氏との関係は、深入りを避け、物部氏没落後は、次第に自立化を達成した。自立化した難波吉士は、直接大和国家の機構に組み込まれ、屯倉経営の他、海外交渉にも重要な役割を果し、摂津国三島郡岸部村のあたりに、勢力を築いたとされた。

三浦氏は、古代の対外交渉の実態を解明するという問題意識から、それに関わった「吉士」についての文献史料を網羅的に集め、その整理・検討から、吉士は基本的には、水手＝船頭集団であって、その種々の職掌はいずれもそれに付属した副次的なものとされる。しかし、吉士が船頭として活躍した資料はなく、遣唐大使にもなっているから、吉士と水手とは区別して考えなければならない。吉士は対外交渉を専門「職」とする有力な豪族とすべきである。

いっぽう藤間生大氏は、直接「吉士集団」を扱おうとしたものではなく、吉士をカバネとする氏族の一つ難波吉士を例として、大和国家の機構整備の過程を考察しており、難波吉士と難波屯倉の関係を、地域史研究をふまえて検討されており、吉士についての個別氏族研究の先駆的な仕事といえる。ただ、氏の研究は、『書紀』の史料批判が不十分なところがあり、その考察の説得力を著しく弱めている。したがって、藤間氏の研究については、その典拠とされた史料を各々点検した上で再検討する必要がある。

その後、長く吉士研究は公表されなかったが、大伴氏と久米舞について検討した私は、阿倍氏と吉志舞についても検討を加え、それとの関係で、難波吉士の実態の解明、さらには吉士も含む阿倍氏同祖系譜についても一部論及したが、不十分な点もあり、本書において改めて論じることにした。そして、その後も、吉士の役割や、形成過程について、いくつかの論究がなされている。

倭王権の外交権の確立をテーマとし、「吉士集団」の形成をそれとの関連で政治史的に論及した笹川進二郎氏は、吉士関係資料の大半は、欽明朝末ないし敏達朝以降に集中しており、そのほとんどが対外交渉と関わるもので、倭王権による外交権の統一・独占過程を示しているとする。それ以前の吉士関係記事は、年次を始め、内容も伝説的で、史実とすることは出来ないとするが、そうした中で、継体二十三年（五二九）三月条の、百済に派遣された「吉士老」が、倭王の具体的な外交政策の伝達に携わっていることから、「吉士集団」形成の端緒とする。そして、欽明二年（五五一）四月条から五年正月条にみえる、百済聖明王による、いわゆる「任那復興会議」において、日本府執事・任那執事が、天皇の勅により行動しているところから、この頃には倭王権により、倭国の外交権の独占がすすんだことを示すとし、この時期に「吉士集団」が、百済・加羅との外交に登場するのは、そうした職掌の形成の端緒とみている。

そして、政治史的には、倭王権の外交権統一・独占の画期として、磐井の乱鎮圧による、ツクシの外交機能の吸収、倭王権による那津屯家とそれに伴う外交集団の形成を想定し、北九州の渡来人集団を組織化したのが、宅蘇吉志・筑紫三宅吉士・穂波吉士などの「吉士集団」であり、那津官家に統括させたとみる。そして、難波屯倉に所属する難波吉士との統合により、倭王権による外交権の統一を押しすすめたとし、それを推進したのが、阿倍氏であったとする。阿倍氏と「吉士集団」の統属関係を示すのが、阿倍氏による吉志舞の奏上で、「吉士集団」が、外国使節の迎賓・饗応・接待に携わる中で、吉志舞を伝流することになったとし、そうした饗応の場として、難波大郡・小郡・難波館が設置されたとみる。また、吉士というカバネを、新羅の官位に源流を見る通説に対し、古訓が新羅・百済の王族の尊称コニキシであることに注目し、「吉士集団」が、六世紀代に百済・新羅の侵略にさらされ

た、任那〈加羅〉に出自する王族を編成したものとする。(7)

こうした吉士についてのそれまでの研究視角に疑問を呈し、独自の吉士像を示したのが、請田正幸氏である。「吉士集団」のうち、難波と関係ないものはごく少数であるが、対外交渉に携わったのは、難波に居住する吉士だけであり、難波以外に居住する吉士の性格も検討する必要がある。摂河泉と京以外に居住する吉士を集成すると、系譜や出自を難波の吉士と共通するものはなく、難波から移住した可能性も、対外交渉に携わった痕跡もない。したがって、吉士の基本的な性格は、海外交渉ではなく、それは難波の「吉士集団」のみに関わるものである。朝鮮半島の官位で、吉士（コニキシ）を称するのは、新羅・百済においても、他の官位と同様に、すべて在地の支配者に与えられたものである。吉士の在地における地位は、一般的に郡司クラスの豪族であり、吉士の基本的性格は、在地豪族であり、「吉士」はそうした渡来人が称したカバネであったとする。(8)

その後、吉士について、総合的な検討を加えた加藤謙吉氏は、吉士という呼称が、朝鮮半島で、コニキシと呼ばれた在地の支配者の称号であり、渡来氏族が称する村主・勝などと同様の用法で、尊称として使用されていたものが、しだいにカバネ化した。難波吉士の称は、難波地方に居住する吉士たちの総称であり、略して単に吉士・吉志とも称せられた。これらの諸吉士は、もともと紀伊・河内・和泉・摂津に居住する渡来人集団であり、大和政権により、当初は、「任那の調」を確保するため、対外交渉の専業集団として組織化された。「吉士集団」の中で、日鷹吉士のみは、その本拠を、後の紀伊国日高郡としていたとみられるが、その所伝は、伝説的なものが多い。したがって、その所伝は、付加されたものであるが、「難波日鷹吉士」と呼ばれることもあり、難波の「吉士集団」の中では、独自性を持っていた。

草香部吉士は、後の和泉国大鳥郡日下部郷を本拠とする豪族で、日下部を管掌する伴造となり、草香部をウジ名とした。後に難波の「吉士集団」に組み込まれ、難波の地に移住した。六世紀後半ごろ、「吉士集団」の再編がなされ、「難波吉士」を中核とする対外活動が開始された。そしてその職務は、任那滅亡後の「任那の調」の交渉を専当することであった。そのため、「吉士集団」の出自は、滅亡した加耶からの渡来人を中核とするとみられている。そうした「吉士集団」は、同じく対外交渉にも深く関わっていた阿倍氏と密接な関係を結び、同祖系譜に組み込まれた。東国に分布する吉士たちについては、六世紀半ばから末にかけて、「吉士集団」の役割が衰退したため、難波から集中的に移住し、各地の屯倉経営を中心に活動したとする。(9)

これらの研究によって、吉士の様々な存在形態が明らかになるとともに、その具体的な役割や、氏族的来歴について、新たな見解が示された。笹川氏の場合は、倭王権の外交権の確立をテーマとし、「吉士集団」の形成をそれとの関連で政治史的に論及されているが、外交権の確立という問題はきわめて論争的であり、論者によってとらえ方が異なるところから、いちおう切り離して、「吉士集団」そのものについてまず検討し、その上で論究すべきではなかろうか。また、『書紀』の記載について、六世紀ごろまで、その記載を史実とするスタンスは、やや慎重にすべきであり、そこから立論されていることは、やや説得力に欠けるといわざるを得ない。また、加藤氏の場合とも関わるが、吉士の出自を伽耶とすることについては、その根拠があいまいで、首肯することはできない。

請田氏の見解は、笹川氏が指摘されるように、吉士をすべて在地豪族に還元して、その歴史的性格をあいまいにするものであり、生産的な議論とはいえない。すべての古代豪族は、在地においてはそれぞれの本拠で有力な一族であり、吉士を称する集団だけの問題ではない。その具体的な役割を歴史的に検証すべきであろう。加藤氏の研究は、史料に即して慎重に吉士の実態・正確に迫ったものであり、吉士の全体像が、明らかにされたといえよう。ただ、「任那の調」の確保とその交渉が、吉士の職掌の出発点となったこと、そして、その後、摂河泉の渡来人集団を組織して、対外交渉の専業集団に改編し、難波吉士と総称されるように、「吉士集団」を編成したとされるように、「吉士集団」の形成と、難波吉士の形成をいわば二段階に分離して論究されていることについては、『書紀』の編纂事情や、史料の残存状況の違いもあるから、難波吉士のみを特別視するのではなく、個々の吉士を検討すべきであろう。また、吉士の出自を加耶諸国に求める見解についても、外交交渉は、その都度テーマが動く可能性があり、交渉内容から出自を考えるのは、無理があるのではないか。なお、加藤氏は、阿倍氏との同族関係の形成も、そうした対外交渉との関わりの共通性から生じたとされているが、阿倍氏との同族関係成立の契機については、これまで異なる見方もあり、これも改めて後に検討することにしたい。そこでまず、史料に即して諸吉士の存在形態をみていくことにしたい。

第三節　「吉士集団」の実像

吉士に関する史料は、『書紀』を中心にかなり豊富であり、すでに三浦氏によって集成されている。したがって、ここでは、それを補いつつ、必要に応じて検討することとしたいが、その前に『書紀』の記載について、一般的な性格を明らかにしておきたい。すなわち、吉士関係史料を通観する時、すぐに気づかれることは、『継体紀』あたりを境として、前後に大きな性格の差異がみとめられることである。前者が、きわめて伝説的色彩が濃く、始祖伝説、始祖功業譚的なものであるのに対し、後者は、簡潔な海外交渉記事を中心とした実録風のものであり、一見その違いが明らかである。私は、後者が政府機関に保管されていた、何らかの対外交渉にかかる公記録か、それに基づき書かれた家記類によったものではないかと考えており、(10) 史実に基づくとみなせるのに対し、前者については、一定の手続きを踏まえた上で、その史実性を考える必要があるだろう。

（一）難波吉士

まず、「吉士集団」の中で最大勢力を持つ難波吉士を取り上げる。とりあえずその全体を俯瞰するため、『書紀』をはじめとする文献にみえる史料の一覧を掲げる。

①吉師祖五十狭芽宿禰（神功摂政元）：オシサカ・カゴサカ王の反乱軍の将軍。『古事記』は、「難波吉志部之祖伊佐比宿禰」とする。
②難波（大草香部）吉士日香蚊（安康元・二）：譏死した大草香皇子に殉死。子孫は大草香部吉士となる。
③難波吉士赤目子（雄略八・二）：高句麗に攻撃された新羅救援に派遣される。
④草香吉士漢彦（清寧即位前紀）：河内三野県主小根の助命を、大伴大連に取り次ぐ。
⑤吉士老（継体二三・三）：百済に使者として派遣される。
⑥難波吉士（安閑元・九）：屯倉の税を主掌する。
⑦吉士赤鳩（欽明三一・七）：高麗の使人に応対。
⑧難波吉士木蓮子（敏達四・四、同一三・二、崇峻四・八、推古八・二）：任那（新羅）に使いする。
⑨吉士金子（敏達四・四）：新羅に使いする。
⑩吉士訳語彦（敏達四・四）：百済に使いする。
⑪難波吉士磐金（崇峻四・八、推古五・一一、同三一・是歳）：新羅へ使いする。推古五年条では、「吉士磐金」とある。
⑫難波吉士神（推古八・二）：新羅に使いする。
⑬難波吉士雄成（推古一六・四）：遣隋小使。妹子と共に派遣。「吉士雄成」ともある。
⑭難波徳麻呂（推古一七・四）：肥後葦北津に漂着した百済僧を尋問。

⑮吉士倉下（推古三一・是歳）：任那に使いする。
⑯難波吉士身刺（舒明即位前紀）：群臣会議で発言。
⑰難波吉士小槻（舒明四・一〇）：唐使高表仁を出迎える。
⑱難波吉士八牛（舒明四・一〇）：唐使高表仁を接待。
⑲吉士雄麻呂（舒明五・一）：唐使の帰国に際し、対馬まで送る。
⑳吉士黒麻呂（舒明五・一）：唐使の帰国に際し、対馬まで送る。
㉑草壁吉士磐金（皇極一・二）：草壁吉士真跡と同じ時に新羅に派遣。
㉒草壁吉士真跡（皇極一・二）：草壁吉士磐金と同じ時に新羅に派遣。
㉓難波吉士胡床（孝徳白雉一）：安芸国に百済船建造のために派遣。
㉔吉士長丹（孝徳白雉四・七、五）：遣唐使として派遣。帰国後「呉氏」を賜る。
㉕吉士駒（孝徳白雉四・七、五）：遣唐使として派遣。
㉖難波吉士国勝（斉明二・是歳）：百済から帰国。
㉗難波吉士男人（斉明五・七）：「難波吉士男人書」を引用する。
㉘吉士岐弥（天智四・是歳）：遣唐使守君大石を唐に送る。
㉙吉士針間（天智四・是歳）：遣唐使守君大石を唐に送る。
㉚吉士小鮪（天智七・一一）：百済へ使いする。
㉛難波吉士三綱（天武一）：壬申の乱時、大津皇子に従い天武に合流。
㉜草香部吉士大形（天武一〇・一）：小錦下難波連を賜う。

㉝草壁吉士（天武一二・一〇）：草壁連となる。
㉞難波忌寸浜勝（天平宝字四・一一）：摂津国東生郡擬大領正八位下（正倉院文書「摂津国安宿王家家地倉売買券」）。
㉟日下部忌寸主守（天平宝字四・一一）：摂津国東生郡擬小領少初位下（正倉院文書「摂津国安宿王家家地倉売買券」）。
㊱吉志船人（天平宝字四・一一）：摂津国東生郡擬大領従八位上（正倉院文書「摂津国安宿王家家地倉売買券」）。

㊲難波忌寸（欠名）（神護景雲三・九）：摂津国東生郡擬大領正七位下（正倉院文書「香山薬師寺鎮三綱牒」）。

㊳日下部忌寸人縄（神護景雲三・九）：摂津国東生郡擬小領无位（正倉院文書「香山薬師寺鎮三綱牒」）。

㊴日下部忌寸諸前（神護景雲三・九）：摂津国東生郡副擬小領无位（正倉院文書「香山薬師寺鎮三綱牒」）。


ここでは、難波吉士・草壁（草香部）吉士・吉士・難波忌寸・日下部忌寸・吉志を称する人名と略歴を、ほぼ年代順に掲げた。このように、いくつかのウジ名を持つ人物を一括して掲げたのは、以下の考察と関わるからである。すなわち、難波忌寸・日下部忌寸・吉志の三氏は、奈良時代の人物で、難波忌寸は、日下部忌寸は、摂津国東生郡の郡領氏族であり、吉志は三宅忌寸と共に、摂津国西生郡の郡領氏族である。『書紀』天武十年（六八一）正月七日条に三宅吉士・草壁吉士に連姓を与えるとあり、天武十三年十二月条に草壁連・三宅連に宿禰姓が与えられ、天武十四年六月二十日条に難波連に忌寸姓を賜うとある。すべての授位・賜姓記事を『書紀』が掲載しているわけではないので、脱落があると思われるが、難波忌寸は、もと草香部吉士で、天武十年に難波連となり、同十四年に難波忌寸となったことは確認できる。そして、『姓氏録』河内皇別に「大彦命の後」とある日下部忌寸は、天武十二年に草壁吉士が三宅吉士と共に天武十二年に連姓を賜り、翌十三年に三宅連と共に宿禰姓を賜っている。忌寸姓の賜与の記事はないが、『姓氏録』河内皇別に「日下連」があり、「大彦命男紐結命の後」とある。宿禰を賜姓された一族以外に、忌寸を賜姓された一族があったのであろうか。同じ東生郡の郡領氏族でもあり、難波忌寸と難波忌寸同等の扱いを受けていたのであろう。なお、草香部吉士は、この時、難波連となった大形の家と、大形以外の草壁連の家に分裂（分岐）したことになる。大形の家は、おそらく草壁皇子の乳母を出したことにより取り立てられ、皇子が立太子したことや、天武朝の修史にも関わることにより、政治的上昇を果たしたのであろう。ちなみに、西生郡の郡領氏族である三宅忌寸の場合も、三宅連となり、次いで宿禰姓を賜っているが、忌寸の賜姓記事はない。『姓氏録』摂津皇別には、「大彦命男波多武日子命の後」とある三宅人がみえ、同摂津諸蕃にみえる三宅連は、「新羅国王子天日鉾の後」とあるから、三宅人が三宅忌寸と関わるのかもしれない。摂津に居住する三宅連には、大彦命裔と天日鉾裔の二者があり、本来は一つの氏族であった可能性もある。

吉志については、三浦氏が難波吉士は、天武朝に草香部吉士大形が、難波連を名乗るようになったため、混乱を避けるため、吉志を称するようになったとし、それ以前から、単に「吉士」を名乗るものもあるから、その傾向は継体朝に始まるとみている。しかし、崇峻四年（五九〇）条に難波吉士とある磐金が、推古五年（五九七）条では吉士磐金とあり、また、推古一六年条にみえる難波吉士雄成が、同じ一連の記事の中で「吉士雄成」とも書かれていることから、「難波」を省略した例も少なくないのではないか。そうした場合、私は、天武朝以前の単に吉士を名乗る人物は、難波吉士の省略と考えている。これは史料論にも関わるが、吉士の事績を中心とする外交記録は、朝廷の何らかの官司か、それに専業的に関わっていた「吉士集団」が保持・伝流し、そうした記録を『書紀』編者が採用したのではないかと考えている。その点で、天武朝の修史事業に、草香部吉士大形が関与し、その功績で難波連を賜っていることは、吉士の事績を中心とする外交記録の採用に、大形が関わった可能性は大きいと思う。したがって、『書紀』編者の手元にあった記録類には、単に「吉士」とあった可能性が高いと考える。「吉士集団」に伝わるものであった場合は、あえて某吉士とは書かないのではないか。それでは、摂津国西生郡の郡領氏族の吉志は、難波吉士の後裔であったのか。『姓氏録』摂津皇別には、吉志がみえ、「大彦命の後」とあるから、難波吉士の後裔としても、不都合はない。また、先に検討した吉志舞の奏上についての記載には、「高麗乱声を作りて、進みて舞う者廿人。楽人廿人。安倍・吉志・大国・三宅・日下部・難波等の氏供へ奉つる。」とあり、阿倍氏に次いで二番目に吉志をあげているから、それを裏付けるように思える。

しかしながら、以下にみるものも含め、吉士関係の史料をみれば明らかなように、その大半が難波吉士に関わるもので、遣唐使も含め対外交渉を、ほぼ独占しているといわざるを得ない。ところが、難波吉士の名は、『書紀』天武元年六月二十六日条に、壬申の乱の初戦において、大海人皇子に合流した大津皇子の伴人に、難波吉士三綱がみえるのを最後に史上から姿を消している。その後の動向も史書には全く書かれていない。これは不自然といわざるを得ない。そして、草香部吉士大形は、なぜ本姓を受け継いで草香部連にならず、難波連となったのであろうか。その点で注目されるのが『書紀』安康元年二月一日条と雄略十四年四月一日条に見える難波吉師日香蛟父子の所伝である。後者を引用する。

夏四月の甲午の朔に、天皇、呉人に設へたまはむと欲して、群臣に歴め問ひて曰はく、「其れ共食者に誰か好けむ」とのたまふ。群臣が僉に曰さく、「根使主、可けむ」とまうす。天皇、即ち根使主に命せて、共食者としたまふ。遂に石上の高抜原にして、呉人を饗へたまふ。時に密に舎人を遣して、装餝を視察しむ。舎人、服命して曰さく、「根使主の著る玉縵、大だ貴にして最好し、又衆人の云はく、『前に迎ふる使を時に、又亦著りき』といふ。」とまうす。是に、天皇、自ら見たまはむとして、臣連に命せて、装せしむること、饗せし時の如くして、殿の前に引見たまふ。皇后、天を仰ぎて歔欷き、啼泣ち傷哀びたまふ。天皇、問ひて曰はく、「何の由ありてか泣ちたまふ」とのたまふ。皇后、避りて床を對へて曰はく、「此の玉縵は、昔妾が兄大草香皇子の、穴穂天皇の勅を奉りて、妾を陛下に進りし時。妾が爲に獻れる物なり。故、疑を根使主に致して、不覺に涕垂りて哀泣ちらる」とまうしたまふ。天皇、聞こしめし驚きて大いに怒りたまふ。深く根使主を責めたまふ。根使主、對へて言さく、「死罪死罪、實に臣が愆なり」とまうす。詔して曰はく、「根使主は、今より以後、子子孫孫八十聯綿に、羣臣の例にな預らしめそ」とのたまふ。乃ち將に斬らむとす。根使主、逃げ匿れて日根に至りて、稻城を造りて待ち戰ふ。遂に官軍の爲に殺されぬ。天皇、有司に命せて、二に子孫を分ちて、一分をば大草香部民として、皇后に封したまふ。一分をば茅渟縣主に賜ひて、負囊者とす。即ち難波吉士日香香の子孫を求めて、姓を賜ひて大草香部吉士としたまふ。其の日香香等が語は穴穂天皇紀に在り。事平ぎし後に、小根使主、〈小根使主。根使主の子なり〉夜臥して人に謂りて曰はく、「天皇の城は堅からず、我が父の城は堅し」といふ。天皇、傳に是語を聞しめして、人を使にして、根使主の宅を見しむ。實に其の言の如し。故、收へて殺しつ。根使主の後の坂本臣と爲ること。是より始れり。

長い引用となったが、要するに、允恭天皇の死後、即位した安康天皇は、弟の雄略天皇（大泊瀬皇子）の妃に、叔父の大草香皇子の妹幡梭皇女迎えようとし、根使主を使者として皇子の下に遣わした。ところが承諾のしるしとして、皇子が天皇に差し出した「押木玉縵」に目の眩んだ根使主は、それを隠匿し、縁談を断るとする偽りの報告をしたため、大いに怒った天皇は、大草香皇子を滅ぼし、その妃を自分の妃とし、妹幡梭皇女を雄略の妃とした。この時、皇子の従者として近くにあった難波吉士日香蚊父子も、皇子に殉じて殺された。その後、雄略が即位するにおよび、皇后が根使主の悪事に気づき、根使主とその子小根使主は殺され、難波吉士日香蚊父子の名誉は回復された。このためその子孫は、その功により、大草香吉士姓を賜ったというものである。

全体的には、主君である大草香皇子とその妹のために命をささげた忠義の家臣である難波吉士日香蚊父子の功業を伝説化したもので、草香吉士の始祖伝説となるものである。その子孫が主君である大草香皇子にちなみ大草香部吉士姓を賜ったとあるのは、それを裏付けている。また、その子孫を二分し、一分を「大草香部民」として、皇后の所有するところとし、残り一分を茅渟縣主の「負嚢者」とあることから、大草香部吉士が皇后の名代・子代である「大草香部民」を管理する由来を述べようとしたものであろう。そして、この時罰せられ、群臣の列に加えてはならないとしているにもかかわらず、「根使主の後の坂本臣と爲ること。是より始れり」とあるように、其の家は存続しており、残り一分を茅渟縣主の「負嚢者」したという処分のありかたから、この伝説の基底に、和泉日根を舞台とする、坂本臣と茅渟縣主、それに草香部吉士を加えた豪族間の紛争があり、それをテーマとする説話として成立したことを窺わせる(11)。

そして、表には出ていないが、この伝説からは、難波吉士が草香部吉士の本家であり、言い換えれば、草香部吉士が、難波吉士の一派であることが暗に語られているのではないか。なぜ、そうしたことが、草香部吉士の始祖伝説として語られる必要があったのか。私は、難波吉士が「吉士集団」の主流であり、草香部吉士より優位にあることを示そうとしているのではないかと考える。そして、もともと難波吉士なる称は、かつて実在したウジ名ではなく、天武初年、草香部吉士家より分枝した難波連大形が、修史事業に加わる中で自家の独自性を示すべく、「難波」という新しいウジ名に基づき、その祖を難波吉士日香蚊父子に仮託したものに他ならないと考える。さきに述べたように、『書紀』が採用した海外交渉記録＝吉士関係史料は、「某吉士」ではなく単に「吉士」とウジは書かれていなかったとみられ、大形はそれをすべて難波吉士の事績として加筆し、提出・採用されたのではないか。そしてそもそもこの始祖伝説は、そうした作為を合理化するために述作されたのではないか。私は、難波吉士の名が史上から消えるのに対応し、草香部吉士家の分裂と難波連家の出現が起こっているのは、偶然とは思えないのである。

これは一つの憶測であり、史料的裏付けをもって主張できないが、以下でみるように、吉士を名乗る氏族の大半が、摂河泉・紀伊の後の郡郷名をウジ名とするのに対し、「難波」というより広域の地名をウジ名としているのは、「難波吉士」を「吉士集団」の総称とみる見解もあるように、やや異なった成立事情を考える必要があると考える。

以上のように難波吉士が、難波連（大形流草香部吉士家）と同一氏族であったとするなら、難波吉士の実態についても次のように考えられる。まず、その本拠については、その後身である、難波忌寸（難波連）・日下部忌寸（草壁連）が、八世紀段階にあって、摂津国東生郡の大領、少領を占めていることから、[12]難波の一角にあったと考えられる。ただ、難波が、もともと一種の番上地であるとするなら、三島郡岸部村付近とみる見解や、和泉郡日下部郷付近とする見解も課題として残るであろう。[13]『雄略紀』の所伝が和泉を主要な舞台としていることからして後者が有力であると思う。

難波吉士＝草香部吉士の職掌としては、難波屯倉経営を重視する藤間氏の見解もあるが、同氏に関する史料の大部分は、あくまで海外交渉記事であって、海外への使節、外客の接遇がその職務の中心であった。そして、同氏が、対唐交渉を独占していることは、同氏の「吉士集団」中における位置を示すものといえよう。難波吉士＝草香部吉士に関する史料は、『神功紀』（『仲哀記』）を初見として多数認められるが、継体紀以前の記事は、先に指摘したように、説話的なものばかりであり、文献史料による限り、史実とみられるのは、欽明朝以降である。ここから、笹川・加藤氏が指摘されるように、同氏の登用が、加耶の滅亡後の新たな国際的環境と密接に関連することが知られるのである。[14]なお、その出自については、『姓氏録』等によれば、大彦命裔とされているが、これは、あくまで阿倍氏の配下として海外交渉にあたっていたことによる政治的擬制であって（後述）、藤間氏が、早く指摘されたように渡来系氏族であった可能性が高い。

(二) 日鷹吉士

三浦氏は、日鷹吉士について、紀伊国日高郡より番上する水手集団を率いる古い氏であり、「初期官司制」的な「吉士集団」の典型とされた。しかしながら、その結論は、やや推定にわたっており、史料に即して再検討を要すると思われる。まず①『書紀』雄略七年是歳条は、百済の技術者を求めて半島に渡った吉備臣弟君が、いっこうに帰国しないため、日鷹吉士堅磐・固安銭の二人を遣わして、帰国を促したという所伝である。この物語の主題は、別稿において詳細に検討したように、[15]百済の技術者の渡来、土着の由来を明らかにしようとするものであり、日鷹吉士の所伝は、副次的な位置にある。②『書紀』雄略九年二月条は、罪を問われた凡河内直香賜を日鷹吉士(欠名)が、遣わされ誅する物語である。しかしながら、この物語においても日鷹吉士は、派遣されたものの発見できず、弓削連が香賜を切ったとあるように、ほとんど主題とは関係なく、副次的な位置を占めており、物語全体もきわめて説話的である。③『書紀』仁賢六年九月条は、日鷹吉士(欠名)が、天皇の命によって技術者を高麗に求める物語で、④同年是歳条に、その帰国の模様が語られている。本来は、両者で一つの物語を構成していたのであろう。この物語も、④の末尾に「今大倭國山邊郡額田邑熟皮高麗是其後也」とあるから、熟皮高麗の渡来及び土着の由来がその主題と考えられ、日鷹吉士は、ここでも副次的な位置を占めている。最後に⑤『書紀』継体六年十二月条は、大伴金村の任那四縣割譲政策に反対する皇太子勾大兄が、日鷹吉士(欠名)を百済使のもとに遣わして、再考を促す物語である。周知のように金村によるこの政策は、同氏の失脚の原因となった明らかな失政であり、この物語は、かかる結果をもととして勾大兄の先見の明を示そうとしたものであって、勾大兄を顕彰するためにつくられたエピソードと思われる。[16]したがって、これも日鷹吉士の独自の伝承とは言えず、副次的で、史実性もきわめて希薄といえよう。

以上の考察によって、日鷹吉士に関する諸史料は、いずれも独自の氏族伝承とは考えられず、副次的であり、その史実性も疑わしいことが明らかになった。このことは、①の堅磐・固安銭を除いていずれも欠名であることを考え合わせて、同氏独自の所伝を『記紀』に反映できなかったことを推測させる。そして右にみた諸史料からは、同氏が三浦氏の言う「初期官司制的」な「吉士集団」であることをうかがうことはできず、吉士の中では、伝説的な存在であったとしか言えないのではないか。ただ伝説的とはいえ、日鷹吉士の職掌は、右の諸史料から明らかなように、対外交渉が中心であり、またその本拠は、②に難波日鷹吉士とあるから、難波にあったとも考えられるが、三浦氏の指摘される紀伊国日高郡も捨て難く、『日本霊異記』にみえる海部郡岸部村の存在も考慮して紀伊から難波に番上していたと考えておきたい。日鷹吉士は、右にみたように早く没落したにもかかわらず、種々の所伝に登場しているということは、同氏がかつて「吉士集団」中において、それなりに有力な家であったことを想定せしめる。その場合、没落の一因として同氏が、対外交渉の中心地難波からやや離れた紀伊の地に本拠をもっていたことが考えられるかも知れない。なお、日鷹吉士の出自についても明証はないが、堅磐・固安銭という名から推して、渡来氏族とみられている。

(三) 多呉吉師

『書紀』神功元年三月条に、その祖熊之凝が忍熊王の反乱に加わったとあり、一種の始祖伝説としての構成をとっている。このことは、同氏が「吉士集団」中において、かなり有力な氏であったことを想定させるが、この記事以外には、『続紀』神亀三年（七二六）正月条に、多胡吉師手がみえるだけで、その詳細は明らかでない。三浦氏は、青木和夫氏が『正倉院文書』にみえる宅蘇吉志の本拠を、筑前国那珂郡田来郷に比定されていること[17]を援用し、多胡が、宅蘇と類音であることをあげ、同氏が宅蘇吉志と同一氏であると考えられた。後述するように、青木説は成立しがたく、また多胡と宅蘇は、特に類音とは考えられぬから、同一氏とみるのは困難である。私は、もっと単純に多胡吉師は、右の田来郷を本拠とすると考えるべきと思う。同氏が、筑前の豪族と考えられることは、『続紀』天平十二年十月条に筑前にあって反乱を起こした藤原広嗣軍の将軍の一人に、多胡古麻呂がみえることからも裏付けられるであろう。多胡吉師の出自については、これも明証はないが、そのウジ名からして、渡来氏族である可能性は強いと思われる。

(四) 宅蘇吉志

『正倉院文書』「大宝二年筑前国嶋郡川辺里戸籍」に、戸主肥君猪手の庶母須弥豆賣と、妾揥賣が唯一の史料である。これによれば、同氏が筑前に本拠をもっていたこと、嶋郡大領肥君氏と姻戚関係にある有力氏であることが確認されるが、右にみたように青木和夫氏は、那珂郡田来郷にその本拠を比定されている。しかし、その後井上辰雄氏が、怡士郡託社郷に比定されており、[18] このほうがより整合的と思われる。なお、託社については、朝鮮語であるとする指摘もあり、[19] 宅蘇古志もおそらく渡来人であった公算が大きい。

(五) 調吉士

『書紀』継体二十四年九・十月条に任那に使し近江毛野臣の失政を朝廷に復命したとあり、伊企儺と舅子が同欽明二十三年七月条に、「任那日本府」の官人としてその滅亡の最後まで戦ったとある。前者は欠名で、いずれも、その内容からみて伝説的で、同氏の祖先功業譚であると解されるが、同氏が海外交渉において活躍し、「吉士集団」

中においても有力な氏であったことを示している。しかし、このほかに同氏に関する事績は全くなく、詳細は明らかでないが、そのウジ名である「調」が注意される。調は「三韓之調」とあるように、律令以前の貢納品（ミツギ）を示す語であり、屯倉との関連も想定される。事実、調吉士以外にも、調をウジ名とする氏族も多い。調忌寸・調君・調首・調勝・調連・調日佐などがそれで、いずれも『姓氏録』には諸蕃とされるものが多く、渡来氏族であったことが知られる。そしてその本拠も摂津・河内に集中している。たとえば、『正倉院文書』「天平宝字五年奉写一切経所上日帳」には、河内国石川郡人調日佐麻呂が、(20) 同文書「天平年中従人勘籍」には、摂津国百済郡東郷長田里戸主調乙麻呂、同戸口調大山がみえている。(21) おそらく調吉士もこのように河内・摂津に拠る渡来氏族調一族に連なるものではないかと考えられる。天武朝に諸吉士が連姓を得ていることを考えると、或は調連がその後身であるかも知れない。

(六) 国勝吉士

『書紀』皇極元年（六四二）二月条に、百済へ使した水鶏がみえる。同氏については、これが唯一の史料であるが、斉明二年（六五六）是歳条に、同じく百済に使し、鸚鵡を持ち帰り献上した難波吉士国勝がみえる。従来これを水鶏と同一人とみて国勝吉士の存在を認めない見解もある。しかし、『書紀』には、国勝吉士水鶏と明記されており、国勝をウジ名と解する他なく別氏とすべきであろう。国勝吉士については、そのウジ名からして渡来氏族であることが推定されるが、『姓氏録』左京諸蕃飛鳥部条に、国本木吉志がみえ、参考になる。こうした吉士は他にもあったのであろう。ただ、その本拠について、明証はなく、一応難波周辺と考えておきたい。

（七）坂本吉士

『書紀』皇極元年二月条に、長兄が任那に使したとある。同氏については、これが唯一の所伝であり、その本拠・出自など全く不明であるが、そのウジ名を手がかりとして、若干の検討を行なってみよう。坂本をウジ名とする氏としては、先に見た『雄略紀』にみえる草香部吉士（難波吉士）の始祖伝説に、根使主の後裔で和泉国日根郡坂本郷か、和泉郡坂本郷あたりを本拠とする坂本臣がある。同氏は、紀臣氏の同族であるが、これとは別に坂本臣を称するものもある。すなわち、『続紀』神護景雲二年（七六八）二月条に、坂本臣姓を賜姓された韓鉄師毘登毛人がそれである。このことから同氏は、渡来氏族であることが明らかで、これも和泉国坂本郷に関連するものであろう。したがって、このような例からして坂本吉士も和泉に本拠のあった可能性は、極めて高いと思われる。[22] なお、その出自については、後者の坂本臣が参考になると思われる。

（八）三宅吉士

『書紀』天武四年七月条に、遣新羅副使小錦下三宅吉士入石がみえ、同十二年十月条に、草香部吉士らとともに連姓を賜わったとある。これらのことから、同氏が、海外交渉に活躍していたこと、草香部吉士と並ぶ有力な氏であったことなどが知られるが、三宅連となってからの所伝は、別氏と思われる但馬の豪族三宅連の所伝と混乱してやや不分明である。[23] しかし、『東南院文書』「摂津国安宿王家家地倉売買券」によれば、摂津国西生郡擬大領に、その後身三宅忌寸がみえるから難波に本拠があったのであろう。[24] なおその出自についても天日槍の後裔を称する但馬の三宅連との識別が困難で不分明であるが、西生郡の氏族構成がらみで、渡来氏族である可能性は強いと思われる。[25]

（九）飛鳥部吉志

『続紀』神護景雲二年（七六八）六月条に、五百国が白雉を献じたとある。同氏については、これが唯一の所伝であり、しかもこの史料にみえるのは、武蔵国橘樹郡人であり、明らかに関東地方の土豪である。金井塚良一氏や原島礼二氏は、武蔵国橘花屯倉の存在に注目して、飛鳥部吉志が屯倉経営のために中央から派遣されたと解されており、加藤謙吉氏も支持されている。(26)吉志を称する地方の土豪は他にも例があり、(27)おそらく、もともと中央の「吉士集団」に所属していたのであろう。中央において、飛鳥部吉志を称する吉士が存した明確な微証はないけれども、さきに少しふれた『姓氏録』左京諸蕃上にみえる飛鳥部氏が注意される。同氏は、同条に「百済国人国本木吉志之後也」とされており、明らかに百済系の吉士の後裔であって、本来は、吉士を称していた可能性は高いと考えられる。飛鳥部吉志の本拠は、そのウジ名からして河内国安宿郡あたりに比定できると思われるが、同族と考えられる飛鳥戸造が、『姓氏録』河内国諸蕃にみえることは、これを裏づけると思われる。(28)

（一〇）壬生吉志

『続日本後紀』（以下『続後紀』と略記）承和十二年（八四五）三月条に、壬生吉志福正が子供の調庸を前納したこと、焼失した武蔵国分寺の塔を再建寄進したことがみえる。他に史料がないので詳細は不明であるが、武蔵国男衾郡大領とあるところから、同氏がこの地の有力土豪であったことが知られ、右にみた飛鳥部吉志と同じく、もともと中央の「吉士集団」の一員で、武蔵では、壬生部の管理に当っていたことが予想される。なお、同氏については、その奥津域と考えられる古墳群の石室構造から渡来氏族の可能性が指摘されている。(29)

（一一）小黒吉士

『書紀』敏達六年（五七七）五月条に、大別王とともに百済に派遣されたとある。これによって、同氏が海外交渉に携わっていたことが知られるが、他に所伝はなく詳しい動向は知りがたい。ただ、大別王については、『書紀』敏達六年十一月条に、大別王寺がみえ難波に居宅のあったことが知られる。小黒吉士も大別王と何らかの関係をもっていたとするなら、難波に本拠のあった可能性はあろう。

（一二）黒山吉師

『続紀』天平神護元年（七六五）閏十月条にみえる次の記載が、唯一の手がかりである。すなわち、この日太政大臣禅師道鏡をともなって紀伊に行幸した称徳女帝は、その帰途、道鏡ゆかりの河内弓削寺に立ち寄った。その際一行をねぎらうため種々の行事が催されたが、その中に唐・高麗楽とともに地元で伝流されていた「黒山吉師部舞」の奏されたことがみえる。この舞は、いわゆる吉志舞が、「難波吉師部楽」と呼ばれ、難波吉士らによって奏されたように、黒山吉士によって奏されたと考えられる。(30) 黒山は河内国丹比郡黒山に比定されるから、(31) 同地に本拠をもっていたのであろう。そして、「黒山吉師部舞」は、唐・高麗楽とともに奏されており、異国風のものであった可能性が高く、同氏が、渡来氏族であることを示唆する。

以上、「吉士集団」の実態について、やや詳しい検討を加えた。そこで、ここまでの考察によって明らかになったところを整理してみると次のようになろう。

（1）摂津・河内・和泉・紀伊など大阪湾沿岸地方及び筑前に本拠が集中している。

（2）職掌としては、いくつか指摘されるが、あくまでその中心は対外交渉、外客接待である。

（3）国内における活動の中心は、海外交渉の二大拠点の難波・筑紫である。
（4）出自は、皇別を称するものもあるが、ほとんどが渡来氏族と考えられる。

これらの諸点からも明らかなように、「吉士集団」は、それなりに整った組織体制の下で活動していることが窺える。三浦氏が早く指摘されたように大和政権による機構的編成が、すすんでいることが想定される。ただこの点について三浦氏は、単に官司制的なあり方を指摘されるだけで、具体的な構造については、ほとんど検討を加えておられない。そこで次に、その後の研究も参照して、「吉士集団」の構造を具体的に明らかにしたい。

第四節　阿倍氏と「吉士集団」の構造

まずカバネ「吉士」について検討してみよう。周知のように、カバネ「吉士」は、新羅官制第十四にみえるもので、朝鮮半島に出自することが明らかにされている。(32) このことは、海外交渉を主たる任務とする「吉士集団」の職掌からみて興味深いものがあるが、その導入の過程は明らかでない。しかし、カバネ「吉士」が大化前代の官制において一定の意味をもっていたことは、天武朝に諸吉士が、「吉士」にかえて「連」を賜姓されていることからも首肯される。カバネ「吉士」が、ある時期に大和政権から海外交渉を職掌とする氏族に与えられたことを示唆する。したがって、それは、「吉士集団」の大和政権による機構的編成と不可分の関係にあったと考えられるであろう。それでは、その機構的編成は、具体的にどのようにとらえ得るであろうか。

「吉士集団」の機構的編成を考える場合、右に指摘した諸点からして、当然、官司制的な性格をもつことが考えられる。そうした場合、「吉士集団」が、所属した官司とは、「吉士集団」が、海外交渉の二大拠点、難波・筑紫を中心に活動し、その周辺に本拠をもっていることから、難波・筑紫の地にあったことが想定されよう。そこでまず想起されるのが、難波大郡・小郡と筑紫大郡・小郡、及び難波屯倉と那津官家であろう。

難波・筑紫における外交施設としては、難波館・筑紫館と呼ばれる客館が著名であるが、これは、「高麗館」のように、国名がつき一国一館であった。難波大郡・小郡と筑紫大郡・小郡については、かつては「郡」字に引かれて、地域的まとまりとみる見解が有力で、難波大郡・小郡の場合は、後の西生・東生の両郡に比定したり、難波屯倉を大郡と子代屯倉を小郡とする説が出されていた。(33) しかしながら、「郡」字の用法や、大郡・小郡に関する史料を詳細に検討された田中卓氏は、これが、一個の建物であって、外客の宿舎である難波館とは別個の「外使迎賓館ともいうべき官衙」とし、難波屯倉と同一実体であるとされた。(34) 傾聴すべき見解といえる。ただ、田中氏の場合、主題との関連もあって大郡・小郡の性格、或は大郡と小郡の区別、難波屯倉との具体的関連など詳細な検討はすすめられておらず、残された問題も少なくない。このうち、難波大郡と小郡の区別については、前期難波宮を検討された直木孝次郎氏が、大郡を外交官舎、小郡を西国支配のための内政用官舎とする見解を出されている。(35) しかしながら、直木氏が論拠とされる、『天武紀』の記載は、あくまで壬申の乱時における特殊な例であり、「難波郡」を大郡とされる見解も、史料的には通説のごとく大郡、小郡の総称とみるべきであろう。そこで、関連史料を掲出して考えることにしたい。すべて『書紀』からで、一応年代順とする。

①継体六年（五一二）十二月条

大伴大連金村、具に是の言を得て、同じくして謨を奏す。迺ち物部大連麁鹿火を以て、勅宣ぶ使に宛つ。物部大連、方に難波の館に發ち向ひて、百濟客に勅宣はむとす。

②欽明二二年（五六一）是歳条

是歳、復奴氏大舎を遣して、前の調賦を獻る。難波の大郡に、諸蕃を次序するときに、掌客額田部連・葛城直等、百濟の下に列ねしめて引き導く。大舍怒りて還る。館舍に入らずして、船に乘りて穴門に歸り至りぬ。是に、穴門舘を脩治ふ。

③敏達十二年（五八三）是歳条
日羅等、吉備兒嶋屯倉に行き到る。朝庭、大伴糠手子連を遣ひて、慰め勞ふ。復、大夫等を難波舘に遣ひて、日羅を訪はしむ。是の時に、日羅、甲を被、馬に乘りて、門の底下に到る。

④推古十六年（六〇八）四月条
十六年の夏四月に、小野臣妹子、大唐より至る。唐國、妹子臣を號けて蘇因高と曰ふ。即ち大唐の使人裴世清・下客十二人、妹子臣に從ひて、筑紫に至る。難波吉士雄成を遣して、大唐の客裴世清等を召す。唐の客の爲に、更新しき館を難波の高麗館の上に造る。

⑤推古十六年六月条
客等、難波津に泊れり。是の日に、飾船三十艘を以て、客等を江口に迎えて、新しき館に安置らしむ。

⑥推古十六年九月五日条
九月の辛未の朔乙亥に、客等を難波の大郡に饗たまふ。辛巳に、唐の客裴世清、罷り歸りぬ。則ち復小野妹子臣を以て大使とす。吉士雄成をもて小使とす。福利を通事とす。唐の客に副へて遣す。

⑦舒明二年（六三〇）是歳条
是歳、改めて難波の大郡及び三韓の館を脩理る。

⑧皇極元年（六四二）二月廿一日条
丁未に、諸の大夫を難波の郡に遣して。高麗國の貢れる金銀等、并て其の獻る物を檢へしむ。

⑨皇極元年二月廿二日条

戊申に、高麗・百済の客に難波の郡に饗たまふ。

⑩皇極元年五月十六日条

庚午に、百済国の調の使の船と吉士の船と、倶に難波津に泊れり。丁未に、諸の大夫を難波郡に遣して、高麗国の貢れる金銀等、幷て其の献る物を検へしむ。

⑪皇極二年三月条

難波の百済の客の館堂と、民の家屋とに災けり。

⑫大化元年（六四五）七月

唯百済の大使佐平縁福のみは、遇病して津の館に留りて、京に入らず。

⑬大化三年是歳条

是歳、小郡を壊ちて宮を營る。天皇、小郡宮に處して禮法を定めたまふ。

⑭白雉二年（六五一）十二月晦条

冬十二月の晦に、味經宮に、二千一百餘の僧尼を請せて、一切經を讀ましむ。是の夕に、二千七百餘の燈を朝の庭内に燃して、安宅・土側等の經を讀ましむ。是に、天皇、大郡より遷りて新宮に居す。號けて難波長柄豊碕宮と曰ふ。

⑮白雉三年正月一日条

三年の春正月の己未の朔に、元日禮訖りて、車駕、大郡宮に幸す。

⑯斉明六年（六六〇）五月条

高麗の使人已相賀取文等、難波館に到る。

⑰天武元年（六七二）七月廿二日条

辛亥に、将軍吹負既に倭の地を定めつ。便ち大坂を越へて難波に往る。以餘の別将軍等、各三つの道より進みて、山前に至りて、河の南に屯む。即ち将軍吹負、難波の小郡に留りて、以西の諸の國司等に仰せて、官鑰・驛鈴・傳印を進らしむ。

⑱持統三年（六八九）六月廿四日条

乙巳に、筑紫の小郡にして、新羅の弔使金道那等に設たまふ。物を賜ふこと各差有り。

⑲持統六年十一月条

新羅の朴憶徳に難波館に饗祿たまふ。

まず、②⑥⑧⑨⑱などの記載からみて、大郡が大和政権の外交用官舎であることは、異論のないところであろう。大郡は、対外使節に対する饗応の場であり、「調」の点検等の儀礼の場であったのである。また⑩にあるように「諸の大夫」の派遣先でもあった。そして、⑬〜⑮の記載にあるように、宮に転用されたり、改築されたりなど、対外的にも通用する格式の高い施設であったとみられる。

いっぽう、小郡は、史料的にみても大郡と一体のものであり、ほぼ同じ機能をもつものと考えられるが、小郡を難波屯倉の経営を掌る官司であるとか、内政用の官舎とする見解もある。小郡と難波屯倉が、密接な関連にあったことは、大化二年正月条と同三年是歳条を検討された田中卓氏が、すでに指摘されているとおりであるが、小郡と難波屯倉が同一実態を示す根拠にはならないと思う。また小郡を、直木氏のいわれるように内政用の官舎とみなすことも、⑬にあるように、この時の小郡は、小郡を改造した小郡宮であり、離宮的な施設で、吹負はそれを使用したとみられる。難波大郡・小郡は、建物の大小、メインの建物とサブの建物といった違いで、両者が一体となって大和政権の迎賓館的機能を果たしたと考える。その意味で、難波大郡・小郡が⑧〜⑩にあるように「難波郡」と呼ばれるように、筑紫大郡・小郡も「筑紫郡」と総称されたとみられるのは、それなりに理由のあったことと思われるのである。

そこで問題となるのは、難波屯倉と那津官家との関係である。第一章でもふれているように、かつてミヤケは屯倉という用字の通り、朝廷直轄のクラとそれに付属する水田、それを耕作する人間からなるもので、大王家による大土地所有として理解され、収穫物は所有する大王・皇族に収められたと考えられていた。しかしながら現在では、豪族から献上され、王権により設置された、軍事的・政治的拠点としての建物＝「官衙」で、地域支配に伴う、中央からの派遣官が駐在する施設とみられている。また、田地を付属し稲穀収取を目的としたミヤケもあるが、その運営はまったく異ならないと考えられている。そこで、こうした視点から、難波屯倉と那津官家について、史料に即して考えたい。那津官家については、第一章で検討を加えたので繰り返さず、難波屯倉を見ることにしたい。『書紀』安閑元年（五三四）十月十五日条には、次のような設置記事がみえる。

冬十月の庚戌の朔甲子に、天皇、大伴大連金村に勅して曰はく、「朕、四たりの妻を納れて、今に至るまで嗣無し。萬歳の後に、朕が名絶えむ。大伴の伯父ども、今何に計を作む。毎に茲を念ひ、憂へ慮ること何ぞ已まむ」とのたまふ。大伴大連金村奏して曰さく、「亦臣憂へまうす所なり。夫れ我が國家の、天下に王とましますは、嗣有、無嗣きことを論はず。要須ず物に因りて名を爲す。請らくは皇后・次妃の爲に、屯倉の地を建立てて、後代に留めしめて、前の迹を令顯さしめむ」とまうす。詔して曰はく、「可。宜早に安置け」とのたまふ。大伴大連金村、奏して稱さく、「小墾田屯倉と國每の田部とを以て、紗手媛に給貺はむ。櫻井屯倉〈一本に云はく、茅渟山屯倉を加へ貺ふといふ。〉と國毎の田部とを以て、香香有媛に給賜はむ。難波屯倉と郡毎の钁丁とを以て、宅媛に給貺はむ。以て後に示して、式て昔を観しめむ。詔して曰はく、「奏の依に施し行へ」とのたまふ。

これによるなら、難波屯倉は、妃の一人宅媛に給せられたもので、その成立事情からして子代屯倉ということになる。『書紀』大化二年正月条にみえる「難波狭屋部邑子代屯倉」と同一のものであろう。(36) そして、この時、宅媛だけでなく、他の后妃にもそれぞれ屯倉が給せられているが、難波屯倉以外には、同時に「毎国田部」が給せられたとあるのに対し、難波屯倉の場合は、おそらく田地と「毎郡钁丁」が給せられたとあり、若干のニュアンスを異にしている。これによれば、難波屯倉の場合は、春秋の二期にわたって屯倉周辺（「毎郡」）の豪族から出される役丁によって経営されていたと考えられ、田地を付属し稲穀収取を目的としたミヤケであり、官田経営的色彩の濃いものといえる。(37)

したがって、先に詳しく論じたように難波大郡・小郡は、対外交渉、外客接待に当る迎賓館であり、難波館は外国使節の宿舎（客館）と考えられるから、難波屯倉が、こうした施設運営に関わる稲穀収取を目的として設置された官田的機能を、一つの属性とすることが想定される。那津官家の場合には、「尾張国屯倉」「伊賀国屯倉」「河内国茨田郡屯倉」「新家屯倉」の四つのミヤケが、那津之口に官家を修造するため、天皇を先頭に、宣化朝の有力者がその殻を運んだとされ、筑紫肥豊、三つの国の屯倉からは、那津官家そのもの修造ではなく、非常時に備え那津之口に物資を集積しようとしたものであり、対外交渉や外客の接待に当たる、那津官家の経営に関わるものであった。筑紫郡や筑紫館もその中に含まれていたと考えられる。

難波大郡・小郡は、難波屯倉の成立と、筑紫大郡・小郡は、那津宮家の成立と不可分であり、欽明朝以降、少なくとも推古朝以前には成立していた可能性が高い。「三朝之館」と呼ばれるように、難波館・筑紫館などは、必要に応じて設置されたのであろう。そして、安閑二年九月三日条に、「桜井田部連・縣犬養連・難波吉士等に詔して、屯倉の税を主掌らしむ」とあるように、難波吉士が、難波屯倉の経営に参画しているらしいことは、「吉士集団」の中に三宅吉士が見えることとともに、「吉士集団」と難波屯倉、ひいては難波大郡・小郡との関係を裏付けるのではなかろうか。「吉士集団」による屯倉経営を具体的に示す史料は、ほとんどみられないが、『書紀』清寧即位前紀にみえる草香部吉士漢彦の所伝は、その一端を語っていると考えられる。

すなわち、雄略の死後、皇位に即こうとした星川皇子の反乱に加担し、捕えられた河内三野縣主小根は、旧知の漢彦を介して、死罪を逃れんことを願い出た。漢彦は、大伴室屋大連にとりなし、小根の罪を一等減ずることに成功、小根はただちに室屋、漢彦に田地を献上して謝意を表したとある。これは、一つには、大伴氏による私地、私民拡大の物語ともとれぬことはないが、物語の主人公は、明らかに漢彦であって大伴氏の所伝は、後に付加されたものと考えられる。そこで注意されるのは、小根が漢彦に贈った田地である。室屋に献上した田地については、難波の來目邑の大井戸の田十町とあり、難波にあったとみられる。周知のように河内三野縣主は、河内国若江郡あたりを本拠とする豪族であり、(38)右の所伝によれば難波にもかなりの領地をもっていたことが想定される。したがって、この物語は、本来、難波の田地をめぐる三野縣主と草香部吉士の関係を説話化したものであり、物語の内容から三野縣主が、草香部吉士に従属するに到った由来を述べたものと解される。おそらく難波屯倉の経営に当る草香部吉士が、周辺の豪族から田地を献上させ、経営を拡大していったことを反映したものと考えられよう。

以上のように、難波大郡・小郡と難波屯倉、筑紫大郡・小郡と那津官家の実態が理解されるなら、その機能からみて、筑紫及び難波において主要な活動をする「吉士集団」の所属官司として、ふさわしいといえよう。先に少し述べたように、難波郡・筑紫郡が、迎賓館的機能だけでなく、大和政権の出先機関であるミヤケの機能を持つものであったのか。難波屯倉・那津官家には、そうした政庁が別にあったのかは、にわかには決しがたいが、田中卓氏が指摘されたように、おそらくは一体のものであったと考える。

このように、私は、「吉士集団」が大和政権の出先機関である、難波屯倉・那津官家に所属し、外客接待・対外交渉などの立案・実行に当っていたと解するのであるが、最後にそこにおける「吉士集団」の具体的なあり方を少し検討しておきたい。「吉士集団」の職掌については、「吉士集団」の構造が、右のように理解されるならこの問題についても一つの見通しが立つと考える。すなわち、一つの官司にこのように多様な吉士が所属しているのには、何らかの理由があったと考えられ、それが職務内容と関連することが想定されるのである。そして、その手がかりとなるのは、諸吉士による海外交渉の記事のあり方である。

記事は、その形式からほぼ二つに分類され、一つは、吉士が単独で特定の一国に派遣される場合であり、もう一つは、複数の吉士が、二及三国にそれぞれ同時に派遣される場合である。記事の大部分は、前者であるが、ここでは、後者が特に問題となる。後者の記事は、いずれの場合も同一氏が、二国にわたって使することはなく、別氏が派遣されている。たとえば皇極元年二月条によれば、津守連大海を高麗に、国勝吉士水鶏を百済に、草壁吉士真跡を新羅へ、坂本吉士長兄を任那に派遣したとするのがそれである。このことは、吉士の家によって派遣国の分担が意識されていることを想定させる。そして、さきに少し指摘した対唐交渉を難波吉士が独占していること、また、推古～皇極朝に活躍する草壁吉士磐金が、すべて新羅に使していること、敏達～皇極朝に活躍する吉士金子がもっぱら新羅に使していること、敏達～推古朝にみえる難波吉士木蓮子が、任那にのみ使していることなどは、右の想定を裏付けると考える。

そこで問題となるのは、かかる分担の生じた理由である。私は、それを吉士によって相手国の地理、内情の理解に差異があったのではないかと考える。対外交渉・外客接待を主たる職掌とするものにとって相手国の言語もふくめて、地理、内情に精通していることは、必須の条件であったと考えられよう。しかしその場合、相手国が一つならまだしも複数にわたる時、同一氏が数ヶ国の状況に精通することは、古代の交通のあり方からしても非常に困難であったと解される。したがって複数の氏が、それぞれ得意とする国を世襲的に担当し朝廷に仕えたものと考えるのである。このように「吉士集団」が、それぞれ特定の対象国をもって難波屯倉・那津官家に出仕していたと考えられるなら、吉士が、本来的には、通事として登用されたことが想定されてくる。すなわち、諸吉士の出自が、いずれも渡来氏族とみられていることは、それを裏付けると考えるが、『書紀』敏達四年条にみえる吉士譯語彦の名は、このような事情を示唆するものと考える。おそらく「吉士集団」は、海外交渉が盛行しはじめる継体・欽明朝前後に難波、筑紫周辺に住む渡来氏族の中から、通事として採用したことに始まると考える。そして、それらの諸氏は、それぞれ、その出身国や地域により、特定の国を担当することになったのではないか。[39]

最後に、改新後の「吉士集団」及びその所属官司、難波屯倉・難波郡、那津官家・筑紫郡のその後の運命について、簡単に触れておこう。まず難波屯倉・難波郡の動向であるが、さきに少し触れたように改新直後、難波大郡、小郡は、改造され行宮となっている。このことは、このころ両者が、従来の使命に終止符を打ったことをしめしており、その業務は、新たな組織に移されたと考えられる。私は、難波屯倉・難波郡は摂津職に、那津官家・筑紫郡は大宰府にそれぞれ改編されたものと考えている。摂津職は、難波京及び難波津の管理のために設置されたものであるが、[40]上にみたように難波屯倉・難波郡も難波館を管理しており、合わせて難波津の管理をしていた可能性が高い。[41]また、難波館の管理もおそらく摂津職によってなされたと考えられるからほぼその系譜関係がみとめられるであろう。那津官家・筑紫郡と大宰府の関係については、やや史料不足で不明であるが、難波屯倉・難波郡の場合とほぼ同様であったと考えられる。

以上のように難波屯倉・難波郡、那津官家・筑紫郡のあり方が理解されるなら「吉士集団」の運命についても、ほぼ同様に考えられると思う。「吉士集団」が、その世襲してきた任務を解かれたことは、カバネ「吉士」が、天武朝において消滅していることから明らかであり、それぞれ摂津職、大宰府の官人として登用されたと思われる。『続紀』天平六年三月条によれば、摂津職が吉師部楽を奏したとあり、「吉士集団」が、摂津職に連なっていたことを想定せしめるが、先にみたように、『東南院文書』天平宝字四年（七三四）十一月十八日付の「摂津国安宿王家家地倉売買券」に、摂津国東生郡と西生郡の郡領氏族として、難波忌寸、日下部忌寸、吉志、三宅忌寸らの署名がみえることから明らかであろう。おそらく「吉士集団」は、難波屯倉・難波郡、那津官家・筑紫郡の後身、摂津職、大宰府につらなりながら草香部吉士大形や多胡吉師手などのように令制官人として上昇していくものも出したと考えられる。

以上、考察してきたところを整理すれば、次のようになるであろう。

（1）難波吉士以下の諸吉士は、摂津・河内・和泉・紀伊など大坂湾沿岸及び筑前地方に本拠をもつ渡来系の氏族であった。

（2）「吉士集団」は、大和政権の外交実務を担当する官司、難波屯倉・難波郡、那津官家・筑紫郡に番上出仕し、その得意とする特定諸国への対外交渉、外客接待に活躍した。

（3）難波屯倉・難波郡、那津官家・筑紫郡は、大郡・小郡と呼ばれた迎賓館と、難波津及び外客の宿舎たる難波館、那の津及び筑紫館を管理して、外交事務を担当していたものと考えられた。

（4）難波屯倉・難波郡、那津官家・筑紫郡には、それぞれに直属する官司田的なものが付属している。そこでは、難波屯倉でみられたような、役丁による新しい経営方法がとられており、そこに所属する官人として、「吉士集団」もその運営に深く関与した。

（5）律令体制の成立により、難波屯倉・難波郡、那津官家・筑紫郡は廃止され、その事務は、新たに設置された摂津職、大宰府に受け継がれた。これにともない「吉士集団」もその世襲職を解かれ、新しい官司に登用されて律令官人の道を歩みはじめた。

第五節　阿倍氏と「吉士集団」—むすびにかえて—

以上のように、阿倍氏が「吉士集団」を率いて、大嘗祭で吉志舞を奏上する事情を検討するため、「吉士集団」の実態・構造を明らかにしてきた。それでは、こうした「吉士集団」と阿倍氏の関係は、どのように理解されるのであろうか。両者が密接な関係にあったことは、本来その大半が渡来氏族であった「吉士集団」が、阿倍氏同族を主張していることからも明らかであろう。両者は、同族になることにより、多くのメリットがあったのであろう。その場合、「吉士集団」が大和政権の対外交渉・外客接遇の専業集団である以上、阿倍氏もそうした業務と無関係とは考えられない。「吉士集団」が所属したと考える、難波屯倉・難波郡、那津官家・筑紫郡との関わりも当然あったとすべきではなかろうか。

阿倍氏が自ら対外交渉に関わった例は、多くないが、『書紀』孝元天皇七年二月二日条の同祖系譜が手掛かりとなる。すなわち、そこには、「兄大彦命、是阿倍臣・膳臣・阿閉臣・狭狭城山君・筑紫國造・越國造・伊賀臣、凡七族之始祖也。」とあって、大彦命を始祖とする七氏の氏族の名がみえている。この同祖系譜については、第七章で詳しく論じているが、阿倍氏同祖系譜としては、『姓氏録』にも、多くの氏族が同祖とされている。しかしやはりその根幹をなしているのが『記紀』の系譜であり、特に七氏に絞り込んだ『書紀』の系譜は無視できない。そして、『書紀』の系譜にみえる七氏については、そのあり方により、三グループに分けることができる。まず阿倍臣と膳臣は大和地方に本拠を置く有力豪族として、また『古事記』の同祖系譜に取り上げられていることから一括できる（第一グループ）。そして、阿閉臣・伊賀臣の二氏は、伊賀に本拠を置く地方豪族として共通性をもっている（第二グループ）。狭狭城山君・筑紫国造・越国造の三氏も、本拠は異なるが国造クラスの地方有力豪族として、またカバネが「君」であることでも共通している（第三グループ）。

このうち、第一グループ・第二グループについては、別に検討するので、ここでは、第三グループを問題としたい。この三氏は、バラバラで無関係のように考えられるが、案外多くの共通点を持っている。このうち、筑紫国造・越国造の二氏については、その本拠とする越と筑紫が、大和政権の対外交渉の二大玄関であることは注目される。越国造については、その本姓については、諸説あるが、『姓氏録』右京皇別に、大稲輿命の子彦屋主田心命の後とする道公がみえ、『書紀』欽明三十年（五七〇）四月条に高句麗使節とのかかわりで登場する道君が越の「郡司」とみえるから、その本姓は道公（君）であろう。道公の本拠は後の越前国加賀郡と推定されている。越地方は、大和政権にとっては、筑紫と並ぶ対外交渉の拠点であり、日本海ルートで、朝鮮半島・中国東北部と結ばれていた。特に高句麗（後には渤海も）の使節は、海流の関係から、このルートをとることが多かった。琵琶湖の水運もあり、大和への行程は、瀬戸内ルートに比べ、かなり短縮できたとも考えられる。したがって、この地の有力豪族であった越国造が、大和政権の海外交渉に深く関わっていたことは、間違いないところであろう。

一方、筑紫国造については、継体末年に肥・豊・筑紫一帯を舞台に一大「反乱」を起こした、筑紫君磐井の後裔で、博多湾岸を中心に北部九州一帯を勢力圏として独自の勢力を築いていた有力豪族であり、磐井が反乱にあたって新羅と通牒したとあるように、朝鮮半島諸国とも、独自の回路をもち、海外交渉にも深くかかわっていたとみられる。その本拠は、磐井の墓とされる岩戸山古墳が所在する八女地方（筑後国上妻郡）ではあるが、磐井の乱後、その子の筑紫君葛子が糟屋屯倉（後の筑前国糟屋郡）を献上したとあるように、筑前にも拠点を持っており、大和政権の対外交渉に深く関わっていたとみられる。

狭狭城山君については、筑紫国造・越国造の二氏とは異なり、内陸部の近江を本拠としており、そのままでは一括することはできない。同氏については、別に考察するので概略を述べるが、越国造についてふれたように、琵琶湖は日本海側と大和を結ぶ大動脈であり、狭狭城山君は、その物流の拠点である蒲生郡・神埼郡を本拠としていた。またこの地からは、伊賀に抜ける陸路もあり、大和への短縮路でもあった。佐々貴山君は、『姓氏録』摂津国皇別にも収載されており、同条にみえる阿倍氏同族の三宅人が、蒲生郡西里に居住することが、「長屋王家木簡」の付札に「三家人広麻呂」とあることから確認され（『平城宮発掘調査出土木簡概報』二一）、瀬戸内ルートの対外交渉への関与も想定される。

そこで、問題となるのは、阿倍氏と対外交渉の関係である。阿倍氏も他の有力豪族と同じく、対外交渉に従事することもいくつかみられる。しかしながら、阿倍氏が特にそうした業務を専当していたことを示す史料は認められない。したがって、阿倍氏が海外交渉にも関わったとしながらも、そこに特別な関係はなかったとするのが通説といえよう。ただ、阿倍氏と対外交渉の拠点である難波地方とのつながりは、いくつか指摘できる。

まず、『書紀』大化四年（六四八）二月条には、時の左大臣阿倍臣内麻呂が、四天王寺の五重塔内に、小四天王像を安置したとする記事があるが、これは難波遷都をすすめる孝徳天皇の指示により、内麻呂が左大臣としての職務から行ったもので、阿倍氏と難波の特別な関係を示すものではない。ただ、左大臣が自ら出向く必要があるかといえば、そうともいえず、難波に何らかのつて乃至つながりがあったのかもしれない。また、その点で再考を要するのは、四天王寺がその一角に建つ「阿倍野」の問題である。先にみたように、林屋辰三郎氏は、大嘗祭で吉志舞を奏上した阿倍氏が、「安倍」と表記されていることを手掛かりに、中央豪族の阿倍氏とは別氏の「難波安倍」氏の存在を想定して、その本拠をこの「阿倍野」と考えられていることである。「難波安倍」氏の存在は認められないが、「阿倍野」が阿倍氏と難波の深い関係を示していると考える。

ところで、阿倍氏は、推古朝の前後から複姓を持つ同族が出現する。すなわち、その中には、内・布勢・引田・長田・久努・狛・許曾部などの諸氏が見えており、「阿倍内」「阿倍布勢」と記載される場合と、「阿倍」を称しない場合もある。複姓の下半は、引田氏の本拠が、大和国城上郡辟田郷に、許曾部の本拠が摂津国三島郡古曽部とされるように、大和・河内などの地名である。こうした複姓の同族が、阿倍氏からいつごろ分枝したかは明らかでないが、そうした複姓の同族の中から、王権により氏上ないし本宗家が選ばれ、「阿倍」の単姓を称することになっている。そして、この中で、難波と関わるとみられるのが、阿倍布勢臣である。布勢臣は、『書紀』朱鳥元年（六八六）九月二十八日是日条に、天武の殯庭で、一族の布勢朝臣御主人が、「太政官の事」を誄しており、御主人は、その後も昇進を重ね、同持統八年正月には、封戸を加増し、氏上とされ、同十年十月には、「大納言阿倍御主人」とあり、「阿倍」を名乗ることを許されている。さらに大宝元年（七〇一）三月には、正従二位・右大臣に昇叙している。この布勢臣の本拠については、各地に地名としてみえ確定しがたい。しかし、現在東大阪市となっている、旧布施市の「布施」は、古代に遡る地名である確証はないが、右に阿倍氏の難波における拠点と推定した「阿倍野」とは、指呼の間にあり注目される。もしこの憶測が認められるなら、先に指摘した諸点と共に、阿倍氏と難波の繋がりが、細い糸ながらたどれることになり、阿倍氏がこうした難波とのつながりから、マエツキミの中から対外交渉を専当する大夫の地位につくことになったのではなかろうか。したがって、「吉士集団」が所属する官司、難波屯倉・難波大郡・小郡を統括する職務にも、関わっていたとみるのである。そして、阿倍氏が、大嘗祭において「吉士集団」を率いて、吉志舞を奏上する伝統も生まれたのであろう。

註

(1) 大塚徳郎「阿倍氏について」(『続日本紀研究』三-一〇・一一 一九五六『平安初期政治史研究』吉川弘文館 一九六九)
(2) 志田諄一「阿倍臣」(『古代氏族の性格と伝承』雄山閣 一九七一)
(3) 林屋辰三郎『中世芸能史の研究』(岩波書店 一九六〇)
(4) 三浦圭一「吉士について」(『日本史研究』三四 一九五七)、吉田晶『古代の難波』(教育社 一九八二)
(5) 林屋辰三郎 前掲書
(6) 三浦圭一 前掲論文
(7) 笹川進二郎「吉士集団と倭王権」(『日本史論叢』第一一輯 一九八七)
(8) 請田正幸「吉士集団の性格」(『続日本紀研究』二二七 一九八三)
(9) 加藤謙吉『吉士と西漢氏』(白水社 二〇〇一)
(10) 後述するように、難波郡、筑紫郡の公記録ではなかろうか。周知のように、壬申の乱において難波はほとんど被災しておらず、古い記録も残されていたと考えられる。
(11) 大橋信弥「雄略朝成立前夜の政治過程」(『日本古代の王権と氏族』吉川弘文館 一九九六)
(12) 三浦氏が難波吉士の後身とされる「吉志」は、同様に天平宝字四年十一月の文書に、西成郡擬大領従八位上吉志船人、擬少領少初位下三宅忌寸広種が見え、東生郡の大領、少領とある難波忌寸・日下部忌寸とは、居住地が異なる。
(13)三浦圭一　前掲論文、藤間生大「大和国家の機構」(『歴史学研究』二一四　一九五七)
(14)本位田菊士「吉士と任那の調」(『日本古代国家形成過程の研究』名著出版　一九七八　初出一九七六)
(15)大橋信弥「吉備氏反乱伝承の史料的研究」(前掲書)
(16)本位田菊士「百済本紀所載いわゆる『継体天皇二十五年辛亥の変』について」(前掲書　初出一九七一)は、勾大兄の行動を史実としているが、その根拠は示されていない。
(17)平凡社『世界歴史事典』第二二巻　史料篇　平凡社　一九五五)
(18)井上辰雄「筑・豊・肥の豪族と大和朝廷」(旧版『古代の日本』3　九州　角川書店　一九七〇)
(19)三品彰英「古代宗儀の歴史的パースペクティヴ」(『増補日鮮神話伝説の研究』所収、論文集第四巻　平凡社　一九七二)
(20)『大日本古文書』十五－一三三
(21)『大日本古文書』廿四－五五六
(22)『和名類聚抄』に和泉国和泉郡坂本郷がみえる。
(23)三品彰英、前掲論文
(24)『寧楽遺文』中－六四七
(25)吉田晶　前掲書
(26)金井塚良一『古代東国史の研究』(埼玉新聞社　一九八〇)、原島礼二「関東地方の屯倉と渡来氏族」(『日本古代王権の形成』校倉書房　一九七七)
(27)『日本霊異記』巻中第三に、武蔵国出身の防人、吉志大麻呂がみえる。

(28) 山尾幸久「河内飛鳥と渡来氏族」(『古代を考える　河内飛鳥』吉川弘文館　一九八九)
(29) 金井塚良一・原島礼二　前掲書
(30) 林屋辰三郎　前掲書
(31) 村尾元融『続日本紀考証』(国書刊行会　一九七一　復刻)
(32) 加藤謙吉　前掲書
(33) 吉田晶　前掲書
(34) 田中卓「郡司制の成立」上中下(『社会問題研究』二－四、三－一・二　一九五二)
(35) 直木孝次郎「難波小郡宮と長柄豊崎宮」(難波宮址を守る会編『難波宮と日本古代国家』塙書房　一九七七)
(36) 直木孝次郎「難波の屯倉」(『古代国家の形成と展開』吉川弘文館　一九七七)
(37) 弥永貞三　前掲論文、薗田香融「律令財政成立史序説」(『日本古代財政史の研究』塙書房　一九八一)
(38) 『延喜式』巻九、神祇九、神名上、河内国若江郡条に、御野縣主神社二座がみえる。
(39) 本位田菊士氏は、註⑭論文において敏達～推古朝の羅日交渉の検討を軸に、「吉士集団」の役割を詳細に検討され、任那系渡来人の扶養目的のために設置された「任那の調」を代納要求する交渉を担当したのが「吉士集団」で、それは六世紀後半、任那系渡来人によって組織され、大化前代には、難波吉士のみが存在したとされた。それなりに、注目すべき見解であるが、立論の根拠が、すべて仮定の任那問題に関連しており、本文で論じたようにそれは成立しがたいと思われる。
(40) 坂元義種「摂津職について」(『待兼山論叢』二　一九六八)
(41) 難波館は、大化元年七月条に、「津館」とも呼ばれており、難波津と不可分なことが知られるし、また、白雉元年是歳条に、難波吉士胡床が、他の二氏と安藝国に遣され、百済船二隻を造ったとあることから、難波郡が津の管理だけでなく、船の建造にも関与していたことが知られる。また皇極元年（六四二）五月十六日条には、「百済国の調の使の船と吉士の船と、倶に難波津に泊れり」とあり、吉士の専用船が、難波郡に所属していたことを示している。

第三章　阿倍氏と膳氏

はじめに

阿倍氏同族の中で、特別な地位を占めているのが、膳氏である。そのことを端的に示しているのが、『記紀』にみえる同祖系譜における膳氏の扱いであろう。すなわち『書紀』の系譜が、孝元皇子大彦命の後裔として、「是阿倍臣・膳臣・阿閉臣・狭狭城山君・筑紫國造・越國造・伊賀臣、凡七族之始祖也」と、主要な同族七氏を連記するのに対し、『古事記』は、大彦命の子建沼河別命と比古伊那許士別命の二人を上げ、それぞれを、「阿倍臣等」と「膳臣」の祖としており、阿倍氏と膳氏が特記されている。これはどのような事情によるのであろうか。

『書紀』の場合も、同族七氏の、第一・第二に両氏を上げており、同族の中でも特に有力であったことが窺えるが、『古事記』の系譜は、阿倍氏と膳氏をほぼ対等に扱っているのである。建沼河別命を、「阿倍臣等」の始祖と記載するのに対し、膳氏は比古伊那許士別命の後裔氏族として、単独に扱っており、その独自性を強調しているようにもみえる。同祖系譜については、第七章で詳しく検討するのでここでは深入りは避けるが、少なくとも『古事記』の編者は、膳氏が、阿倍氏同族の中で、特別な地位にあったことを主張しているようにも、とることができよう。この点については、『古事記』の述作に大きな役割を果たした、天武天皇との関わりが想定されている。(1)

すなわち『書紀』天武十一年（六八二）七月条には、このとき亡くなった、小錦中膳臣摩漏に、「壬申の功」により、大紫位と禄を賜うとあり、皇后からも別に物を賜ったとある。また、その病床には、草壁・高市両皇子が見舞ったともあり、膳氏の朝廷における職掌からみて、摩漏が、壬申の乱のさなか、天武夫妻とその皇子女の供膳に力を尽くしたことへのねぎらいであったとみられる。それでは、阿倍氏同族の中における膳氏の存在は、実際はどのようなものであったのであろうか。こうした、天武の特別な思いが、その系譜に反映した可能性もあろう。そしてそもそも、膳氏はどのような事情で、阿倍氏の同族とされているのであろうか。そこでまず、『記紀』やその他の文献にみえる、膳氏の始祖伝説を取り上げる。

第一節　膳氏の始祖伝説

まず『書紀』に見える膳氏の始祖伝説は次の通りである。

（一）景行五十三年十月条　天皇と皇后がヤマトタケルの故地を訪ね、東国を巡行する時、上総国へ向け海路をとり「淡水門」へ渡るその時に、「覚賀鳥」が鳴いたので、鳥を見ようと海に入ったが、鳥を得ることはできず、代わりに「白蛤」を得ることができた。「是に、膳臣の遠祖、名は磐鹿六雁、蒲を以て手にして、白蛤を膾に為りて進る」「故、六雁臣の功を美めて、膳大伴部を賜ふ」とある。

（二）履中三年十一月条　天皇が両枝船を磐余市磯池に浮かべ遊覧したとき、膳臣余磯が、酒を献じた。時に桜花が御盞に落ちたため、物部長真胆連を遣わして、桜花を求めたところ、腋上室山で手に入れた。喜んだ天皇は、それに因んで、その宮の名を「磐余稚桜宮」とし、長真胆連を物部姓から若桜部造姓とし、余磯を稚桜部臣とした。

（三）雄略二年十月条　天皇は吉野宮の御馬瀬に幸し、游猟した。多くの鳥獣の肉を得たので、その調理を、膳夫に任せるべきか、自分でやるべきかを群臣に問うた。ところが群臣は、その意を理解せず、誰も答えなかったので、天皇は大いに怒り、使者を斬ってしまったため、人々は恐れおののいた。皇太后と皇后は、天皇が宍人部を置くことを諮ったことを理解し、能く宍膾を作る膳臣長野を天皇に派遣した。天皇がそれを喜んだので、更に自分の厨人菟田御戸部、真鋒田高天の二人を派遣し宍人部としたが、この後、大倭国造をはじめ、臣連伴造国造ら群臣も宍人部を貢納した。

（四）安閑元年四月条　内膳卿膳臣大麻呂は、勅により、伊甚に使いを遣わして珠を求めしめたが、伊甚国造らの上京が遅れたため、国造らを捕まえその理由を質したところ、国造稚子直らは、後宮に逃げ隠れたため、皇后を驚かせてしまった。稚子らは罪を問われ、皇后に伊甚屯倉を献じ、罪を償った。

『書紀』に収載される膳氏に関わる所伝のうち、これらは、明らかに伝説的記載であり、ウジ名と「職」の起源を語るもので、当然史実に基づくものではない。このほか『古事記』にも関連する始祖伝説があり、『姓氏録』も膳氏一族に関わるいくつかの伝説的記載を載せている。そして、逸文として残る『高橋氏文』には、より詳しい所伝がみえるが、いずれも『書紀』の所伝と大筋で一致する内容である。

まず（一）は、登場人物が、「膳臣の遠祖」とされる「磐鹿六雁」であり、その調理の功により、「膳大伴部」を賜ったことを述べており、白蛤を膾に調理し天皇に奉るとあるように、膳臣が大王の供膳の「職」に携わることになった、奉仕の「根源」を物語る始祖伝説といえる。こうした伝説が、景行天皇の東国行幸に関わって語られていることについては、『記紀』の王権構想の中で、景行天皇が国土統一を最終的に仕上げた天皇として国土の平定の立役者とされているからであろう。膳臣の始祖伝説が、東国を舞台としていたところから、東国巡行の伝説があった景行天皇の事績として、取り上げられることになったのであろう。(2)

そして、こうした膳臣の奉仕の根源を語る物語が、東国の「淡水門」を舞台としていることについては、『古事記』景行天皇段に、詳しい説明はないものの、「此の御世に、田部を定め、又東の淡水門を定め、又、膳大伴部を定め（以下略）」とあるように、淡水門と膳大伴部の設定が記されており、深く関連することが推定される。そして、淡水門の故地については、これを房総半島最南端の館山市湊が有力とされ、ここが安房国府の外港的機能を持つ場所で、畿内・伊勢方面から海路で房総に進出する交通の要衝であることが指摘されている。大和政権の東国進出、東国支配の橋頭堡ともいえる地であり、膳臣の始祖の功業を述べる舞台として、特にふさわしい場所といえるであろう。こうした膳臣と「淡水門」、東国との関わりについては、（四）にもややかたちを変えてみえており、膳氏の伝えていた伝承（家記）に依拠して書かれた『高橋氏文』の逸文の記載には、さらに詳しい伝説がみえている。

（二）は、膳臣の同族、若桜部臣の始祖伝説で、磐余市磯池で遊覧していた天皇に酒を献じていた膳臣余磯が、天皇の盃に落ちた桜花を、使者を送って手に入れた功績により、若桜部臣の姓を賜り、使者の物部長真胆連も、若桜部造の姓を得たとするもので、若桜部臣―若桜部造のウジと職掌の成立と奉仕の「根原」を物語っている。この時天皇の宮を磐余稚桜宮としたとあるように、若桜部が履中天皇の名代・子代である由来を述べたものでもある。若桜部臣は、天武十三年十一月に朝臣を賜ったとあり、『姓氏録』右京皇別には、「阿倍氏同氏。大彦命の孫伊波我牟都加利命の後」とあって、膳氏の一族であることを明示している。したがって、これも膳氏の始祖伝説のひとつということになる。なお、若桜部造が、膳氏の一族ではなく、物部氏の一族に出自するとあるのは、いわゆる伴造＝トモノミヤツコの成立事情を考えるうえで注目される。

（三）は、内容的には、「宍人部」の創設を語る伝説で、雄略朝のこととして、吉野の游猟を舞台に物語られる。この狩りで得た鳥獣の肉の調理について、天皇が群臣の意見を問うたが、天皇の意向を理解しなかったため、そのことを察した皇太后・皇后が、調理の達人膳臣長野を派遣してこれに当たらせ、天皇が歓んだので、自分の「厨人」二人も「宍人部」として献上したとある。そして、この後、さらに大倭国造をはじめとする群臣も、「宍人部」を貢いだとあり、「宍人部」の創設を詳しく述べている。(3) この所伝には、省略があるのか、意味の通らないところもあり、実際に、伴造として、「宍人部」を率いて、職務を分掌したのは、宍人臣（朝臣）と宍人連とみられる。本来は、（二）と同様に、膳臣長野が、この功績により宍人臣（朝臣）を賜るというような、ウジの成立を語る所伝であったとみられる。また、皇太后が提供した「厨人」二人も、宍人連の始祖とされていたと推測される。明らかに省略といえよう。なお、『姓氏録』左京皇別上には、「宍人朝臣　阿倍朝臣と同祖。大彦命の男彦背立稲腰命の後なり」とあり、それを裏付ける。宍人氏は、膳氏の一族で、特に鳥獣の肉を専門に調理するため、トモを率いて供奉していたのであろう。

（四）は、「内膳卿」の膳臣大麻呂が、勅命により、伊甚国造に「珠」（真珠）の貢上を命じており、必ずしも供膳に関わるものでないが、膳臣が管する供膳の職務として、東国国造の伊甚国造への命令権を持っていることがわかる。そして、伊甚国造が、その勅命に答えられなかったため、伊甚屯倉を献上することになった事情が語られており、国造任命と屯倉の献上が、関連することがうかがえる。史実を核とする伝説といえる。

以上が、膳臣に関わる『書紀』の始祖伝説であるが、直接膳臣に関わるのは、（一）（四）であり、膳臣が天皇に供膳の「職」により供奉するとき、膳大伴部を率いてそれに当たったこと、膳大伴部は、東国の国造の一族により構成され、膳夫（トモ）を出すことと屯倉の設置とが、深く関わることが明かになる。いっぽう（二）は一族の若桜部臣の、（三）は同じく一族の宍人臣の始祖伝説である。これらの記載から、膳臣・若桜部臣・宍人臣の三氏が、分担して天皇の御膳の調理に関わる膳夫（トモ）を率いた伴造であったことが窺える。おそらく当初は膳臣が一括担当していた職務が、のちに分化し、他の二氏がバックアップすることになったのであろう。そして、宍人臣の場合も、大倭国造をはじめとする群臣が、「宍人部」を貢いだとあるように、膳氏と膳部（膳大伴部）と同じ関係であったとみられる。そこで、この点をさらに考えるため、節を改めて、『高橋氏文』や、その他の伝説について、検討を加えたい。

第二節　『高橋氏文』の述作と意図

『高橋氏文』は、宮内省内膳司における安曇氏との対抗意識から、過去にさかのぼって、高橋氏の優位を主張したもので、第一章の末尾に、延暦十九年（八〇〇）とあるが、記載内容から、最終的に、延暦十一年に書かれたとみられている。伴信友は、古くから膳（高橋）氏に伝えられた伝承を、天平年間ごろに加筆し、延暦八年には、氏文としてまとめられたとしている。(4) また、坂本太郎氏も持統五年（六九一）八月条の「墓記」を進上した氏族の中に、膳氏が見えるところから、成立の上限とし、(5) 植松茂氏や小谷博泰氏も、氏文が段階的に加筆され、最終的に延暦年間に成立したとする。(6)『高橋氏文』は、原本は伝わらず、儀式書に引用された逸文が伝えられているが、伴信友以来、おおよそ三章に整理されている。

(A) 第一章（『本朝月令』六月朔日内膳司供忌火御飯事条）

ここでは、景行五十三年のこととして、天皇と皇后がヤマトタケルの故地を訪ね、上総の安房に到ったとき、皇后の命により、カクカ鳥を捕えようとした「磐鹿六獦命」が、果たせずその替わりに、白蛤と堅魚を得て、調理して皇后・天皇に献じたところ、賞賛をうけ、以後天皇の食膳に奉仕するよう命じられたとする。この時、「磐鹿六獦命」が呼び寄せ、調理に当たらせたのは、無邪志國造と知々夫國造の上祖であるとされている。また、「磐鹿六獦命」が、その功績により、供膳の奉仕のために、「日竪日横、陰面背面の諸國人を割き移りて」、大伴部と名付けて賜わったとし、「緒の氏人」と「東方諸国造十二氏」の「枕子」各一人を出させたとしている。そして、この時、上総国安房大神を御食都神としたことを述べ、後に、膳臣の姓を賜わることになったとしている。

（B）第二章（『政事要略』第廿六巻、年中行事部、十一月中卯日、新嘗祭条）

この部分は、大半が「宣命」を引用する形で記述されており、ここでは、病を得て亡くなった六獦命を、親王に準じて埋葬し、その子孫を「長世の膳職の長」「上総国の長」「淡国の長」とし、膳臣が、新嘗および膳職の御膳の職務を継いでいくように命じたとある。さらに「和加佐国」も、その子孫に賜わったことを述べている。

（C）第三章（本朝月令六月十一日、神今食祭事下）

冒頭に、「太政官神祇官に符す。高橋安曇二氏、神事の御膳の行立先後に、供へ奉るべきことを定む事」とあり、末尾に「自餘奏に依らば、官宜く承知し、以って永例と爲すべし、符到れば奉行せよ、延暦十一年三月十八日」とあるように、官符そのままの形をとっている。その内容は、霊亀二年（七一六）の神今食以来の安曇氏との行立の前後についての対立を述べ、自家の優位を、具体的に事例をあげて、述べている。そして、延暦十年の神事の際に、安曇継成が、勅命に背いて供奉しなかったため、遠流に処せられたことを特記している。

まず、実録的色彩の濃い（C）については、氏文提出の背景をなす、高橋氏と安曇氏の対立を具体的に示すものであるが、これが原官符のままかどうかについては、疑問が出されている。黒崎輝人氏は、官符としての書式だけでなく、その内容が高橋氏の主張を一方的に盛り込んだもので、かなりの改変があるとされた。そして、この記録が、神今食の初見であることから、高橋氏の先立権を主張すべく造作されたとされた。(7) これについては、霊亀二年に神事があったことまで否定できないとする反論もあるが、(8) いずれにしても、高橋氏が、自家の立場を強調するため加筆していることは確かであろう。

ところで、こうした高橋氏と安曇氏の奉膳の職をめぐる対立の背景としては、内膳司の奉膳（長官）の定員が、異例なことに二名とあることと関係するとの見方もあった。(9) しかし、両氏が奉膳と関わるのは、天平以降のことであり、それまでは両氏が揃って奉膳となっている例はなく、他氏からの就任もみられるところから、令前からの伝統ではなく、定員二名も職務の重大性によるのではないかとする理解が有力になっている。(10) そして、『続紀』神護景雲二年（七六八）二月十八日条に「勅准令以高橋・安曇二氏任内膳司者為奉膳、其以他氏任之者、宣名為正」とあるように、両氏が奉膳を世襲することになったのは、これ以降であり、対立を生み出す原因となったらしい。(11) ただ、両氏の奉膳への補任記事は、当然のことながら国史に記録されることは少なく、また、両氏の勢力もそれほど振るわず、政府中枢に登用された記録も稀であった。高橋氏が志摩国守に、安曇氏が淡路国司・若狭国司に任命された例が、いくつか知られ、関りが深いことはうかがえるが、それ以上のことは不明な点が多い。早川万年氏は、両氏の対立が激化した背景として、平安時代の初期に、贄貢進の管轄が、大膳職から内膳司に移り、それを財源に、内膳司が朝廷の祭祀・儀式を担当することになったとし、その重要性が拡大したことによるとみている。(12)

次に、(A)(B)については、膳臣が大王の供膳に携わることになった、ウジとしての「根原」に関わる始祖伝説であり、『書紀』の（一）の所伝に対応するものである。膳臣が古くから伝えていたものであり、『高橋氏文』提出段階において、新たに付加したものではない。ただ、(B)にみえる上総・安房・若狭を膳臣の領国とする主張は、律令期の文献・文字資料からは、必ずしも裏付けられることではなく、八世紀以降の状況を参照して付加されたことが、指摘されている。[13]なお、(A)(B)には、『書紀』の所伝にないより詳しい伝説が見え、始祖伝説を検討する上で、重要な手がかりとなる。膳氏の始祖伝説を検討する前に、まず『姓氏録』の記事について、少しふれておきたい。

(イ)左京皇別上　高橋朝臣条　阿倍朝臣同祖。大稲輿命の後なり。景行天皇東国を巡狩す。大蛤を供献す。時に天皇、其の奇美を喜ぶ。姓膳臣を賜ふ。天渟中原瀛真人天皇〈謚天武〉十二年膳臣を改め高橋朝臣を賜ふ。

(ロ)左京皇別上　完人朝臣条　阿倍朝臣同祖。大彦命男彦背大稲輿命の後なり。日本紀合。

(ハ)右京皇別上　若櫻部朝臣条　阿倍朝臣同氏。大彦命孫伊波我牟都加利命の後なり。日本紀合。

(ニ)左京皇別上　膳大伴部条　阿倍朝臣同祖。大彦命孫磐鹿六雁命の後なり。景行天皇東国を巡狩す。上総国に至る。海路に従り、淡水門に渡る。海中に出て白蛤を得る。是に於いて磐鹿六雁を、膳と為して之を進む。故、六雁を美めて膳大伴部を賜ふ。

いずれも、『書紀』に基づく所伝であるが、(イ)には、かなりの省略があり、磐鹿六雁命も登場しないが、抄本化に際しなされたもので、特に問題はない。このため『姓氏録』独自の伝承は、ほとんど認められない。さらに、始祖伝説の検討に移る前に、『書紀』にみえるより実録的な所伝を取り上げ、膳氏の史上における動向を整理しておきたい。

第三節　『書紀』にみえる膳臣

『書紀』にみえる実録的な記載には、次のものがある。

（五）雄略八年二月条　新羅王は高句麗王に囲まれ、救援を任那に求めた。任那王は、「任那日本府」の膳臣斑鳩と吉備臣小梨・難波吉士赤目子に救援させ、斑鳩は奇兵を用いて、高句麗を大いに破った。

（六）欽明六年三月・十一月条　三月に百済に派遣された膳臣巴提便は、十一月に帰国した時に申すには、妻子を連れて行ったところ、子が虎に食い殺されたので、その後を追って、左手で虎の舌を捕まえ、右手で刺殺し、その皮を剥ぎとって還ったと。

（七）欽明三十一年四月条　高句麗の使人が越に到着したが、その地の郡司道君が、天皇と称して使人を隠していると、土地の豪族江沼臣裙代が知らせてきたので、越に遣わされた膳臣傾子は、高句麗の大使に天皇の使いであることを示し、道君が隠した高句麗の調を探し出し、使人に返した。

（八）崇峻即位前紀（用明二年七月）　膳臣傾子は、聖徳太子妃菩岐々美郎女の父で、蘇我馬子の物部守屋討伐軍に加わり、共に守屋を討った。

（九）崇峻二年七月条　宍人臣雁が、東海道に派遣され、東方の浜海、諸国の境を観察した。

（十）推古十八年十月条　新羅・任那の貢調使が、京に至り、膳臣大伴が、任那の客を迎える荘馬の長となった。

（十一）大化二年三月条　東国国司の政情を調査した朝集使の報告によると、国司の一人膳部臣百依が、草代の物を家に収め置き、また国造の馬を取って、他の馬に換えたことで、譴責された。

（十二）斉明二年九月条　膳臣葉積を遣高句麗大使に任じた。

（十三）天武二年二月条　天武の宮人媛娘の父として、宍人臣大麻呂がみえる。

（十四）天武十年四月条　宍人造老ら十四人に、連姓を賜う。

（十五）天武十一年七月条　亡くなった小錦中膳臣摩漏に、「壬申の功」により、大紫位と禄を賜うとあり、皇后からも別に物を賜ったとある。また、その病床には、草壁・高市両皇子が見舞ったともあり、膳氏の朝廷における職掌から見て、摩漏が、壬申の乱のさなか、天武夫妻とその皇子女の供膳に力を尽くしたことへのねぎらいであったとみられる。

このように、さきの始祖伝説的な記載を除く、『書紀』に収載される膳氏一族に関わる所伝（天武朝以前）は、以上の一一条である。（五）・（六）のように、一部伝説的色彩のものもあるが、いちおう実録的な記録の体裁をとっており、大半は史実に基づく可能性がある。「家記」のほか、朝廷の記録によるものも含まれるであろう。

（五）は、祖先功業譚ともいえるが、外交・軍事に携わる所伝である。「任那日本府」は、『書紀』の述作であるが、朝鮮半島における活動を描いており、膳臣が、先に見た本来の職務である供膳ではない、政治的な活動に関与していることが判る。（六）は、これも少し伝説的な記載であるが、百済へ使いしたとあり、これも一応外交に携わる所伝である。（七）は、高句麗の使節を迎えるため派遣されており、外交・饗応が主務であろう。（八）は、物部戦争で、馬子に従って武力を行使しており、軍事的な行動ではあるが、特に軍事に特化しているわけではない。（九）は、一族の宍人臣の所伝で、東海道に派遣され、東方の浜海、諸国の境を観察したとあるから、軍事・行政的な任務といえる。この時、近江臣満を東山道に派遣し、蝦夷との境界を調査させ、阿倍臣を北陸道に遣わし、越等の諸国の境界を調べさせており、東方・北方の境界を、膳臣・宍人臣がまとめて調べており、本来業務ではない、政治的な任務といえる。（十）は、新羅・任那の使節の迎接であり、外交交渉に当たっていた公的な記録とみられる。ただ、供膳とは関わらないことは、注意すべきであろう。（十一）は、いわゆる大化の東国国司として東国に派遣された膳部臣百依の事績で、朝集使に譴責を受けているが、行政・軍事に関わる任務といえよう。（十二）は、高句麗に派遣されており、外交業務である。（十三）宍人臣大麻呂が、天武の宮人媛娘の父としてみえている。聖徳太子妃と共に、膳氏一族では、数少ない后妃に関わる所伝である。（十四）宍人臣の配下宍人造が連姓を賜る記事で、宍人氏の在り方を考える手がかりといえよう。（十五）は、壬申の乱時における、「膳職」としての膳氏の活動を窺わせる所伝である。危機的状況下において、その本来の職務が表面化したものといえよう。

このほか、『書紀』に記載はないが、膳氏についての重要な事績は、上宮王家との関わりである。『上宮聖徳法王帝説』などによると、聖徳太子妃と太子の弟である来目皇子（久米王）妃が、膳氏の出身で、上宮王家の外戚として、推古朝ごろには、朝廷内で隠然たる勢力を持っていた。すなわち、聖徳太子妃の菩岐々美郎女（食菩支々弥女郎）は、膳臣傾子の娘で、太子の弟来目皇子妃も菩岐々美郎女の妹比里古女郎であった。膳氏が、阿倍氏同族の中で、阿倍氏に次ぐ地位を築いたのも、こうした事情もあったとみられる。そして、膳臣の本拠については、斑鳩とする説[14]と大和国十市郡膳夫とする説[15]、膳氏が高橋氏に改姓した理由となっている添上郡「高橋邑」とする説[16]などがあるが、現在ではどれもが膳氏の拠点とみられており、膳氏はもともと大和国十市郡膳夫を本拠としていたが、後に斑鳩に進出し、上宮王家との繋がりも生じたとみられている[17]。

以上のように、『書紀』にみえる膳氏一族の動向は、当然のことながら、供膳など負名氏としての「職」＝日常業務を記述することはなく、中央豪族としての特記すべき政治的な活動（大夫としての）が述べられている。その「職」に係る所伝は、すべて先に見た伝説的記載において語られており、明確に区別されているといえよう。ただ、そうした中で、遣外使への任命や外国使節の応対など、外交業務が目立っていること、それと関連して、内政でも辺境・東国への派遣に、目立った活動をしていることは、注目される。先に見た伝説的記載にある、膳氏と東国と密接な関わりを裏付ける記載といえよう。そして、こうした膳氏の在り方は、同族で阿倍氏と共通することも注目されよう。そこで、膳氏の氏族的特徴を、明らかにするため、先に詳しく見てきた伝説的記載を、再度検討することにしたい。

第四節　膳大伴部について

膳臣に関わる『書紀』の始祖伝説で、直接膳臣に関わるのは、（一）（四）であり、膳臣が天皇に奉膳の「職」をもって供奉するとき、トモである膳大伴部を率いてそれに当たったこと、膳大伴部は、東国の国造の一族により構成され、膳夫を出すことと屯倉の設置とが、深く関わることが明かになっている。[18]いっぽう先にみたように、（二）は一族の若桜部臣の、（三）は同じく一族の宍人臣の始祖伝説で、膳臣と若桜部臣・宍人臣の三氏が、共に天皇の御膳の調理に関わる膳夫（トモ）を率いる伴造であったことがうかがえる。おそらく膳臣を中心に、他の二氏がそれをバックアップしていたとみられる。そして、宍人臣の場合も、大倭国造をはじめとする群臣が、「宍人部」（トモ）を貢いだとあるように、膳氏と膳部（膳大伴部）と同構造であったこともうかがえる。

いっぽう、『高橋氏文』の（A）（B）については、膳臣が、大王の供膳に携わることになった、氏族としての「根原」に関わる始祖伝説であり、『書紀』の（一）の所伝に対応するものである。膳臣が古くから伝えていたものであり、『高橋氏文』提出段階において、新たに付加したものではないとみられる。なお、（A）（B）には、『書紀』の所伝にはないより詳しい伝説が見え、重要な手がかりとなる。

そこで、伴造としての膳氏の性格を考える上で、重要な手がかりである膳大伴部が問題となる。膳大伴部が、実際に設定されたことは、『日本後紀』弘仁二年（八一一）九月一日条に、「无邪志直、膳大伴部広勝」がみえ、武蔵国造の本姓が、膳大伴部であることが確認でき、（A）にあるように、東国国造の一族（枕子）が、膳夫＝膳大伴部とされ、膳臣に従い、大王を始めとする、朝廷の供膳に関与していたことを、裏付けている。また、豊前国上三毛（上膳）郡加自久也里の戸口に、膳大伴部犬麻呂・同　嶋・長日売・根売、塔里の戸口に、膳大伴部沙与知がみえ、加自久也里には、膳臣廣売が見える（「大宝二年豊前国戸籍」）。また、『日本霊異記』上第三十には、豊前国宮子（京都）郡少領の膳臣広国が見えるから、西国にも膳夫＝膳大伴部の設定が推測される。(19)

さらに、膳大伴部と明記されないが、単に「大伴部」・「大伴部直」とする人名が、東国を中心に、全国に分布しており、志田諄一氏は、これが大伴連氏の「私民」ではなく、そのすべてが膳大伴部の可能性が高いとされる。(20)しかし、大伴連氏が統括していた靫大伴部も、単に大伴部と称していた可能性もあり、その名称だけで所属を区別するのは不可能で、個々の大伴部を検証していく必要があろう。そして、一つの可能性として、大伴・膳氏の配下である、靫大伴部・膳大伴部を総称して大伴部と呼んだのではないか。大伴とは、大王に直属するトモであり、親衛隊・供膳業務は、まさにそれぞれに当たるからである。（なお後述）

それはそれとして、膳大伴部ないし膳臣配下の大伴部は、このような記述から、農民など普通の農民ではなく、地方豪族の子弟、主として東国の国造の子弟であり、トモ（官人）として、朝廷に出仕していたと解される。こうしたあり方は、かつて井上光貞氏が明らかにされた、舎人部・靫負部・膳部についての理解と一致するところが多い。(21)

すなわち、いわゆる部民制の構造・類型について、基礎的な考察を加えた井上氏は、その中心をなす品部（職業部）の諸形態を整理し、山部・海部など物品を貢納する「貢納型」、馬飼部・鍛冶部など朝廷の工房に出仕する「番上型」の二種があるとし、このほか、「服属型」ともいうべき特殊な部として、舎人部・靫負部・膳部などをあげている。そして、舎人部は、その実例が東国に集中して分布し、その大半が、国造クラスや、郡司クラスの人物・

地位の高い人物であることから、東国の国造一族からある意味で「人質」として出されたのが起源とみている。そして、令制の兵衛（トネリ）を、郡司の子弟から取るとする規定が中国の制度にないことから、令前の舎人部の制度が、取り込まれたと指摘した。また、舎人部が、実例としては檜前舎人部・金刺舎人部などのように、天皇の宮号・御名を冠しているところから、天皇や皇子の近習や護衛に当たった、親衛隊として奉仕していたことを示すとした。

そして、井上氏は、これらの部はその形態から、いわゆる名代・子代の例とも考え、品部（職業部）と名代・子代という二つの側面を持つとし、それらが、白髪部舎人・白髪部靫負・白髪部膳夫や、刑部靫負・蝮膳部などのように、靫負・膳夫も舎人と共通した構造をとるものとした。しかも、その大半が普通の農民ではなく、国造の一族とされており、明らかに膳大伴部のあり方と一致するのである。そして、膳部も東国を基盤とするところから、井上氏は、こうしたトモを出す東国の国造を伴造的国造として捉え、東国の特殊性として指摘し、東国が大王家・大和政権の軍事的・経済的な基礎になっていたとする。

なお、『高橋氏文』は、トモとしての膳夫の出自を、「諸の氏人」と「東方諸国造十二氏」の「枕子」各一人としており、「東方諸国造十二氏」に限定せず、「諸の氏人」からも出されたとしており、「東方諸国造十二氏」が中核をなすことは否定できないが、舎人・靫負などと同じく、東国以外からの出仕や、中央豪族の子弟からの出仕もあったのであろう。中央豪族からも出されていたことは、（二）と（三）の所伝にみえる物部長真胆連や若湯坐連の例や、『姓氏録』の襷多治比宿禰条に、兄の家が丹比膳部に、弟の家が丹比靫負部になるとあることなどから、確認できる。『書紀』敏達十二年（五八三）是歳条にみえる「火葦北国造刑部靫部阿利斯登」のように、西国からの出仕も確認できる。このようにみるなら、膳臣の始祖伝説に見える東国の膳部は、膳氏にとって、中心的なトモの出身地であり、膳大伴部として、特別視されたが、あくまで膳部の一部であったと理解されるのである。それでは、膳部はどのようなあり方を示していたのであろうか。

第五節　膳部の構造

ここまで、膳部を国造や豪族の子弟からなるトモとして検討してきたが、舎人・靫負・膳夫などについては、平野邦雄氏の指摘により、国造などの子弟で構成されるトモであるが、舎人部・靫負部・膳部など部《べ》を称するのは、そうしたトモの資養に当たる農民を国造の支配民から割いて設置したというのが、通説的な理解であった(22)。しかし、部民制について、再検討を加えた鎌田元一氏は、トモとべは、史料上、どちらも表記は部であり、同じ実態の異表記に過ぎず、すべてトモであって、べとトモを分離して理解すべきではないとし、部民制とは、トモ制を全国に拡大したもので、各地の豪族がトモを出すことで、王権に従属する全国支配の体制であるとする新しい見解を示した(23)。また、実際、奈良時代の戸籍・計帳などをみると、大半の農民や住民が部を称しており、かつては令制で公民となる農民がもともとすべて部民であり、部民制の廃止により公民制が創出されたとする理解が、広く行われていたが、武光誠氏が早く指摘されているように、それは戸籍制度の成立により、任意に部を姓として付されただけで、そもそも一般農民に、令前において姓名を付すという概念はなかったのである(24)。しかも、付された部姓が必ずしも令前の部民制的な関係を継承している保証はないのである。確かに部の制度が、トモを基幹とすることは、鎌田氏の指摘通りであるが、トモ制が全国の地方豪族に及ぼされることにより、王権の支配が豪族を通じて、その配下の住民まで及んでいたとする理解や、これを王権による全国支配の体制とすることについては疑問がある。

いっぽう、山尾幸久氏も、「部」の字は、六世紀中ごろに、渡来人によりトモの表記として使用され始めたもので、鎌田氏と同様に、一般農民が部姓を称するのは、庚午年籍の作成に当たって始まったもので、「大化前」に広く部民が存在したとする通説を否定する。しかし、山尾氏は、庚午年籍では土豪が伝統的に「部民」であった場合、庶人に部姓が付される際に、「部民制的所属」に基づくことがあるとされ、例外を設けている。そして、庚午年籍の作成時に、それまで部の制度からは排除されていた、畿内のウジが各地の土豪を支配下に置いて拡大した「私的隷属民」も、「民部」として認め、新しい部民制が生まれたとされるのである。すなわち、戸籍などに多く見える部には、由来の異なる様々な部があり、それを一律に部の制度の資料として扱うことは出来ないとする。

そして、そうした部の制度の本質として、①現実に実在する社会の支配隷属関係を基礎に、国家権力が第二次的に編成した統治組織であり、②七世紀中ごろに実在していた部民には、「私部」「湯部（壬生部）」「田部」などの比較的新しい部民と、「部（トモ）」「御名代」部（御名入部・近侍的トモ）「部曲」などの比較的古い部民があり、併存していたとする。③部民の史的性質は、下層民などではなく、「下級官人的奉仕集団」であり、多数に組み分けされたトモであるとする。④部は中央豪族となった政治的支配階級（ウジ）が、地方の土豪を支配する政治的制度で、国家が設置した最初の地方制度であるとする。[25]

このように山尾氏の部民制論は、基本的には部＝トモと理解し、大化前代に全国的に部民が設定され、地方豪族の内部にまで王権の支配が及んでいたとする通説的な理解を、根本的に批判されながらも、一部の部には、土豪が伝統的に「部民」であった場合、庶人に部姓が付される際に、「部民制的所属」に基づくことがあるとし、畿内のウジが各地の土豪を支配下において拡大した「私的隷属民」も、「民部」として認め、新しい部民制が生まれたとされるなど、いまだ従来の部民観を一部継承している側面もあって、混乱がみられる。

かつて、部の制度は、倭政権の中央官制として形成された、タテ割りの地方支配制度であり、国造制あるいは国県制と並ぶ、大化前代の中核的な国制とみられていた。公民となる以前の住民も、その大半が部姓を称し、「部民制」に編成されていたとされてきた。しかし、武光・鎌田・山尾氏が指摘されたように、一般の農民や住民に部姓が付されたのは、庚午年籍の作成にあたってなされたものであり、基本的に令前にそうした意味の部民は存在せず、ほとんどの農民は、無性であったとみられ、「某部」と呼ばれていたのは、すべてトモで国造や伴造などの豪族やその子弟であり、百済など朝鮮半島の部制の影響を受け、それまでのトモを「部」字で表記したに過ぎないとみられる。

事実、『記紀』をはじめ大半の古代文献にみえる「部」は、一般の農民や住民ではなく、中央豪族を除いた、中小ないし地方の豪族本人か、その子弟であり、『高橋氏文』が記すように、膳氏が率いていた膳夫（部）＝膳大伴部は、「諸の氏人、東方諸國造十二氏の枕子を、各一人ずつ令進まつらせ」た人々であった。膳夫に「東方諸國造」だけでなく、「諸の氏人」からも出していることは、先にみたとおりである。また、大伴氏が率いた靫負（部）＝靫大伴部も、先に指摘したとおり「火葦北国造刑部靫部阿利斯登」のように、「国造」であり、「刑部靫部」というトモ＝部でもあったのである。

そして、井上光貞氏が、「番上型」とされた馬飼部・鍛冶部などでは、文献上の実例としては、部姓のものは認められず、倭馬飼造・倭馬飼首・河内馬飼首・娑羅々馬飼造・菟野馬飼造・八坂馬飼造などのように、明らかに普通の農民や住民ではない中小豪族の伴造＝トモであるし、「貢納型」とされた山部・海部・土師部についても、史料にみえるのは、山部直・山部首・山部阿比古海部部直など国造クラスの中小の土豪なのである。実際、律令以前に、首長が支配する農民や住民にまで、戸籍による個別人身支配が浸透していたとは考えられず、その必要もなかったのではないか。『書紀』などに見える「名籍」や「丁籍」なども、部分的な制度であったとみられる。

すなわち、トモとは、朝廷における未熟な官人組織であり、国家形成の過程で必要となった、未熟な行政部門の業務・職務分掌システムである。王権の維持に必要な「官人」、各種の事務担当者・警護担当者・料理人のほか、織物、鍛冶など各種の手工業者なども含むものであろう。いわゆる「貢納型」の場合も、在地の首長かその子弟がトモとなり、貢納品の生産・管理・搬出に当たっていたとみられる。そして、先に述べたように、トモとして番上する一つの形態として、井上氏のいう「服属型」も当然含まれる。小規模とはいえ、中央・地方の多様な豪族・首長から、労働力と物品を徴発する以上、そこに強力が働いていることは確かであり、王権への服属、王権による支配があったことは否定できないが、当時の「国家」・政権は、律令国家のような中央集権的な体制ではなく、首長による地域支配に依存するもので、いまだ、中央豪族はもとより、地方豪族も政権の一翼を担う連合政権的色彩を強く残すものであって、部の制度もそれに対応する制度であったと考えられる。一面から見れば、連合政権を構成する有力豪族や地方豪族が、同盟（君臣）関係を維持するためにトモを提供したものと捉えるべきであろう。伴造制や国造制もそうした同盟（君臣）関係の一つの形態であって、王権による全国支配の体制とまでは呼べるものではなかった。さらに付言するなら、そうした場合でも、全国の豪族がすべて一律に伴造・国造となったわけではなく、それ以外にも様々な王権への奉仕形態があったと考えられる。

第六節　国造制と膳部

膳氏が率いた膳部（膳夫）・膳大伴部は、東国の国造の子弟から主として出されていたが、ここでは、その国造について、少し整理しておきたい。国造制について、ここで詳しく検討する余裕はないが、その研究史は、近年大川原竜一氏が、的確に整理されており、詳しくはそれによられたいが、ここでは必要な限りみておくことにしたい。[26] まず、津田左右吉氏は、国造・伴造を「国または伴（部）の首長の地位の長」であるとし、国造の「国」は、「地方的豪族の領有していた土地の区画」と考えた。[27] そして、太田亮氏・中田薫氏などの法制史家は、国造を官職・称号と解し、「国」は、県・邑より広域な行政区画と理解した。[28] こうした、国造を大和政権の地方官とし、「国」を行政区画とみる戦前の通説的理解に対し、戦後になると、井上光貞氏や上田正昭氏が、国家成立史の立場から、国造制を基本的には大和政権によって編成された、地方支配の制度であり、地域的な多様性を持ちつつ、全国的に施行されたとし、タテ割りの支配系統である伴造・部民制と対比される支配機構として位置づけた。[29] また石母田正氏や吉田晶氏は、首長制論の立場から、国造制の構造を、王権が、地域の有力首長である国造の権力に依存して地域を支配する体制とし、律令制的国郡制の前駆形態としている。この場合、「国」は、王権が設定した行政区画・支配領域とされている。[30]

これに対し、国造制について、行政区画ないし領域支配の制度とすることに、批判的な見解も出されている。吉村武彦氏は、早くから重層的な共同体構造を媒介とする人格的支配隷属関係である首長制を、王権による地域支配という政治制度に引き付けて理解するのは、事実認識の逆転であるとし、国造による「国」の一元的領域支配を想定することを批判している。[31] 山尾幸久氏も国造制が五世紀代から始まった地方支配の制度とすることに疑問が多いとし、六世紀以降に形成されたものとされるが、国造名そのものが、大化前に遡るものではなく、律令制下の国名・郡名に基づき、庚午年籍で確定したものであるとし、国造名に見える地名は、必ずしも実際に支配する領域を示すものではないとする。[32]

山尾氏の国造論も、部民制論と同様に難解で、容易に理解できないが、『隋書』の「軍尼」が、「一百二十人」と人数で書かれていることから、「地方に在って一定の人間集団を統率して仕える長の地位」と解し、国造だけでなく、「壬生部」「私部」などを統轄する地方の伴造も「軍尼」の構成要素とする。「大化」の東国国司への詔に見える「国造・伴造」が、「軍尼」の実質を示しているとする。そして「八十戸に一伊尼翼を置く」という『隋書』の記載は、必ずしも、空想の所産ではなく、当時、畿内の「屯田」ですでに実現していたものを、誇張してプランとして示したものとし、「伊尼翼」については、後の「屯田司」繋がるものであるとする。また、七世紀中ごろには、田部のミヤケを管掌する地位を稲置と称したと推定している。

山尾氏はその根拠として、田部の人間集団（コホリ）は、七世紀前半に屯田をモデルに、国家が地方に造成した直轄の水田に関わり設置されたとし、これを管掌する稲置は、地方伴造とともに、「大化」後に、評を領し、国造に認定されたと推定している。そして、こうした田部のミヤケは、推古十五年（六〇七）の「毎国屯倉」の設置に始まるとし、成務五年九月条の「諸国をして以て国郡に造長を立て、県邑に稲置を置かしむ」が、その実態であるとして、国造が田部のミヤケの現地管掌者である稲置を統括する地位にあったとする。すなわち国造は、六世紀ごろから形成された、「田部集団（コホリ）のミヤケを統括する」一定の人間集団の長であり、国ごとのミヤケを通じて、在地で王権に奉仕する職務上の地位であるとしている。[33]

そして、大町健氏も、領域支配そのものの成立は令制国の成立に伴うもので、国造制にそうした領域支配は認めがたいとし、篠川賢氏は、国造に関わる資料を具体的に検討し、国造が支配した「国」は、地域の交通上の境界点で区画したもので、王権の領域内に居住する人間集団を区分した行政的性格をもつものとされ、その成立を継体朝、六世紀代としている。[34]すなわち、今日、国造制を領域支配とする旧説がかなり揺らいでおり、その再検討がなされているところといえよう。

近年の国造制研究で注目されるのは、舘野和巳氏や大川原竜一氏の指摘である。ミヤケ制との関わりで、国造制の実態を検討した館野氏は、大化元年（六四五）八月五日条の、「東国等国司詔」の評の官人の任用条件にかかる「若し名を求むるの人ありて、元より国造・伴造・県稲置に非ずして、輙く詐り訴へて言さまく。我が祖の時より、此の官家を領り、是の郡県を治む。」とある記載を再検討し、ここでいう、評の官人の任用条件は、大化以前から、国造や伴造・県稲置に任じられ、官家（ミヤケ）を管理して、「郡県」（コホリ）を治めて、王権に奉仕してきた人物であり、六世紀段階では、王権による支配の及んでいた地域では、国造・伴造・県稲置に任じられた豪族は、その管下に、王権によってミヤケが設置され、それを管理・経営することで、コホリという地域に居住する人間集団を治め、王権に奉仕したと理解している。(35)

言い換えると、各地に所在した様々な首長のうち、王権に奉仕することになって、国造・伴造・県稲置に任じられた豪族は、その管下にミヤケを設置して、それを管理・経営して王権に奉仕したのであり、首長（豪族）がもと管理していた人間集団はコホリに編成され、首長に従って、王権に奉仕したという理解である。すなわち、六世紀にはいると、王権は、それまで自立していた各地域の首長層を、次第に支配下におき、国造・伴造・県稲置などの「官職」を与え、その管下にミヤケを設置して、地域支配を強化したとされたのである。王権はミヤケを拠点に、必要な物資を貢納させ、トネリ・ウネメなどの労役を課し、「部民」の設置にも協力させたと理解されるのである。

また、大河原氏は、『記紀』の国造制についての理解を示す記事として、『古事記』成務天皇段と『書紀』成務五年九月条の記載を取り上げ、編者はあくまで、国造制が成務朝から孝徳朝（大化改新）まで施行されていたという認識で全体を記述しており、そこから、大化前代の国造制の性格と本質を理解することができるとする。そして、それを前提として、『宋書』夷蛮伝倭国条の倭王武の上表文の「東は毛人を征すること五十五国、西は衆夷を服すること六十六国、渡りて海北を平ぐること九十九国」とある記載と、『隋書』東夷伝倭国条の「軍尼一百二十人あり、なお中国の牧宰のごとし。八十戸に一伊尼翼を置く、今の里長の如きなり。十伊尼翼は一軍尼に属す。」とある記載を検討して、「軍尼一百二十人」と「東は毛人を征すること五十五国、西は衆夷を服すること六十六国」が数値として対応し、「軍尼」は七世紀初頭に実在した「倭王権が設定した人格的な呼称単位」で、そのままでは、国造と結びつかないとする。そして、国造制の実態を示すものとして、先の「東国国司詔」の記載を取り上げ、ほぼ同様に理解している。(36)

館野・大川原両氏の国造制についての理解のうち、部民制論については、ミヤケを通じて首長層内部に部民を設置するとするなど、従えない点はあるが、傾聴すべき見解といえる。館野氏が指摘されるように、王権はミヤケを政治的な拠点として、国造・伴造・県稲置などに任命した首長に、トネリ・ウネメなどのトモとしての労役を課し、必要な物資を貢納させたのであって、首長層の内部にまでは支配は及んでいないとすべきであろう。そして、国造・伴造・県稲置などに任命されたものも、「官職」に任命されない首長たちも、必ずしも地位に上下はなく、多様なかたちで、王権に奉仕していたのではないか。そうした場合、国造と伴造の区別も、もともとあいまいで、国造・稲置は、土豪の「郡県」支配の側面を強調したものであるのに対し、伴造は、土豪がトモとして出仕する「職」の面を強調したものと考えられる。先に見た「火葦北国造刑部靫部阿利斯登」のように、国造・伴造の両方を兼ねているものも少なくなかったであろう。そもそも「大化前」に、国造・伴造の識別があったのかどうかは、今後検討すべきであろう。その意味で、トモを出した豪族は、一面から見れば国造・県稲置であり、別な視点から見れば伴造であったと考えられる。このように、膳臣は、中央・地方から番上する、国造・伴造などのトモ（膳夫）を率いて、朝廷において、大王に供膳の「職」で仕奉し、「臣連伴造国造」と呼ばれた、後の「百官」に相当する

「臣連」に位置することは明らかであろう。その点で問題となるのは、膳氏が、一般の伴造と異なり、カバネ臣を称することである。

第七節　膳氏と阿倍氏

かつては、「臣」が伴造氏にはないカバネであることから、膳氏が「臣」を称することに、違和感があるとされ、私もそのように考えていたが、今日では、カバネの由来が、豪族の性格に連動するという考えは否定されており、ここでは、膳氏と阿倍氏が、最も近い同祖関係にあることを問題にしたい。このことについては、阿倍氏がそのウジ名の由来を「あへ（饗）」として、職掌を同じくしていたからとする見解もあるが、阿倍氏の場合、供膳を職掌としたことを示す所伝はなく、その事情については、別な角度からの検討が必要と思われる。すなわち、膳氏のウジ名が、供膳の職務に伴う負名であり、それに伴うウジ名として特に問題はないのに対し、阿倍氏の場合は、そのウジ名は地名とみる説が有力である。先にみたように、大和国十市郡安倍・葛下郡安倍・伊賀国阿拝郡などがそれで、葛城・蘇我・巨勢・平群などの例からみて、地名説は無視できない。

ここでウジの成立について、詳しく論じる余裕はないが、稲荷山古墳出土鉄剣銘の記載から指摘されているように、被葬者とみられる「オワケ臣」が、「杖刀人の首」という一定の職務をもって、代々大王に奉事する「根原」を、始祖である大彦命に始まる自らの系譜とともに語っているように、まず「職」をウジ名とする制度が出現し、そうしたウジの秩序に、後に大王にいまだ全面的に服属していなかった、中央・地方の豪族たちが組み込まれるとき、「職」に関わりのない地名をウジ名とすることになったと考えるのが、穏当ではないか（第四章参照）。そうした場合、旧稿では、必ずしも史料的裏付けのないまま指摘したことではあるが、膳氏が、「職」として供膳の業務をすすめるとともに、第四節で明らかにしたように、中央豪族として登用され、本来その「職」と関わらない政治的な活動にも深く関わるようになったため、政治的に上昇した一族が、膳氏から分枝して、その居住地により、新たに阿倍を称することになり、従来の「職」を継承・維持していた一族が、膳を称することになったのではないか。

先にみたように、阿倍臣は、これまでの研究によって、始祖伝説の後は、目立った活動は見えなかったが、欽明朝ごろから、蘇我氏とともに、急速に政治的な活動が見えはじめる。それ以降、蘇我氏と連携して、屯倉経営・軍事・外交などに、深く関わったとされている。すなわち、史上に姿を現す宣化朝の大麻呂（火麻呂）以降、大和政権の執政官である大臣・大連を補佐して、合議により政局の運営に当たった「大夫」という、一種の議政官の地位を継承しており、その後の『書紀』にみえる阿倍氏の活動は、この大夫という地位と深く関わるものといえる。

阿倍氏は、宣化元年二月、大連物部麁鹿火・大伴金村と大臣蘇我稲目につぐ大夫として、阿倍大麻呂がみえるのを初見とし、推古十八年三月、四大夫の一人に、阿倍鳥子臣がみえるように、引き続き、大夫補任氏族として、朝廷に参議している。そして、蘇我氏滅亡後には、一時阿倍倉梯麻呂が、孝徳政権の左大臣として、群臣の首座を占めている。しかし、その病死後は、阿倍引田臣比羅夫が、越国守として、蝦夷の征討で活躍する程度で、朝廷に参議する人物はいなくなっているが、持統朝に入ると、天武の殯庭で、一族の布勢朝臣御主人が、「太政官の事」を誄しており、天武四年（六七五）に朝参を禁じられていた、一族の久努臣（朝臣）麻呂も、「刑官の事」を誄しており、阿倍氏一族が再び登用されている。御主人は、その後も昇進を重ね、持統八年正月には封戸を加増され、氏上となり、同十年十月には、「大納言阿倍御主人」とあるように、「阿倍」を名乗ることを許されている。大宝元年（七〇一）三月には、正従二位・右大臣に昇叙したが、同三年四月没している。その後も、慶雲元年（七〇四）十一月に、一族の引田朝臣比羅夫の子宿奈麻呂が、引田を除いて阿倍朝臣となり、二年四月に中納言、養老元年

（七一七）に正三位、同三年十月に大納言に昇叙するが、四年正月に没している。そして、御主人の子広庭は、養老五年正四位下に昇叙し、参議となり、神亀四年（七二七）十月、中納言になるが、天平四年（七三二）没している。その後については、天平宝字元年（七五七）に、阿倍朝臣沙彌麻呂が、同四年に島麿が、宝亀三年（七七二）に毛人が参議となっており、奈良末までは、議政官補任氏族としての格式を維持するのである。

このように、阿倍氏に関わる『書紀』『続紀』の所伝によると、一時的な中断はあるが、令前においては、大和政権の執政官であるオオマエツキミ―マエツキミ制（氏族合議制）において、大夫（マエツキミ）の筆頭として、台閣を主導し、令制下においても、議政官補任氏族としての地位を維持しており、もはや具体的な「職」とは関わりのない、中央豪族としての地位を維持しているのである。そしていっぽう、第七章で検討しているように、その始祖伝説においては、いわゆる崇神天皇の時とされる「四道将軍」の物語で、その始祖大彦命が北陸に、大彦命の子建沼河別命が東海に派遣されたとあり、大彦命の武埴安彦の反乱鎮圧の物語や、建沼河別命による出雲振根誅伐の物語など、いずれも、国内・海外の鎮定・服属をテーマとする、政治的・軍事的な活動であり、具体的な「職」に関わるものではない。また、阿倍氏が多く関与している、遣外使や外国の使節への応対など、海外交渉への派遣についても、「職」に関わるというより、マエツキミという、執政官としての役割を示すものであろう。したがって阿倍氏は、膳氏の始祖伝説にみられた、奉膳のような、特定の「職」には関わるのではなく、蘇我氏とともに大和政権の中枢を構成する執政官として活動しており、対照的なあり方を示しているといえる。こうした両氏が、同祖系譜の筆頭にみえるのはなぜか。私は、阿倍氏と膳氏は、擬制的な同祖関係にあったのではなく、それまでの、負名の「職」から離れ、より広く政治的な活動に専念するため、新たに、居住地に基づくウジ名「阿倍」を称することを許され、本来の「職」を継承する一族が、「膳」のウジ名を存続したとみるのである。こうした氏族の分枝に

ついては、別に検討した大伴氏や藤原氏の例が参考になる。(37)

第八節　膳氏から阿倍氏へ

すなわち、古代の名族大伴連氏は、物部連氏と並ぶ伴造氏族の雄であり、大伴連氏の家記に出自するとみられる『書紀』の記述によると、允恭天皇から武烈天皇までの七代にわたり、大連任命記事がみえる大伴室屋、武烈天皇から、継体・安閑・宣化・欽明の五朝にわたり大連として権勢を誇ったとされる大伴金村がみえ、大臣に任命された平群臣・巨勢臣・蘇我臣の諸氏、大連に任命された物部連氏らとともに、大和政権の最高執政官として活躍していたとある。

室屋については、伝説的要素も強く、実在も疑われているが、金村の実在を否定する説は少ない。いっぽう、『記紀』には、これより前に、(一)天孫降臨条、(二)神武東征条、(三)ヤマトタケル東征条などの、詳しい始祖伝説があり、登場する人物が「大伴連等之祖」・「大伴連遠祖」とある。いずれも皇孫・初代天皇・皇族将軍に従う「祖の職」をテーマとするものである。しかし、『書紀』が編纂されるころ、大伴家に伝わる家記においては、実質的な「己等之祖」である室屋からが歴史時代と意識されており、大伴氏が靫負部を率いて衛門の職に携わることになったのは、室屋の事績として、語られているのである。すなわち、『令集解』職員令、左衛士府条所引の弘仁二年十一月二十八日付「太政官符」に、大伴・佐伯の両氏が、「己等之祖。室屋大連公。領二靫負三千人一。左右分衛。是以。衛門開闔。奕葉相承。」とあり、また『姓氏録』左京神別大伴宿禰条にも、「雄略天皇の御世に、入部靫負を以て大連公に賜ひしに、奏して曰さく、門を衛りて開き闔づる務は、職として已に重し。」とあり、「是れ大伴、佐伯の二氏が、左右の開き闔づることを掌る縁なり。」とみえることから明らかである。大伴連家にとって、室屋の時代は大連として大和政権を領導した、記念すべき時代＝政治的に進出した時代と意識されるとともに、その「職」としての「衛門開闔」の始りであり、靫負（部）＝トモを賜り、率いることになった「根原」であった。

靫負部は、先に膳部との関わりでみてきたように、井上光貞氏の研究により、主として東国の国造の子弟を組織したもので、六世紀に盛行した舎人部に対し、五世紀段階に盛期をもつものであることが明らかにされ、舎人部が令制の兵衛府に引き継がれたのに対し、靫負部は衛門府に名を伝えたが、制度的には継承されず、白丁による組織となっていたとされた。(38) その後、原島礼二氏が東国だけでなく、西国にも広く分布することを指摘し、佐伯有清氏が門号氏族の研究を背景に、靫負部を井上氏のように五世紀に盛行した古い組織ではなく、六世紀後半に朝廷直属の軍事組織として再編されたことを明らかにされている。(39) これらによって、靫負部が全国の国造の子弟（トモ）によって編成された、古い伝統を持つ大王の親衛軍組織でありながら、六世紀後半にはいわゆる門号氏族として再編強化され、令制の衛門府に継承されたことが明らかになった。十二門のうち朱雀門が大伴門の後身であること、令制下の衛門督に大伴・佐伯両氏から多く任命されていることなど、門号氏族の統率者が大伴連氏であったことを裏付けている。ただ、大伴氏が、靫負部の負名氏として、ウジ名を「靫負」としていないことについては、「大伴」が、多くのトモを率いるという美称であるだけに注意される。

すなわち、天平感宝元年（七四九）四月、聖武天皇は大仏造営中の東大寺に行幸し、著名な陸奥国の黄金産出を仏の恵みと慶賀し、百官人等を率い仏前にこのことを奉する詔を宣べている。そこでは、「また大伴・佐伯宿禰は、常も云はく、天皇が朝守り仕へ奉る、事顧みなき人等にあれば、汝たちの祖どもの云ひ来らく、『海行かば　みづく屍、山行かば　草むす屍、王のへにこそ死なめ、のどには死なじ』と、云ひ来る人等となも聞こし召す。是を以て遠天皇の御世を始めて今朕が御世に当りても、内兵と心の中のことはなも遣す。故、是を以て子は祖の心成すいし子には在るべし。此の心失はずして明き浄き心を以て仕へ奉れとしてなも」と述べている。そして、この長大な詔が公布された四十二日後に、大伴家の若き後継者大伴家持が、その赴任先の越中国守の館で詠んだ「陸奥国より金を出せる詔書を賀く歌」でも、「祖の子等そ　大伴と　佐伯の氏は　人の祖の　立つる言立　人の子は　祖の名絶たず大君に　奉仕ふものと　言ひ継げる　言の職そ　梓弓　手に取り持ちて　劒大刀　腰に取り佩き　朝守り夕の守りに　大君の　御門の守護　われをおきて　人はあらじと弥立て　思ひし増る」とある。ここで、大伴連と並んで登場する佐伯連氏の存在は、無視できない。(40)

また、『姓氏録』左京神別佐伯宿禰には、「大伴宿禰同祖。道臣命七世孫室屋大連公之後也。」とみえ、さきの弘仁二年官符にも、大伴・佐伯の両氏が「己等之祖。室屋大連也」とあり、室屋の時代に両氏が分枝したとしている。津田左右吉氏はこうした同祖関係を、職掌の一致から加上されたもので、史実ではないとされるが、(41)井上光貞氏は伴善男の奏言などを検討して、史実を伝えるものとしている。(42)私も両氏のこうした一体的なあり方からみて、実質的な「同祖」関係にあったと考える。室屋の時代の分枝を、やや時代は降るが、天智朝における藤原氏の中臣連氏からの分枝のように、政治的な進出を果した室屋が、佐伯連氏から分枝しトモを統括するという新しい職務に対応する新姓「大伴」を賜わったと考える。

すなわち、天智八年（六六九）十月、死の床にあった中臣鎌足は、乙巳の変以来の功績により、「藤原氏」を称することを許され、その一族すべてが藤原氏となったが、『続紀』文武二年（六九八）八月条には、藤原姓を鎌足の子不比等の一流に限り、意美麻呂以下、神祇職を引き継ぐ諸流については旧姓の中臣に復することが命ぜられている。これは政界においてさらなる飛躍をめざす不比等の野望を示すものとされるが、それとともに神祇を世襲職とする中臣というウジ名の存続も、また必要であったのではなかろうか。(43)世襲職にかかわる中臣と異なり、地名であり美称である藤原は、政治的上昇のシンボルであった。

大伴連氏のオホトモが、多くのトモを統括する、或は偉大なトモを表す美称であるのに対し、佐伯連氏のサエキは「塞ぎ」という大王の身辺や宮殿の守護という、「祖の職」に対応したウジ名と理解されるのである。これらの点から、時代状況・背景こそ異なるが、律令国家成立期に藤原氏と中臣連氏に生起した事態が、室屋の時代というのは伝説であるとしても、実在が推定される金村のころには、大伴・佐伯両氏にも起こったと考える。すなわち、古代史上のひとつの画期と考えられる継体・欽明朝ころ、王権を支えたとみられる金村の時、新しい地位（大連）に対応するウジ名大伴を称することを許され、本来の「祖の職」を引きつぐ佐伯連氏と分枝したとみるのである。ただ、大伴氏の場合は、その後も、佐伯連氏とともに新たに組織化された靫負部を率いながら最高執政官としての職務にあたったと考えるのである。これに対し、膳氏と阿倍氏の場合は、より明確に、執政官と「職」の分離がなされたとみるのである。

おわりに

以上、煩雑な考察に終始した。膳氏は、右に述べたように、古くから、阿曇氏とともに朝廷の供膳に携わった伴造で、負名氏である。その職務は、『記紀』や『高橋氏文』にみえる始祖伝説にあるように、各地の国造から出された子弟を、膳夫＝トモとして率い、大王・朝廷の供膳に携わることであった。膳夫は、膳部・膳大伴部とも呼ばれ、国造だけでなく、伴造やそうした「官職」はもたないが、地方だけでなく、中央において、それぞれの地域で勢力をもつ豪族が、その子弟をいわば人質同然に、服属の証として出したものとみられる。そして阿倍氏と膳氏は、政治的に擬制された同族ではなく、膳氏の中核の一族が、大和政権の中枢で政治的な地位を得たことにより、膳氏から分枝し、その居住地により阿倍氏を名乗るようになったと考えた。このことを証明することは、当然困難ではあるが、一つの憶測を述べて、章を終えたい。

すなわち、先にも一部ふれた、『書紀』安閑元年四月一日条には、内膳卿膳臣大麻呂が、勅をうけ真珠を求めて伊甚（現在の千葉県夷隅郡・勝浦市）に使者を遣わしたことが見える。伊甚国造等がいつまでたっても、真珠を奉らなかったので、大いに怒った大麻呂は、国造等を捕らえ、説明を命じたが、国造等は恐れて後宮に逃れ隠れたため、大きな騒ぎとなり、春日皇后も驚き倒れてしまった。このため国造等は罪を問われ、皇后のために伊甚屯倉を献上したことが見えている。ここにおいて、大麻呂は家業である「内膳卿」としての「職」を果たしており、伊甚屯倉（上総国伊甚郡）の起源譚であり、膳臣の功業を語るものである。

ここに登場する膳臣大麻呂は、この記事が唯一の所伝であるが、その二年後である『書紀』宣化元年二月一日条に、阿倍大麻呂臣が、大夫に任じられたことがみえている。この時、周知のように、大伴金村大連と物部麁鹿火大連が大連に再任されたことと、蘇我稲目宿禰が、大麻呂と共に大臣に新任されており、ここに新しい台閣の発足が宣せられたといえるのである。そして、阿倍大麻呂臣についても、これが唯一の所伝であり、その前後の動向は判らないが、こうした大きな政治的変動に当たり、史料的には証明不可能ではあるが、膳臣大麻呂が改姓し、阿倍氏を称することを許され、阿倍大麻呂臣となったとは、考えられないであろうか。(44)

註

（1）前田晴人「『高橋氏文』を読む」（『日本古代史の新論点』新人物往来社　二〇〇一）、同「磐鹿六鴈—調理人の元祖」（『日本古代人物伝』新人物往来社　二〇〇七）

(2) 前之園亮一「淡水門と景行記食饌奉仕伝承と国造」（黛弘道編『古代王権と祭儀』吉川弘文館　一九九〇）
(3) 前之園亮一「刑部の職掌・起源と宍人部・猪使部・河部について」（『共立女子短期大学文科　紀要』四一号　一九九八）
(4) 伴信友「高橋氏文考註」（『伴信友全集』巻三　国書刊行会　一九七七）
(5) 坂本太郎「纂記と日本書紀」（『坂本太郎著作集』第二巻　吉川弘文館　一九八八）
(6) 植松茂「氏文の成立と構造—高橋氏文」（講座日本の神話二『日本神話の成立と構造』有精堂　一九七六）、小谷博泰「高橋氏文の筆録年代について」（『甲南大学紀要』文学編一七　一九七四）
(7) 黒崎輝人「月次祭試論」（『日本思想史研究』一〇　一九七八）
(8) 岡田壮司「神今食と新嘗祭・大嘗祭」（『大嘗の祭り』学生社　一九九〇）
(9) 後藤四郎「内膳奉膳について」（『書陵部紀要』一一　一九五九）
(10) 坂本太郎「安曇氏と内膳司」（『坂本太郎著作集』第七巻　吉川弘文館　一九八九）
(11) 小林泰文「高橋・安曇二氏と内膳奉善—神護景雲二年二月十八日勅の解釈—」（『日本古代史論輯』桜楓社　一九八八）
(12) 早川万年「高橋氏文成立の背景」（『日本歴史』五三二　一九九二）
(13) 早川万年　前掲論文
(14) 田村円澄『聖徳太子』（中央公論社　一九七一）
(15) 狩野久「御食国と膳氏」（旧版『古代の日本』5　角川書店　一九七五）
(16) 加藤謙吉「上宮王家と膳氏」（『大和政権と古代氏族』吉川弘文館　一九九一）
(17) 仁藤敦史「『斑鳩宮』の経営について」（『古代王権と都城』吉川弘文館　一九九八）
(18) 井上光貞「国造制の成立」（『大化改新』要書房　一九五四　弘文堂書房　一九七〇）
(19) 佐伯有清『新撰姓氏録の研究』考証篇第一（吉川弘文館　一九八一）

（20）志田淳一「大伴連」（『古代氏族の性格と伝承』雄山閣　一九七一）
（21）井上光貞「部民の研究」（『日本古代史の諸問題』思索社　一九五二）、同「国造制の成立」（前掲書）、同「大和国家の軍事的基礎」（前掲書）
（22）平野邦雄『大化前代社会組織の研究』（吉川弘文館　一九六九）
（23）鎌田元一「部民制の構造と展開」、同「『部』についての基本的考察」（『律令公民制の研究』塙書房　二〇〇一）
（24）武光誠「姓の成立と庚午年籍」（『日本古代国家と律令制』吉川弘文館　一九八四）
（25）山尾幸久「七世紀前半期の国家権力」（『日本史研究』一六三　一九七六）、同『日本国家の形成』（岩波書店　一九七七）
（26）大川原竜一「大化以前の国造制の構造」（『歴史学研究』八二七　二〇〇七）
（27）津田左右吉「大化改新の研究」（『日本上代史の研究』岩波書店　一九六三）
（28）太田亮『日本古代氏族制度』（磯部甲陽堂　一九一七）、中田薫『法制史論集』第三集上（岩波書店　一九四三）
（29）井上光貞「国造制の成立」（前掲）、上田正昭「国県制の実態とその本質」（『日本古代国家成立史の研究』青木書店　一九六八）
（30）石母田正『日本の古代国家』（岩波書店　一九七一）、吉田晶『日本古代国家成立史論』（東京大学出版会　一九七三）
（31）吉村武彦「律令制的班田制の歴史的前提について―国造制的土地所有に関する覚書―」（『古代史論叢』中　吉川弘文館　一九七八）
（32）山尾幸久「国造について」（『藤沢一夫先生古稀記念　古文化論叢』同刊行会　一九八三）
（33）山尾幸久「大化年間の国司・郡司―改新詔の検討・その2―」（『立命館文学』五三〇　一九九三）、同『日本古代国家と土地所有』（吉川弘文館　二〇〇三）
（34）大町健「律令制的国郡制の特質とその成立」（『日本古代の国家と在地首長制』校倉書房　一九八六）、篠川　賢『日

本古代国造制の研究』(吉川弘文館　一九九六)
(35) 館野和己「ヤマト王権の列島支配」(『日本史講座　第1巻　東アジアにおける国家の形成』東京大学出版会　二〇〇四)
(36) 大川原竜一　前掲論文
(37) 大橋信弥「大伴氏の研究」(『日本古代の王権と氏族』　吉川弘文館　一九九六)
(38) 井上光貞「大和国家の軍事的基礎」(前掲)
(39) 原島礼二「大化前代の親衛軍をめぐる問題」(『歴史学研究』二四一　一九六〇)、佐伯有清「宮城十二門号氏族と古代天皇近侍氏族」(『新撰姓氏録の研究』研究篇　吉川弘文館　一九六二)
(40) 北山茂夫『大伴家持』(平凡社　一九七一)
(41) 津田左右吉「上代の部の研究」(『日本上代史の研究』　前掲)
(42) 井上光貞「大和国家の軍事的基礎」(前掲)
(43) 高橋崇「藤原賜姓について」(『日本歴史』二四四　一九六九)、高橋富雄「大伴氏と来目部」(『日本歴史』一六六　一九六二)
(44) 前田晴人「乎獲居臣—稲荷山古墳鉄剣銘の世界」(『日本古代人物伝』前掲)は、私見とやや異なる視角から、阿倍氏の膳氏からの分枝と二人の「大麻呂」について指摘されている。

第四章　阿倍氏と稲荷山古墳出土鉄剣銘―大彦命の原像を求めて―

はじめに

昭和五三年（一九七八）九月に公表された埼玉県稲荷山古墳から出土した鉄剣には、金象嵌で一一五文字という、この種の金石文では、飛びぬけて多い文字列が刻まれており、同時代史料の少ない五世紀の倭国史を理解するうえで、大きな情報を提供するものであった。そして銘文の中核をなすのが、この鉄剣と銘文の作成を指示したとみられる「乎獲居臣」の始祖系譜であり、その冒頭には、「上祖、名は意富比垝」とあった。阿倍氏の始祖として『記紀』をはじめ古代の文献に見える大彦命その人とみられ、より大きな注目を集めることになった。そして、この鉄剣銘については、当然のことながら、発見以来、多くの研究者の取り上げるところとなり、様々な角度から考察が加えられており、もはや論究の余地はないかとも思えるが、本書においても、阿倍氏同族の形成という視点から、若干の考察を加えたい。

第一節　稲荷山古墳の調査と鉄剣銘の出現

この鉄剣は、公表より一〇年前の昭和四三年八月に実施された発掘調査により、他の多くの遺物とともに発見された。稲荷山古墳は、埼玉県行田市の埼玉古墳群中の一基で、墳丘長一一七メートル、二重の周濠をもつ大形の前方後円墳であった。古墳群は、前方後円墳九基、円墳三五基、方墳一基からなり、同古墳は、古墳群中で最も古く、五世紀末から六世紀初頭のころに造営されたとみられている。同古墳には、二つの埋葬施設があり、そのうちの礫槨からは、この鉄剣のほか画文帯神獣鏡一、勾玉一、銀環一、金銅製帯金具一、鉄剣二、鉄刀四、鉄鉾二、桂甲一、馬具一式、鉄鏃約二〇〇など豊富な副葬品が出土しているが、もうひとつの埋葬施設である粘土槨は、盗掘されていたため鉄刀・桂甲・馬具などの断片を検出したにとどまる。(1)こうした古墳の副葬品の内容から、稲荷山古墳は、古代東国でも最有力の豪族の墓とみることが出来る。そして、埼玉古墳群は、この地域の歴代の有力者を埋葬したとみられており、稲荷山古墳の被葬者も、その一人である可能性が高い。ちなみに稲荷山古墳の規模は、この時期のものとしては、関東だけでなく全国的にも最有力であり、その被葬者は、当然、大和政権においても重要な地位にあったとみられる。

発見当初から銘文の釈読・解釈については、多くの議論があるが、現在、通説となっているのは、次のような読みである。(2)（写真1　稲荷山古墳出土鉄剣銘）

　辛亥《しんがい》の年七月中《ちゅう》、記《しる》す。乎獲居臣《ヲワケしん》。上祖、名は意富比垝《オホヒコ》。其の児、多加利足尼《タカリノスクネ》。其の児、名は弖己加利獲居《テヨカリワケ》。其の児、名は多加披次獲居《タカハシワケ》。其の児、名は多沙鬼獲居《タサキワケ》。其の児、名は半弖比《ハテヒ》。其の児、名は加差披余《カサヒヨ》。其の児、名は乎獲居臣《ヲワケしん》。世々、杖刀人の首《おびと》と為《な》り、奉事《ほうじ》し来り今に至る。獲加多支鹵大王《ワカタケルのおおきみ》の寺、斯鬼《シキ》の宮に在る時、吾、天下を左治《さじ》す。此《こ》の百練の利刀を作らしめ、吾が奉事の根原《こんげん》を記《しる》す也。

この銘文は正規の漢文ではなく、当時の倭国の言葉を漢字一音で表記した箇所もあり、国語学的にも注目されているが、解読された銘文の内容は、この鉄剣が、「辛亥の年」に、「獲加多支鹵大王」が「斯鬼の宮」いた時に作刀したとあり、「獲加多支鹵大王」は、ワカタケル大王であり、『古事記』に「大長谷若建命」、『書紀』に「大初瀬幼

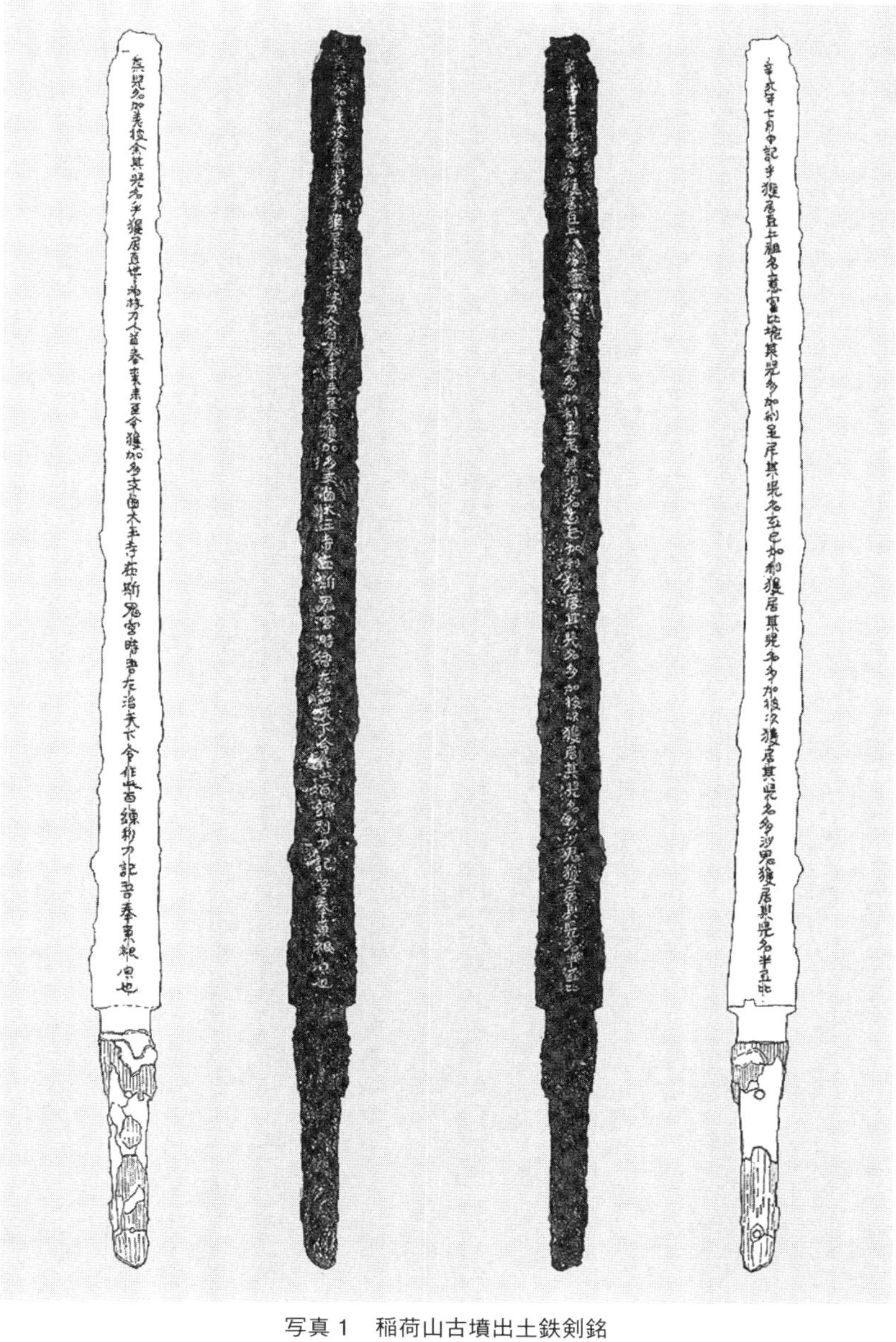

写真１　稲荷山古墳出土鉄剣銘
（『埼玉稲荷山古墳』〈埼玉県教育委員会、1980年〉より改変、
所有：文化庁、写真提供：埼玉県立さきたま史跡の博物館）

武天皇」とある雄略天皇とすることで、特に異論はない。そして、この鉄剣銘の発見により、かつて「治天下復□□□鹵大王世」と読まれ、三代前の「復宮に天下治めすミズハの大王」(反正)と理解されてきた、熊本県菊水町の江田船山古墳出土鉄刀銘も、同じく「治天下獲□□□鹵大王世」と読めるとされ、日本列島の東と西で、『記紀』に見える雄略天皇の実在と実年代が明らかになったのである。それとともに、この後、銘文の研究が百花繚乱のごとく生み出されることになったのである。[3] そのすべてについて、ここでふれることはできないが、本書のテーマである阿倍氏に引き寄せて絞り込むなら、やはり、阿倍氏同祖系譜の関わる系譜部分を対象としたい。系譜部分は意富比垝から乎獲居に至る八代で、銘文の一一五文字中、六〇字を占めており、銘文作成者が、特に重視したことが想定されている。ここではこうした始祖系譜を中心に、銘文の記載を手掛かりに、阿倍氏の来歴の一端に迫りたいと思う。銘文の全体は、その内容から、おおよそ次の五つの段落に整理できる。

(一) 辛亥の年七月中、記す。乎獲居臣。

(二) 上祖、名は意富比垝。其の児、多加利足尼。其の児、名は弖已加利獲居。其の児、名は多加披次獲居。其の児、名は多沙鬼獲居。其の児、名は半弖比。其の児、名は加差披余。其の児、名は乎獲居臣。

(三) 世々、杖刀人の首と為り、奉事し来り今に至る。

(四) 獲加多支鹵大王の寺、斯鬼の宮に在る時、吾、天下を左治す。

(五) 此の百練の利刀を作らしめ、吾が奉事の根原を記す也。

(一)は、この銘文の作成年次と作成者を記した部分で、干支によって年紀を書くことが、ごく普通のことであるかの印象を受ける。当時の倭国では、すでにこうした書き方が、(四)の大王の世とする歴史認識とともに使用されていたのであろう。ちなみに「辛亥の年」は、四七一年説と五三一年説が出されているが、考古資料によって前者がほぼ通説となっている。そして、(一)は、(五)と一対の関係にあることは、「記す」という表現から明白であり、この銘文を作成する目的が、「吾が奉事の根原を記す」ことにあったことがわかる。(二)の系譜については後に詳しく見ることになるが、銘文の作成を命じた乎獲居臣と七代の先祖の名を記した系譜であるが、単なる自分の家系を述べようとするものでなく、その機能は、(三)にある「世々」、杖刀人の首として、大王に「奉事」し、「今に至る」ことを説明することにあった。すなわち、「上祖」の意富比垝以来、「世々」八代にわたって大王に「奉事」してきたことを示す、重要な役割があったのである。しかもそれは、(五)の「吾が奉事の根原」であったのである。(四)は、乎獲居臣が、大王が「斯鬼の宮」にある時に、具体的に「奉事」し「天下を左治す」と自負したとする記述で、乎獲居臣の自らの誇るべき経歴を述べた部分で、この鉄剣銘を作成する直接の契機となったものである。そしてそれは、当時の大王とそれに「奉事」した豪族の関係を具体的に示すものであるが、「天下を左治す」を、文字どおりにとるか、大言壮語とするかにより、理解が変わる。そこで、次に、(二)の乎獲居臣と七代の先祖系譜を取り上げたい。その系譜に「上祖、名は意富比垝」とあり、「意富比垝」は、『記紀』などの古代の文献に、阿倍氏の始祖で、四道将軍として見える「大彦命」と同一人物とみられるからである。

第二節　溝口睦子氏の系譜論

さて、ここで、「上祖」とあるのは、『姓氏録』などの系譜に「始祖」とあるもので、「始祖系譜」として作成されたことがわかる。「意富比垝」は乎獲居臣にとって「祖名」にほかならない。ところで、稲荷山古墳出土鉄剣銘の系譜を、系譜論の立場から「始祖系譜」として詳細に論究されたのは溝口睦子氏である。まず、溝口氏の研究の概略を見ておきたい。溝口氏は、鉄剣銘の系譜と『記紀』『姓氏録』『旧事本紀』などが収載する古代系譜とを詳細に比較検討され、その構造や特色が、きわめてよく似ていることを指摘される。その共通点を、溝口氏は次のように整理されている[4]。

a　系譜は、神話・伝説的部分と現実的・歴史的部分という異質な二つの部分からなっている。

b　始祖は建国伝説上の著名な人物である。

c　神話・伝説部分は、複数の氏が先祖を共有する「同祖構造」をもっている。

d　職掌の起源が「奉仕」の形式で語られることが多い。

e　二つの異質な部分の接点のあたりを境目にして、人名のタイプに変化がみられる。

すなわち、鉄剣銘系譜は、神話・伝説部分の多沙鬼獲居（タサキワケ）以前と、現実的・歴史的部分の半弖比（ハテヒ）・加差披余（カサヒ〈ハ〉ヨ）・乎獲居とは、名称の上からも断絶があり、現実的・歴史的部分いついては、稲荷山古墳群中の稲荷山古墳の位置づけと矛盾しない。また、神話・伝説部分は、系譜の形は取っているものの、「けっして現実の血縁関係のそのままの記録ではなく、理念的・神話的な性格を色濃くもった」ものである。また「上祖」としてあげる意富比垝は、四道将軍として著名な人物であり、始祖系譜としての特徴を完備しているとし、そこから「この時点ですでに大彦を、いわば旗標とする擬制的同族集団が、形成されていた可能性がきわめて高い」と始祖系譜がすでに「同祖構造」を持っていることを推定している。そして、それを裏付ける一証として、後世の『本朝皇胤紹運録』に大彦命の孫として、「豊韓別命」がみえることを上げ、これと鉄剣銘系譜の意富比垝の「孫」弖己加利獲居（テヨカリワケ）との一致を指摘している。

そして、鉄剣銘系譜と古代の氏族系譜の違いについては、系譜の上端に天皇の名がみえないこと、「氏姓」の起源が書かれていないことを上げるが、鉄剣銘系譜の場合、大王への「奉事の根原」を述べることにより、大王との君臣関係や、「王権社会」への帰属、始祖により区分される所属の表示などにより、実質的に、古代系譜の役割である、ウジの出自・血統と氏姓・職掌の起源の表示・機能を果たしていると考えている。

このように、溝口氏は鉄剣銘系譜が、『記紀』『姓氏録』『旧事本紀』などの古代系譜と共通することを指摘し、ワカタケルの時代に、すでに複数の氏が先祖を共有する「同祖構造」をもつ氏族系譜の原型が形成されていること、そうした擬制的同族集団により構成される政治構造＝「王権社会」の成立を想定された。したがって、律令体制の成立以前の政治・社会を考える上で、こうした溝口氏の指摘をどう受け止めるかは、大きな課題であるといえる。

溝口氏の指摘で、最も重要な提言は、鉄剣銘系譜を含め、古代の氏族系譜が、神話・伝説的部分と現実的・歴史的部分からなること、その神話・伝説的部分にこそ氏族系譜の生命というべき部分であるとされていることである。そして、鉄剣銘に「上祖」とある意富比垝（オオヒコ）は、『記紀』の伝説的な英雄である大彦命であるとし、そうした大彦命を始祖とする「同祖構造」を持つ系譜が、ワカタケルの時代にすでに成立していたとされるのである。ただ、溝口氏は慎重に、その系譜にはいまだ大彦命の父としての孝元天皇の名はなく、『記紀』『姓氏録』にみえる同族もすべて揃っていなかった可能性が高いとされている。この点については、私も同感であるが、ワカタケルの時代における「同祖構造」を表現する、同祖系譜の記載方法の違いとみるのも一案ではないか。すなわち、古代の氏族系譜に見える同祖系譜は、始祖（上祖）からの分枝という形をとって同祖関係が表されているが、溝口氏も示唆されているように、始祖系譜そのものが、すでに複数の氏が先祖を共有する「同祖構造」を示していると考えられるなら、鉄剣銘の段階では、より単純に、そうした「同祖構造」を父子関係として表現したとみることもできるのではないか。

神話・伝説的部分である意富比垝から多沙鬼獲居までの五代の中で、「祖名」である意富比垝を除き、多加被次獲居（タカハシワケ）は、同族の膳氏が天武朝に改氏姓した高橋氏に、多沙鬼獲居（タサキリワケ）は、同じく同族の佐々貴山君氏に関わることが、銘文研究の早い段階から指摘されてきた。こうした指摘については、偶然の一致とする見方が有力で、多くの論者は否定的であるが、その名が高橋氏と佐々貴山君氏の本貫地の地名であることは注意すべきであり、関連する可能性を残しておくべきと考える。そうした場合、これは一個の憶測であるが、こうした鉄剣銘に見える多加被次獲居や多沙鬼獲居を、「阿倍氏同祖系譜」の意富比垝を始祖とする同祖氏族の個別の祖名としてとらえ直して、鉄剣銘の段階では、父子関係として「同祖構造」を表現しようとしたとみることはできないであろうか。

そのような視点でみるなら、溝口氏が指摘された弖已加利獲居（テヨカリワケ）も、意富比垝の孫とする所伝が後世まで伝えられていたとしても、あながち否定できないのではないか。『本朝皇胤紹運録』の系譜は、『記紀』『姓氏録』の系譜を参照して書かれているようであるが、断片的に古い系譜を含んでいる可能性も考慮したい。そうした場合、鉄剣銘系譜に、意富比垝と弖已加利獲居の間にみえる多加利足尼（タカリノスクネ）は、建沼河別命に当たるが、これ以上の憶測は控えておきたい。

こうした始祖系譜に対応する始祖伝説については、当然のことながら鉄剣銘は何も語っていないが、ワカタケルの時代には、意富比垝は系譜上の存在で、それに関わる伝説は、いまだ形成されていなかったのであろうか。溝口氏は、必ずしも明言されていないが、意富比垝を「建国伝説上の著名な人物」とし、念頭に『記紀』の四道将軍伝説の原型が形成されていることも考慮されているようであるが、本書第七章で検討しているように、こうした意富比垝の位置づけは、『記紀』の編纂段階に、王権史の構想の中で崇神天皇の事績として、「四方」の平定、国内征討を語る必要から述作されたもので、『書紀』がわざわざ、『古事記』にない吉備津彦による西道征討を付加し、「四道」として、この物語が全国的な平定であるかように構成していることも、そうした意図を明確に語るものといえよう。また、『古事記』崇神天皇段の、崇神の治世を回顧する記述に、この平定により天下が治まり、初めて税制が定められたとし、天皇をたたえて「初国所知らしし御真木天皇」と呼んだとするように、崇神天皇を、大和政権成立の一つの画期としようとする意図が明確に示されている。

しかしながら、四道将軍伝説が、すべて机上の述作ではなく、その作成に当たっては、いくつかの氏族伝説が採用されていると考えられる。大彦命・建沼河別命による高志・東国征討伝説、日子坐王、或は丹波道主命による丹波征討伝説、吉備津彦による西道征討伝説などは、本来はそれぞれ別個の氏族が伝えていた始祖所伝であり、そのうち、大彦命・建沼河別命による高志・東国征討伝説は、もともとは、大彦命が高志と東方十二道を征するという始祖伝説として、おそらく膳氏により伝えられていたとみられる。すなわち、私見によれば、六世紀ごろに、膳氏の主流が分枝・自立し、阿倍氏を名乗るようになったのに対応して、阿倍氏の始祖として武沼河別命が採用され、『記紀』の四道将軍伝説として定着したとみている。大彦命が高志と東方十二道を征するという伝説は、分枝前の膳氏が形成していた伝説であったと考えられ、鉄剣銘の段階においても、意富比垝を「上祖」とする始祖系譜に対応して、その原型が形成されていた可能性はあると考える。しかしながら大彦命が高志と東方十二道を征するという始祖伝説は、はじめから意富比垝が「建国伝説上の著名な人物」として形成されていたわけではなく、大和政権の東国進出の始まりを告げる伝説的人物として、まず形象化されたのではなかろうか。

第三節　稲荷山古墳の被葬者像

ここまで、溝口睦子氏の系譜論を手掛かりとして、鉄剣銘系譜の性格と意義について、私見も加えながら、かなり踏み込んで論じてきたが、次に、こうした銘文を作成した乎獲居の人物像と、その乎獲居を埋葬する稲荷山古墳との関係について、もう少し考えておきたい。その前提として、稲荷山古墳が所在する、後の武蔵地域の古墳と古墳群について、概略を見ておく。

五世紀後半頃から六世紀前半にかけて、現在の群馬・埼玉・千葉など関東地方各地において、大型の前方後円墳が多数築造されている。すなわち古墳時代後期の全長六〇メートル以上の前方後円墳の数は、近畿地方の三九基に対し、関東では二一六基を数え、五世紀後半ころからの増加が著しい。これらのことから、この頃東国各地の首長たちが、他地域に抜きん出て大和政権と特に親密な同盟関係にはいったことを示唆するといえよう(5)。

稲荷山古墳が所在する後の武蔵国は、大きく二つの区域に分けることが出来る。現在の埼玉県を中心とする北武蔵と、東京都・神奈川県横浜市・川崎市あたりの南武蔵で、それぞれにまとまった古墳群が知られている。南武蔵では、四世紀後半から五世紀前半にかけて、多摩川の下流域に亀甲山古墳・宝来山古墳など全長一〇〇メートルをこえる大古墳が造られ、同じころ全長一二〇メートルの芝丸山古墳が築造されるなど、武蔵では突出した規模をもっている。いっぽう北武蔵では、五世紀中ごろまでは目立った古墳の築造はなかったが、五世紀末以降、行田市の埼玉古墳群と東松山市の比企地方に、規模の大きい古墳群が出現している(6)。

このうち埼玉古墳群は、利根川と荒川とにはさまれた低台地上に位置し、かつては九基の前方後円墳と三〇基以上の円墳とで構成されていた。現在では稲荷山古墳以下、二子山古墳（全長一三五メートル）・鉄砲山古墳（一一二メートル）・将軍山古墳（一〇一・五メートル）・中の山古墳（七九メートル）・瓦塚古墳（七四・五メートル）・奥の山古墳（六六・五メートル）。愛宕山古墳（五三メートル）の八基の前方後円墳と、直径約一〇〇メートルを測る全国最大規模の円墳である丸墓山古墳が確認できる。古墳時代後期において、一〇〇メートルを越える古墳を四基持つ、このように大規模な古墳群を営んだ地域は全国的にも珍しく、埼玉古墳群を造営した豪族が、長期にわたって大きな勢力をもち続けていたことが明らかである。これに対し、比企地方では、五世紀前半に全長八六メートルの雷電山古墳が築造されるが、その後は目立った首長墓はみえず、五世紀末頃に全長一一五メートルの将軍塚古墳が出現するものの、その後は再び六〇メートル前後の規模となっており、埼玉古墳群に対抗し得る力はなかったと考えられる。

北武蔵に隣接する上野地域では、五世紀前半に全長一六八メートルの別所茶臼山古墳が、五世紀中葉に、東日本最大の、全長二一〇メートルの大田茶臼山古墳が築造されるが、これ以降は、高崎市浅間山古墳、伊勢崎市お富士山古墳などやや規模の大きい古墳もあるが、多くは一〇〇メートル前後と規模を小さくしており、衰退は明らかである。こうした古墳群の動向によるなら、五世紀後半以降のこの地域の覇権は、北武蔵の埼玉古墳群の被葬者により、代々継承された可能性が高いと考えられる。(7)（図3　埼玉古墳群の分布図）

そこで、稲荷山古墳については、先にその概略を述べているように、古墳群中最大の墳丘長一一七メートルをはかり、二重の周濠をもつ大形の前方後円墳で、武蔵において最有力の首長（族長）の墓といえる。ところが、古墳には、二つの埋葬施設があり、そのうちの礫槨からは、この鉄剣のほか画文帯神獣鏡一、勾玉一、銀環一、金銅製帯金具一、鉄剣二、鉄刀四、鉄鉾二、桂甲一、馬具一式、鉄鏃約二〇〇など豊富な副葬品が出土しているが、もうひとつの埋葬施設である粘土槨は、盗掘されていたため鉄刀・桂甲・馬具などの断片を検出したにとどまる。この

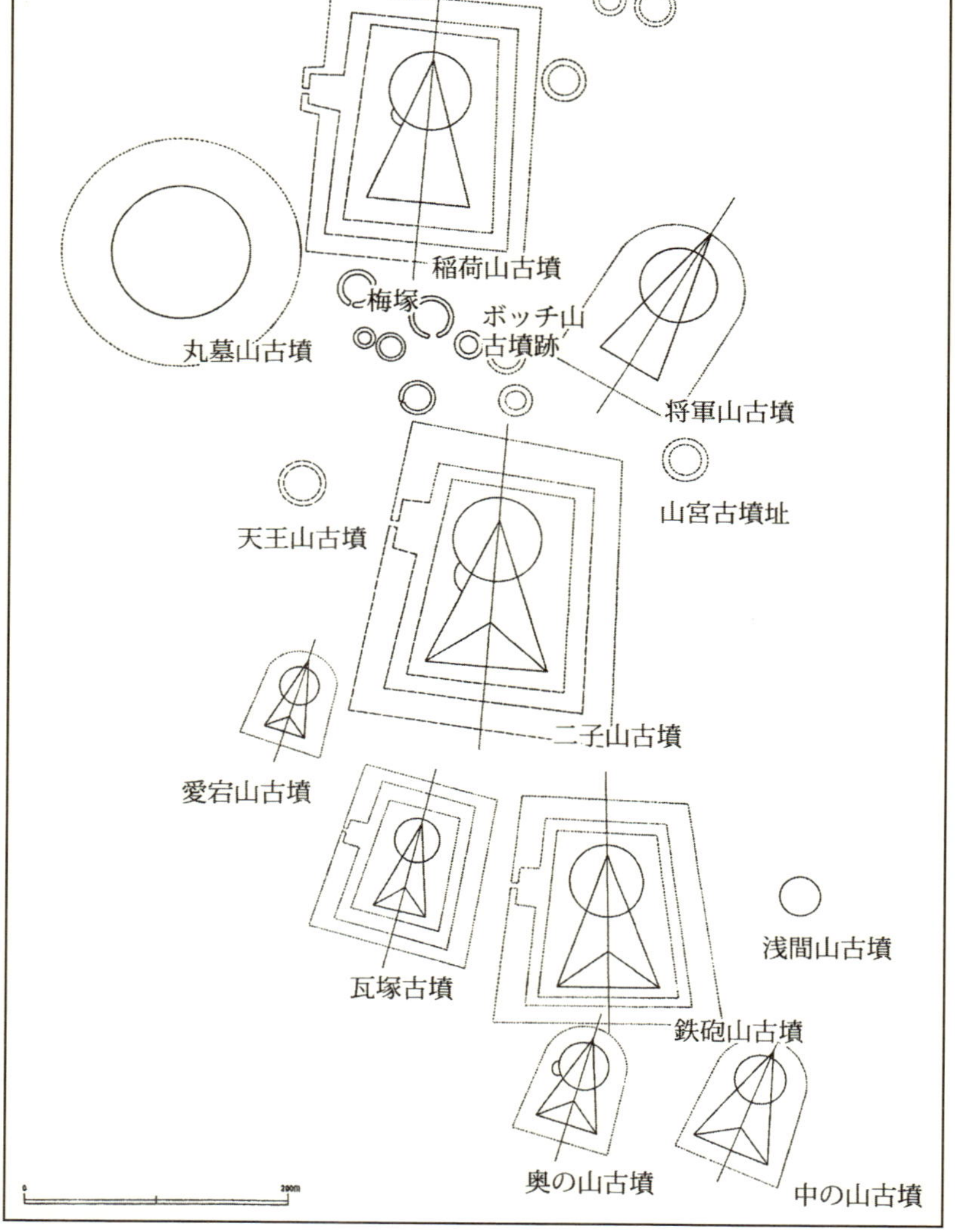

図３　埼玉古墳群の分布図
（『埼玉稲荷山古墳』〈埼玉県教育委員会、1980年〉より改変）

二つの埋葬施設は、いずれも墳頂部の中心部を避けるように造られており、その関係が問題になっている。
稲荷山古墳以外で、調査がなされたのは、明治二十七年（一八九四）に発掘された、全長一〇一・五メートルの前方後円墳将軍山古墳で、内部主体は横穴式石室で、鏡・玉類・馬具・武具・武器類のほか、銅椀・須恵器などが副葬されていた。副葬品の年代は、六世紀末から七世紀初頭とされている。二子山古墳・鉄砲山古墳は埋葬施設が未調査のため、正確な築造年代はわからないが、墳丘や周濠の形や、各古墳の分布状況、出土した埴輪の時期などから、稲荷山古墳―二子山古墳―鉄砲山古墳―将軍山古墳の順序で築造されたことが推測されている。かつて、稲荷山古墳より古いと考えられていた丸墓山古墳は、出土した埴輪が、鉄砲山古墳出土の埴輪より新しい様相を持つことが明らかになり、古墳群中最後の首長墓の可能性が指摘されている。(8)（写真2稲荷山古墳の埋葬施設）

写真２　稲荷山古墳の埋葬施設
（写真提供：埼玉県立さきたま史跡の博物館）

稲荷山古墳は、このように埼玉古墳群中の最古の古墳であり、しかも北武蔵においては、これより早く築造された後期の首長墓はなく、稲荷山古墳を含むこの古墳群が、この地域で抜きんでた勢力を持っていたことが知られる。それでは、稲荷山古墳の被葬者は、どのように考えればいいのであろうか。鉄剣を作成した乎獲居は、当然礫槨に埋葬されていたが、そうした場合、もう一つの埋葬施設との関係はどのように考えられるのであろうか。白石太一郎氏は、礫槨が墳頂部の中心部分を避けて造られていることと、古墳の造り出し部分からは、礫槨から出土した須恵器より一段階古い、五世紀後半の須恵器が大量に出土していることなどから、礫槨の被葬者は、この古墳の本来の被葬者（中心的な埋葬施設の被葬者）ではなく、それよりおおよそ二〇年後に追葬された一族の人物（族長の子ないし弟）ではないかとされている。(9) このことについては、異論もあるが、慎重に考える必要があろう。ただ、銘文系譜に引き寄せて考えた場合、乎獲居は八代の系譜の末端に位置づけられており、系譜がこの地域の族長のそれとみた場合、乎獲居もこの古墳の中心的な埋葬施設の被葬者の後、族長の地位を継承していたとみることもできるであろう。稲荷山古墳を自らの奥津城として築造したのは、加差披余の可能性もあろう。(10)

いずれにせよ、鉄剣を作成し稲荷山古墳に埋葬された乎獲居は、この地域の最高首長であったとみられるが、稲荷山古墳は古墳群中で最も古く、五世紀末から六世紀初頭のころに造営されたとみられており、古墳の規模や副葬品の内容は、この時期のものとしては、関東だけでなく全国的にも最有力であり、その被葬者は、当然、大和政権においても重要な地位にあったことは間違いない。したがって、乎獲居（あるいは加差披余）は、埼玉古墳群を形成した最初の首長であり、鉄剣銘に書かれている「獲加多支鹵大王の寺、斯鬼の宮に在る時、吾、天下を左治す」とする主張は、絵空事とは考えられないのである。言葉を変えれば、稲荷山古墳の被葬者は、この地の首長として初めて、大王から大規模な前方後円墳を築造することを許されたとも理解されるのである。鉄剣銘系譜の「現実的・歴史的部分」の三代にわたる一族の大王への「奉事」が、評価されたのであろうか。

第四節　鉄剣銘系譜と倭国の政治システム

溝口睦子氏は、この始祖系譜を、乎獲居の「奉事の根原」＝大王との君臣関係の起源を、「理念的・観念的」に表すものととらえ、当時の「王権社会」の政治構造を示す機能があるとしている。そして、ワカタケルの時代に、すでに複数の氏が先祖を共有する「同祖構造」をもつ氏族系譜の原型が形成されているとみる溝口氏は、このことから、令制以前の倭国の政治システムの「基本的な理念や枠組み」が、ワカタケルの時代に成立していたことを確認できるとされた。溝口氏は、具体的にウジの成立や、トモの制度などの成立を主張されているのではなく、そうした政治構造を、「理念的・観念的」に表したのが始祖系譜の「神話・伝説的部分」とされているのである。鉄剣銘系譜の意義を的確にとらえたものといえよう。ただこうした五世紀の倭国の政治システムを鉄剣銘の記載内容から復元しようとする試みは、当然のことながら早くからなされており、多くの成果もあげている。そこで、溝口氏の始祖系譜の理解を手がかりに、改めて考えることにしたい。

第三章でも述べているように、かつて、大和政権下の政治体制は、四世紀末から五世紀初めの、応神・仁徳朝を古代国家の最盛期とし、氏姓制・国造制・ミヤケ制・部民制が、大王の全国支配を支える政治システムとして制度化されていたといわれていた。すなわち、大和政権を構成する「臣連伴造国造」と一括される豪族たちは、蘇我・大伴・物部などのウジ名と、臣・連・直・首などのカバネを大王から賜わり、序列化されて大王に奉仕していたとされ、政府の行政部門は、「伴造」が全国に設置した部民からの貢納・力役負担により、タテ割りで運営していたとされていた。そして、各地の地方豪族は、大王により「国造」に任命され、地方官として、大王の直轄地であるミヤケの運営に当たっていたとされていたのである。

しかし、こうした大和政権下の政治体制は、『記紀』批判の進展と、研究の精緻化により、少なくとも六世紀以降に形成されたとする理解が通説化していた。ところが稲荷山古墳出土の鉄剣銘の発見と、熊本県江田船山古墳出土の鉄刀銘の再評価により、五世紀の倭国の政治システムが、改めて見直されることになった。銘文研究の初期の段階においては、東国の豪族である乎獲居臣の一族が、代々「杖刀人」の「首」として、王宮に「奉事」してきたとする記載に注目して、また江田船山古墳出土鉄刀銘にみえる「典曹人」を取り上げ、それらが、国造制・部民制についての井上光貞氏の先駆的な業績を裏付けるとする見方が有力になった。すなわち、舎人・靫負・膳夫・采女などのトモが、主として東国の国造の子弟・子女から取られ、朝廷に出仕していたとする理解が再評価されたのである。[11]しかしその後、銘文研究が深化する中で、銘文には、直接国造制に関わるような「職」を示す記載はなく、また、部民制に関わる「伴」ないし「部」といった表記もみえないとし、いまだ、それ以前の政治システムの段階であることが通説になっている。[12]

ただし、「杖刀人」の「首」とある乎獲居臣は、「世々」、大王の親衛隊長の「職」に任じられ、大王の王宮に仕えていたのであり、江田船山古墳出土鉄刀銘の「典曹人」も、武官であった「杖刀人」に対し、朝廷の文書作成などに当たる文官であったとみられ、明らかにそれに近い制度があったことは否定できないとして、トモ制の前身となるものが形成されていたとする見方も有力になっている。[13]また、銘文中には、後のウジ名とみられる記載はなく、「乎獲居臣」の「臣」も、カバネの「おみ」ではなく、漢語の「しん」と読むべきとされ多くの支持を得ているが、カバネの「臣《おみ》」そのものではないが、それにつながる用法で、謙称ないし称号的なものとして通用していたもので、読みは「おみ」でよいとする溝口氏の指摘も無視できない。また、系譜の前半部の人名についている「比垝」「足尼」「獲居」などの尊称も、『記紀』以下の氏族系譜に見えるものであり、後にカバネ化するものもあるなど、いまだ、整備された政治システムは成立していないが、その端緒はすでにあったとみるべきであろう。

すなわち、確かにトモ（伴）ないし「部」という表現はないが、乎獲居臣は、その始祖以来（事実ではないが）、大王の親衛隊長の「職」に任じられ、大王の王宮に仕えていたのであり、すでにトモ制の前身となるものが形成されていたことは間違いないところであろう。そして、そうした「職」をもって、大王に「奉事」することを保証しているのが、鉄剣銘系譜の始祖系譜であり、大王との君臣関係の形成を再確認するため、「奉事の根原」を書いた鉄剣銘が作成されたのも、そうした理解が東国の豪族にも共有されていたと考えられるのである。

すなわち、トモとは、朝廷における未熟な官僚組織であり、国家形成の過程で必要となった、未熟な行政部門の業務・職務分掌システムである。王権の維持に必要な「官人」、各種の事務担当者・警護担当者・料理人のほか、織物、鍛冶など各種の生産物を確保するための制度であり、大王に服属した各地の首長かその子弟がその実務を担っていたのである。(14) そして、中国の制度を導入して成立した律令体制も、それ以前のトモ（部）制を巧みに取り入れたことは、指摘されているとおりである。トモの制度は、長く倭国の政治システムの基底として、生き続けたのであり、かつては「大連」とも呼ばれた、大和政権の執政官であった、大伴連氏が、奈良時代においても、たびたび主張した氏族伝承には、そうした鉄剣銘に見られたような、特定の「職」により大王に奉仕するトモとしての自負が語られている。(15)

すなわち、『続紀』天平感宝元年（七四九）四月一日条には、聖武天皇が大仏造営中の東大寺に行幸し、光明皇后・皇太子阿倍内親王をはじめ、群臣百僚を従え、大仏の前殿に座し、左大臣橘諸兄が勅をうけて、著名な陸奥国の黄金産出を仏の恵みと慶賀し、百官人等を率い仏前にこのことを奉する詔を宣べたとある。次いで中務卿石上乙麻呂が、黄金の産出を人々と共に喜び、年号を天平感宝とすることを告げる詔を読み上げた。そして第二の詔で、産金が何よりも三宝をはじめ、天地の神々、皇祖たちの恩沢によるものであるとし、諸社寺に恵を垂れるだけでなく、藤原不比等や橘三千代など功臣に叙位することを述べ、特に「内兵」として天皇に長く仕えた大伴・佐伯両氏に、さらなる忠節を求めている。

また大伴・佐伯宿禰は、常も云はく、天皇が朝守り仕へ奉る、事顧みなき人等にあれば、汝たちの祖どもの云ひ来らく、「海行かば　みづく屍、山行かば　草むす屍、王のへにこそ死なめ、のどには死なじ」と、云ひ来る人等となも聞こし召す。故、是を以て遠天皇の御世を始めて今朕が御世に当りても、内兵と心の中のことはなも遣す。是を以て子は祖の心成すいし子には在るべし。此の心失はずして明き浄き心を以て仕へ奉れとしてなも、男女並せて一二治め賜ふ。また五位已上の子等治め賜ふ。六位已下に冠一階上げ給ひ、東大寺の人等に二階加へ賜ひ、正六位上には子一人治め賜ふ。

黄金の産出に歓喜する聖武天皇が、この時異例に大伴・佐伯両氏の変わることのない忠誠を求めた事情については、具体的に明らかにすることはできないが、当時の宮廷において顕在化していた貴族社会の分裂への聖武の危機意識の表出とみられる。それでは、聖武がこの時大伴・佐伯両氏に求めたものは、具体的にはどのようなものであったのか。このことを示しているのが、この長大な詔が天下に公布されてから四十二日後の五月十二日に、大伴家の若き後継者大伴家持が、その赴任先の越中国守の館で作成した「陸奥国より金を出せる詔書を賀く歌」(『万葉集』巻十八－四一一八)である。

葦原の　瑞穂の国を　天降り　領らしめしける　天皇の　神の命の　御代重ね　天の日嗣と　領らし来る　君の御代　御代　敷きませる　四方の国には　山川を　広み厚みと　奉る　御調宝は　数へ得ず　尽しもかねつ　然れども　わご大君の　諸人を　誘ひ給ひ　善き事を　始め給ひて　黄金かもたしけくあらむと　思ほし

て　心悩ますに鶏が鳴く　東の国の　陸奥の小田なる山に　黄金ありと　申し給へれ　御心を　明め給ひ　天地の　神相珍なひ　皇御祖の　御霊助けて　遠き代に　かかりし事を　朕が御世に　顕してあれば　食国は栄えむものと　神ながら　思ほしめして　物部の八十伴の男を　服従の　向けのまにまに　老人も　女童児も其が願ふ　心足ひに　撫で給ひ治め給へば　此をしも　あやに貴み　嬉しけく　いよいよ思ひて　大伴の　遠つ神祖の　その名をば　大来目主と　負ひ持ちて　仕へし官　海行かば　水浸く屍山行かば　草生す屍　大君の　辺にこそ死なめ　顧みは　せじと言立て　大夫の　清きその名を　古よ　今の現に　流さへる　祖の子等ぞ　大伴と　佐伯の氏は　人の祖の　立つる言立　人の子は　祖の名絶たず大君に　奉仕ふものと　言ひ継げる　言の職ぞ　梓弓　手に取り持ちて　劔大刀　腰に取り佩き　朝守り　夕の守りに　大君の　御門の守護われをおきて　人はあらじと弥立て　思ひし増る　大君の　御言の幸の〈一に云はく、「を」といふ〉聞けば貴み〈一に云はく、「貴くしあれば」といふ。〉

ここで家持が、聖武天皇の詔に触発され、それに答えようとしたのは、変わらぬ天皇への忠誠であり、詔において天皇が、大伴氏の遠祖の「言立」を引用し、「内兵」としての世襲の職にふれ、家門の核心をついたものであったからであった。「大君の　御言の幸」を受けて、家持は大伴氏が負名して「仕へし官」を力強く「言立」し、「大君の　御門の守護」という家門の伝統を「われをおきて人はあらじと」、大王を武力により支える伴造氏族としての自負が、そこに強く主張されており、大伴氏の古いトモとしての意識が強く表出したものであった。時代や歴史的条件はまったく異なるが、そこには、鉄剣銘と同じ思想が流れているといえよう。

このように、律令体制下においてもトモ制の伝統は、形は変わっても、大王との君臣関係の再確認に当たって、繰り返し想起されるものであり、これを古い伴造としての大伴氏特有のこととするのは誤りで、『記紀』『姓氏録』

やいくつかの家記類だけでなく、『風土記』『万葉集』をはじめとする文学的な作品にも、底流として生き続けているとみるべきであろう。

おわりに

乎獲居は、鉄剣銘系譜では後半の歴史的な部分で実質的な三代目であり、「杖刀人の首」として、この三代は銘文の実質的な「世々」に当たり、朝廷に番上して大王に仕えていたとみられる。いっぽう稲荷山古墳の礫槨の被葬者は、鉄剣銘を素直に読めば、乎獲居であるとみられるが、稲荷山古墳を含む埼玉古墳群は、先にみたように、東国では抜きんでた規模を持つものであり、この地域の有力豪族の代々の奥津城と考えられている。そして、稲荷山古墳は、埼玉古墳群だけでなく、北武蔵で最古の首長墓であるから、ここに葬られた乎獲居は、この地域では最初に首長墓を築造した人物ということになるであろう。そのように考えられるなら、ここからは憶測にわたるが、大和政権の大王が、乎獲居一族の三代にわたる「奉事」の実績や、まさに「天下を左治」したという、大和政権における功績を認め、それに応ずる地位を与えるとともに、大規模な前方後円墳の築造を許したのではないか。鉄剣銘は、そうした乎獲居の輝かしい功績を長く伝えるため作成され、大王から下賜されたか、記念として乎獲居が作成し、その死に当たって、遺体とともにその墓に埋納されたのではないか。当然、鉄剣銘に見える乎獲居の事績は、大王から口頭ないし場合によっては文面で乎獲居に伝えられ、生前においては、朝廷だけでなく、東国に広く喧伝されたのであろう。

註

（1）『埼玉　稲荷山古墳』（埼玉県教育委員会　一九八〇）
（2）岸俊男・田中稔・狩野久『稲荷山古墳金象嵌銘概報』（埼玉県教育委員会　一九七九）
（3）佐伯有清「江田船山古墳出土太刀の銘文」（『東アジア世界における日本古代史講座』3　学生社　一九八一）
（4）溝口睦子『日本古代氏族系譜の成立』（学校法人学習院　一九八二）、同「系譜論からみた稲荷山古墳出土鉄剣銘文—父兄制度の問題を中心に—」（『十文字国文』第九号　二〇〇三）、同「系譜論からみた『上宮記』逸文—「制度としての出自系譜」の成立—」（『十文字国文』第一〇号　二〇〇四）
（5）白石太一郎「関東の後期大型前方後円墳」（『古墳と古墳群の研究』塙書房　二〇〇〇）
（6）『武蔵国造の乱』（大田区立郷土博物館　一九九四）
（7）篠川賢『大王と地方豪族』（山川出版社　二〇〇一）
（8）増田逸朗『古代王権と武蔵国の考古学』（慶友社　二〇〇二）
（9）白石太一郎「有銘刀剣の考古学的検討」（『古墳と古墳群の研究』塙書房　二〇〇〇）、中心部の埋葬施設は、未発見の第三の埋葬施設の可能性もある。
（10）その場合、なぜ乎獲居が新たに自分の古墳を築造しなかったかは問題になるが、族長権の継承の問題など、想像は広がる。当面はこのように考えっておきたい。
（11）井上光貞「部民の研究」（『日本古代史の諸問題』思索社　一九五二）、同「国造制の成立」（前掲書）、同「大和国家の軍事的基礎」（前掲書）
（12）鎌田元一「部民制の構造と展開」（『律令公民制の研究』塙書房　二〇〇一）
（13）吉田孝「祖名について」（土田直鎮先生還暦記念会編『奈良平安時代史論集』上巻　吉川弘文館　一九八四）

（14）大橋信弥「葦浦屯倉と近淡海安国造—近江における国造制の展開—」（『淡海文化財論叢』第八輯　二〇一六）
（15）北山茂夫『大伴家持』（平凡社　一九七一）、大橋信弥「大伴氏の研究」（『日本古代の王権と氏族』吉川弘文館　一九九六）

第五章　阿倍氏と佐々貴山君氏

はじめに

『書紀』の阿倍氏同祖系譜にみえる、大彦命の後裔「七族」の中で、特異な位置を占めるのが佐々貴山君である。第七章で検討するように、「七族」のうち、阿倍・膳・阿閉・伊賀の四氏がいずれも臣姓で、大和と伊賀を本拠とする豪族とみられるのに対し、筑紫国造（筑紫君）・越国造（道君）・佐々貴山君の三氏は、君姓で国造クラスの地方豪族であることは、何を物語るのであろうか。そして、筑紫国造・越国造は、対外交渉の窓口である北部九州・越前を本拠とするが、佐々貴山君だけは、海に面しない後の近江国蒲生郡・神埼郡を本拠とし、琵琶湖の湖上交通と関わるとしても、対外交渉の拠点ではない。やや異質といえよう。また、別の視点、たとえば「畿内近国」という意味では、「七族」の中では後の伊賀国に本拠を置く伊賀臣・阿閉臣と近い立場にあるともいえる。それではどうした事情で佐々貴山君は、阿倍氏同族の「七族」に加えられたのであろうか。『姓氏録』『旧事本紀』などの文献には、多くの中央・地方豪族が阿倍氏同族としてみえるからである。そして、佐々貴山君の阿倍氏同族の中で占める役割とはどのように考えることができるのであろうか。また、阿倍氏同族として、佐々貴山君は、その本拠とする近江国蒲生郡・神埼郡において、どのような存在形態にあったのかについても、考える必要があろう。阿倍氏同族の中でも、比較的史料に恵まれていることもあり、阿倍氏同族の地域におけるあり方を考える上で、好個の対象と思うからである。そこで、やや迂遠ではあるが、まず、地域史的な視点から佐々貴山君の性格と実像を検討し、そのうえで課題に迫りたい。

第一節　蒲生郡・神埼郡における地域と勢力圏

佐々貴山君が本拠とする近江国蒲生郡・神埼郡は、琵琶湖の東、湖東平野のほぼ中央に位置し、その郡域は東西に長く、南北に短く、その中央を日野川が蛇行し東から西に流れている。西は琵琶湖で限られており、湖辺には舟木・常楽寺などの良港を擁している。西よりには東山道が南北に貫き、水陸交通の要衝にあたり、政治的にも軍事的にも、重要な位置を占めている。蒲生郡のガモウは、『和名類聚抄』（以下『和名抄』と略記）には「加万不」とする訓があるように、ガマフと呼ばれ、植物の蒲が生い茂る土地の意で、かつては水はけの悪い原野に近い土地であったとみられる。すなわち　蒲生郡・神埼郡の土地条件特に広大な台地を形成する蒲生野とその周辺は、古代における乏しい土木技術によって開発するにはあまりにも困難で、その大半は未開発のまま残されたようである。(1)

また蒲生郡は、『和名抄』に東生・西生・必佐・篠田・篠笥・大島・舟木・安吉・桐原の九郷が記載されるが、このほか平城京「二条大路木簡」により周恵郷の存在が確認できる。(2) このほか八世紀の木簡で確認できるのは、桐原・必佐の二郷で、東生郷については「正倉院調布銘」にみえている。(3) いっぽう神埼郡は『和名抄』の訓は東急本に「加无佐伎」、神崎郷に「加无佐木」とありカムサキであろう。郡名表記は神埼郡のほか、神前郡、神崎郡、甘作郡などがある。郷名にちなむとみられ、「神埼」「神主」などの郷名は、郷内に所在する岡神社と関わるとみられるが、よくわからない。『和名抄』高山寺本は高屋・神埼・神主・垣見・小社・小幡の六郷をあげ、東急本は駅家郷を加える。

蒲生郡の郷については、東生郷・西生郷が、東蒲生・西蒲生を略したと考えられており、東生郷は現在の東近江市田井町にある小字蔵ノ町の存在から、旧蒲生町全域をこれに当てる見解が有力である。また西生郷についても、旧蒲生町域や一部日野町域、或は竜王町山之上の小字倉ノ町から竜王町南東部とする見解もある。必佐郷は日野町に比都佐神社があり、その遺称地とみられるし、篠田郷は遺称地もなく、古代の文献にも記載がないためよく判らない。篠笥郷は沙沙貴神社や佐々木山という遺称地から、旧安土町域を中心とする地域で一部近江八幡市を含むとみられる。大島郷は近江八幡市奥島に大島神社が所在し、それを中心とする地域が推定される。舟木郷も近江八幡市舟木に遺称地がみえる。安吉郷については、近江八幡市倉橋部町に、安吉神社・安吉山愛楽寺が所在し、『今昔物語』にもみえる「安義橋」の名は、日野川にかかる現橋にうけつがれているから、その周辺とみられる。桐原郷は遺称地こそないものの、近江八幡市西南部の安養寺・森尻・池田・古川などの諸村を故地とすることで諸説一致している。(4) 平城京「二条大路木簡」の「益国里」についても比定地は明らかでない。なお、平成二八年（二〇一六）に竜王町山面のブタイ遺跡から出土した、付札木簡に「桐原郷薏原史」とあるが、これも、決定的な材料にはならない（『正倉院文書』天平十七年（七四五）八月三日付「仕丁送文」に、近江国野洲郡敷知郷戸主穴太野中史玉手の戸口に薏原史宿奈麻呂がみえる）。須恵郷については、竜王町の鏡山南麓に遺称地があり、鏡山古窯跡群との関連が窺える。ブタイ遺跡からは、鏡山古窯跡の製品の不良品が出土しており、選別作業が行われていたことを窺わせる。須恵郷に含まれる地域といえる。

いっぽう神埼郡の郷では、高屋郷は『和名抄』の諸本とも訓を欠くが、高屋以外の表記も見いだせず、タカヤでよいと思われる。郷名は平城宮跡出土木簡に「□前郡高屋里」とある以外に所見はない。神埼郷は先に見たように他の古代文献にみえない。駅家郷は『和名抄』高山寺本には記載がないが、『延喜式』兵部省に篠原駅（現野洲郡野洲町）と鳥籠駅（現彦根市）の間にみえる清水駅は、神埼・蒲生郡界の現五個荘町清水鼻周辺に比定され、同町堂田遺跡は清水駅家の一部とも考えられている。神主郷については『日本地理志料』は『大同類聚方』の「神崎郡上主里」の上主里を神主郷とみて「加無奴之」（カムヌシ）とする。垣見郷は応徳二年（一〇八五）九月九日の「伝灯大法師覚曜申文案」（青蓮院所蔵表制集裏文書）に、覚曜の先師頼慶の所領田畠が、「近江国神埼郡垣見小社二郷等」にあったと記す。小社郷と隣接したとみられるが、小社郷はコヤシロ、コソとよむのであろうか。小幡郷は旧五個荘町に遺称とみられる小幡の地名が残るため、諸書とも小幡周辺にあてる。雄諸郷は『和名抄』に記載はないが、平城宮跡出土木簡に「（表）近江国甘作郡雄諸郷」「（裏）大津里大友行商」とあり、伴出資料から養老—神亀年間（七一七〜七二九）のものとされる。万葉仮名では雄はヲ、諸はソだからヲソ郷ともよめる。先の小社郷をヲコソ郷とするとそのつまったもの、すなわち雄諸郷は小社郷のことと考えられるが不詳。大津里とする地名から湖辺、港の存在が想定される。

このように両郡のうち、神埼郡は領域が狭く、もともと蒲生郡と一体であった可能性が高い。令制の施行にともない分割されたのであろうか。後述するように、古代豪族や古墳の分布もそれを裏付けると考えるが、ここでは、両郡を一体のものと捉え、その特徴をみていくことにする。ところで、郡域が奥深いこともあって、全体をひとつのまとまりとみることにはやや問題があり、現在の近江八幡市・東近江市（旧能登川町・五個荘町）を中心とする西部と、東近江市（旧八日市市・蒲生町）・日野町・竜王町を中心とする東部の二地域に分かれるのではなかろうか。事実、本節が課題とする古墳時代の蒲生郡・神埼郡には、この二地域にそれぞれひとまとまりの首長墓群が認められる。すなわち、平成元年（一九八九）に、東近江市（旧八日市市・蒲生町）・近江八幡市・竜王町の三市町にまたがる雪野山山頂で発見された雪野山古墳の存在は、この地域の首長墓の捉えかたに新しい問題を提起することになった。[5]すなわち雪野山古墳の主体部の構造や副葬品の組み合わせは、近江八幡市（旧安土町）宮津に所在する瓢箪山古墳のそれと、きわめて近い構成をとっており、ほぼ同時期に築造された可能性が大きいからである。ただ、この地域の古墳文化については、別に検討しているのでそれに譲り、概略を述べるにとどめたい。[6]

さて、この地域で最も早く築造されたのは、西部地域の旧能登川町神郷に所在する神郷亀塚古墳で、全長三六・五メートル（前方部一四・五メートル、後方部二二メートル）、高さは約五・三メートルである。周濠は後方部の最も広い箇所で約一二・五メートル、前方部の最も狭い箇所で三メートル、周濠を含めた墳丘の全長は四八メートルになる。後方部には並列する二基の木槨が確認され、埋葬施設付近から出土した土器から、三世紀前半と推定されており、古墳以前の墳丘墓と考えられている。[7]東部地域では、墳丘墓の存在は知られておらず、これに続く首長墓は、西部地域と東部地域の二ヶ所にまとまって確認されている。

まず西部地域では、繖山の南麓の宮津に、近江最大の前方後円墳安土瓢箪山古墳が所在する。[8]盛り土は少なく、尾根の先端部を切断し、整形加工したものであるが、全長一六二メートル、後円部径九〇メートル、高さ一八メートル、前方部幅七〇メートルを測る。後円部には三つの主体部があり、いずれも竪穴式の石室をもち、その内部には長大な木棺が埋め置かれていた。中央の石室が特に立派で、副葬品も豊富であった。副葬品としては、棺内に、き鳳鏡・二神二獣鏡各一面をはじめ、管玉一三点、鍬形石・石釧・車輪石各一点、棺外に、鉄剣一四本、鉄刀三本、鉄鏃二三本、柳葉銅鏃三〇本、筒形銅器二二本、堅板矧革綴単甲一領、鉄鎌三点、刀子五点、鉇四点、鉄斧七点、短冊形鉄板一点、異形鉄器一点などが認められた。これらの出土遺物から、その築造年代は、四世紀前半とみられる。この地域に、瓢箪山古墳に続く首長墓の存在は知られておらず、瓢箪山古墳から南西三キロメートルの近江八幡市千僧供町には、五世紀中葉に築造されたとみられる県下屈指の大円墳住蓮坊古墳をはじめ、五世紀後半とみられる帆立貝式古墳供養塚古墳、六世紀前半の横穴式石室をもった円墳岩塚古墳（径一七・五メートル）、六世紀後半ごろの横穴式石室をもつ円墳トギス塚古墳（径一四メートル）などからなる千僧供古墳群が所在している。(9) 大半が未調査のため、その内容は明らかでないが、現在のところ繖山南麓の古墳群に後続する首長墓群と推測される。このうち供養塚古墳は、全長五〇メートル、後円部径三七メートル、前方部幅二二メートルを測り、東側のくびれ部横に、幅六・五メートル、奥行き五メートルの造り出しをもち、幅一〇メートル、深さ一・五〜二・五メートル濠がめぐる。江戸時代に鏡一面、太刀一本、玉類多数が掘り出されたといわれ、昭和九年（一九三四）にも小石室から、短甲一領、刀剣一二本などと、埴輪・須恵器・土師器が出土している。また昭和五八年には、ほ場整備事業に伴い墳丘のまわりの調査がなされ、前方部の存在や濠の形態が明らかになり、濠の内外や造り出しの部分で、円筒埴輪・朝顔型埴輪・人物埴輪・家形埴輪・馬形埴輪などが多数出土した。そして、この時には、隣接する住連坊古墳の確認調査もなされ、径五三メートルの円墳で、濠を含めると径九三メートルに及ぶ規模をもつこと、周濠から出土した須恵器により、五世紀中葉後半に築造されたことが、明らかになった。(10)（図4　瓢箪山古墳と千僧供古墳群）

いっぽう現在の東近江市（旧八日市市・蒲生町）近江八幡市・竜王町にまたがって所在する雪野山の山頂（標高三〇八・七九メートル）には、全長七〇メートルの古式の前方後円墳雪野山古墳が所在する。後円部は二段築成で、墳丘斜面には葺石を貼り付けるが、部分的には岩盤を削り出して、葺石のようにみせかけていた。埋葬施設としては、長さ六・一メートル、最大幅一・五メートル、深さ一・六メートルを測る、未盗掘の長大な竪穴式石室が検出された。副葬品では、三角縁神獣鏡三面をはじめ、内行花文鏡・だ竜鏡各一面、鍬形石・碧玉製琴柱・管玉各一点、竪櫛一二本、鉄剣七本、鉄刀三本、鉄槍一本、鉄鏃三三本、銅鏃九二本、小札革綴冑・木製短甲各一領、靫二点・同

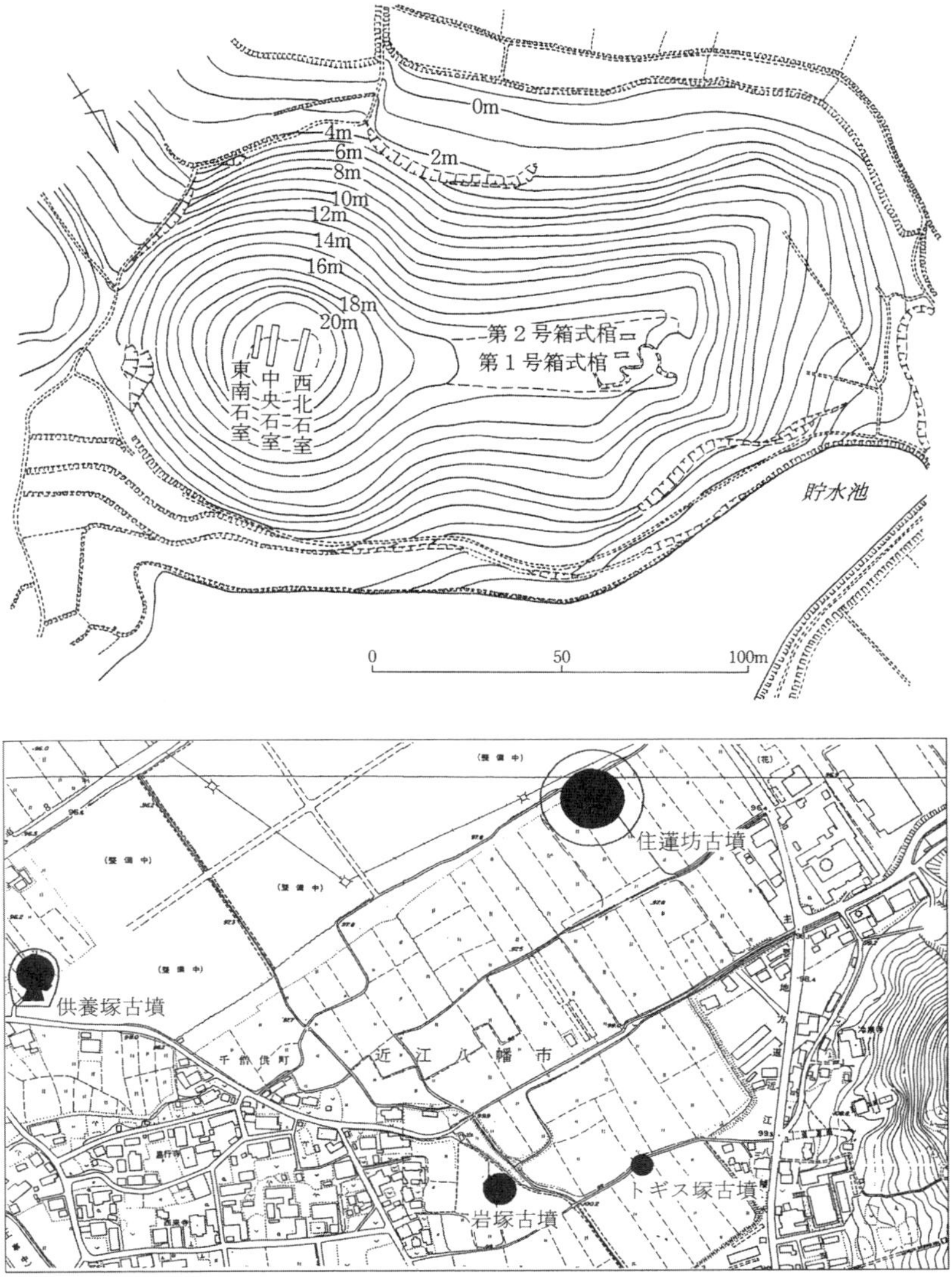

図４　瓢簞山古墳と千僧供古墳群
（上図：梅原末治「安土瓢簞山古墳」『滋賀県史蹟調査報告書』第７冊、滋賀県、1938より
下図：『蒲生町史』第１巻より）

背負板一点、鉄鎌二点、刀子二点、ヤス五点、装飾壺一点、木製合子一点、木棒一点など豊富な出土があり、安土瓢箪山古墳に前後する時期に築造されたとみられている。ただ、ややいびつな墳丘の形態と、荒削りの乱石積の石室、内行花文鏡・盤竜鏡・三角縁神獣鏡三面の五面からなる近江では最多の鏡群や、古式を残す銅鏃・二重口縁壺などからみて、瓢箪山古墳に先行する、三世紀末から四世紀前半に築造されたとみられる。(11)

雪野山古墳に直接つづく首長墓は認められないが、雪野山古墳の東一・五キロの旧蒲生町大字木村・川合に所在する木村古墳群が、その系譜を引くものと考えられる。木村古墳群は本来九基以上からなるといわれているが、その概略の判明するのは五基にすぎない。(12)古墳群の中で最も早く築造されたとみられる天乞山古墳は、東西六二メートル、南北六五メートル、高さ一〇・五メートル以上の大型の方墳で、南北両側に方形の造り出しを持ち、周濠は幅二二メートルをはかる。墳丘は二段築成で、北側斜面に葺き石が認められる。割石積の竪穴式石室を主体部とするらしく、出土した円筒埴輪などから、その築造年代は、五世紀前葉に比定されている。

これに続くとみられるのが、天乞山古墳の西に所在する久保田山古墳で、径五七メートル、高さ一一・五メートルの大型円墳で、北側に幅一三・五メートル、南側にも幅一九メートルの造り出しを付設する。幅一五メートルの周濠が廻り、周濠内から出土した埴輪によって五世紀前葉から中葉にかけて築造されたとみられている。この古墳に続くのが、古墳群のほぼ中央に位置するケンサイ塚古墳で、径七〇～八〇メートル、高さ一〇メートルの巨大円墳で周濠をもっていたらしい。昭和三五年の調査で、剣・刀・鏃など多くの武器・工具・農具のほか、家形埴輪・円筒埴輪が出土しており五世紀中葉に築造されたと考えられている。そして、ケンサイ塚に続くのが一辺三〇メートル前後の方墳であったと推定される入谷塚（入刀塚とも）古墳か、古墳群の南端に所在した石塚古墳と考えられる。石塚古墳はすでに削平され実態は不明であるが、かつての測量図などから、四〇メートル級の円墳か、五〇メート

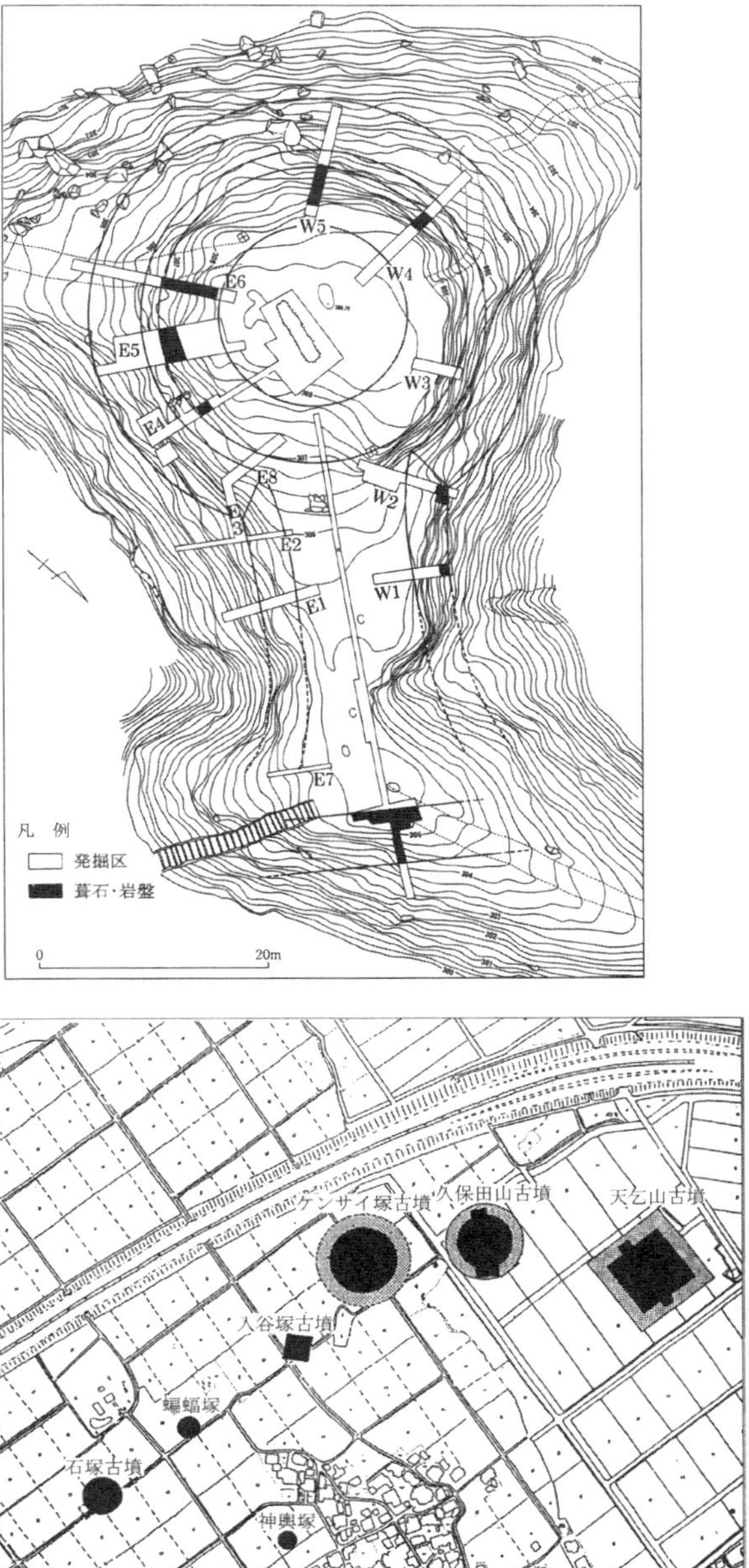

図５　雪野山古墳と木村古墳群

（上図：『雪野山古墳の研究』八日市市教育委員会、1996年より
下図：『蒲生町史』第１巻より）

ル前後の帆立貝形古墳と推測されている。このように、木村古墳群は、正規の前方後円墳こそ含まないが、大型の方墳・円墳によって構成される有力な首長墓群であって、この地域に五世紀代以来の有力な豪族の存在を裏付けるものであろう。（図5　雪野山古墳と木村古墳群）

以上のように、蒲生郡・神埼郡の古墳文化は、首長墓群の分布や築造過程からみて大きく二つの地域にまとまりがあり、いまだ未知の部分も多々あるにしても、支配領域の異なる二つの豪族により統治されていたことが推測される。このことは、文献史料から帰納される豪族の勢力圏と対応するものがある。

第二節　蒲生郡・神埼郡の古代豪族と佐々貴山君

古代の蒲生郡・神埼郡域に居住した豪族や住民については、残された文献・記録が限られていることもあって、その全体像は明らかでないが、近年各地で発見された木簡や墨書土器によって、新しい人名や地名が増加している。第一表と第二表は、現在確認される九世紀以前（一部一〇世紀を含む）の諸資料から、蒲生郡と神崎郡に居住したとみられる人名を、出来るかぎり網羅したものである。この中には、郡内における居住をはっきりと確認することのできないものもあるが、その点は十分に考慮して検討をすすめたい。（第一表・第二表）

まず第一表は、蒲生郡・神崎郡で有力な豪族で、文献史料もずば抜けて豊富な佐々貴山君氏にかかわるものである。詳細は後に検討を加えたいが、この表からさしあたり確認しておきたいことは、佐々貴山君が、わが国最古の歴史書である『書紀』に、その出自を明記される有力な豪族であったこと、そして、奈良時代から平安時代にかけて、蒲生郡・神崎郡の郡大領・（郡の長官）を世襲的に連任し、その子弟・姉妹を、舎人や釆女・命婦として朝廷に出仕させていた郡領氏族として、この地域において大きな勢力を誇っていたことである。すなわち天平十六年

第一表　蒲生郡・神埼郡の古代の住民一覧（1）

	人名	年紀	郡名	郷（里）名	官職ほか	位階（↓は昇叙）	出典史料名／備考
1	狭狭城山君	孝元天皇七年二月二日					『日本書紀』／阿倍氏同祖系譜
2	狭狭城山君韓帒	雄略天皇即位前紀十月					『日本書紀』
	佐佐紀山君韓帒	安康天皇段					『古事記』
3	狭狭城山君倭帒	顕宗天皇元年二月是月					『日本書紀』
4	（狭狭城山君）置目	同右			倭帒の妹		『日本書紀』
5	佐々貴山君□万呂	和銅四年～霊亀二年	蒲生郡	西里			「平城京長屋王家木簡」（『平城宮発掘調査出土木簡概報』二十一）
6	佐々貴山□□	和銅四年～霊亀二年	蒲生郡	西里			「平城京長屋王家木簡」（『平城宮発掘調査出土木簡概報』二十七）
7	佐々支部桑原大□	和銅四年～霊亀二年	蒲生郡				「平城京長屋王家木簡」（『平城宮発掘調査出土木簡概報』二十七）
8	佐々貴山君親人	天平十六年八月五日	蒲生郡		大領	正八位上↓従五位下	『続日本紀』
9	佐々貴山君足人	天平十六年八月五日	神前郡		大領	正八位下↓従六位上	『続日本紀』
	山君足人	天平十六年十二月二十九日	神崎郡		戸主	正六位上	「勘籍」（『大日本古文書』編年之二五ノ一三一頁）
	佐々貴山公人足	天平神護元年正月七日	（神崎郡）		（大領）	正六位上↓外従五位下	『続日本紀』

10	山君水通	天平十六年十二月二十九日	神崎郡		戸主		「勘籍」(『大日本古文書』編年之二五ノ一三一頁)
11	山君馬乗	天平十六年十二月二十九日	神崎郡		水通戸口		「勘籍」(『大日本古文書』編年之二五ノ一三二頁)
12	山君田室	天平十六年十二月二十九日	神崎郡		大舎人・足人戸口		「勘籍」(『大日本古文書』編年之二五ノ一三一頁)
13	佐々貴山君	(孝謙朝ごろ)			内侍・命婦		『万葉集』巻十九—四二六八番
14	佐々貴山君由気比	延暦四年正月二十七日	蒲生郡		大領	外従六位上→外従五位下	『続日本紀』
15	佐々貴山公賀比	延暦六年四月二十四日	(蒲生郡)		蒲生采女	従七位下→外従五位下	『続日本紀』
16	佐々貴山公仲継	嘉祥三年四月二十九日				正六位上→外従五位下	『日本文徳天皇実録』
17	佐々貴山公宮子	貞観二年十一月二十六日				無位→外従五位下	『日本三代実録』
18	佐々貴山公是野	元慶元年十二月二日	蒲生郡		大領	外正六位上→外従五位下	『日本三代実録』
19	佐々貴山公房雄	承平二年正月二十一日	蒲生郡	安吉郷	元郡老	従七位上	「源昇家領近江国土田荘田地注文」(『平安遺文』二三九号)
20	佐々貴山公興恒	天暦十年六月十三日	蒲生郡		追捕使		「太政官符」(『朝野群載』巻第二十二)
21	近江山君稚守山	仁徳天皇四十年是歳条					『日本書紀』/山部大連(『古事記』仁徳天皇段)

第二表　蒲生郡・神崎郡の古代の住民一覧（2）

	人名	年紀（年代）	郡名	郷（里）名	官職ほか	位階（→は昇叙）	出典史料名／備考
22	蒲生稲寸						『古事記』神代巻ウケヒ段／天津日子根命の後裔氏族
23	（勘富）□	天平三年～天平十一年	（勘）富（郡）	桐原郷	益（国）里		「平城京二条大路木簡」（『平城宮発掘調査出土木簡概報』三十一）
24	山代連甥麻呂	和銅四年～霊亀二年	蒲生郡	西里			「平城京二条大路木簡」（『平城宮発掘調査出土木簡概報』三十一）
25	波多君	応神天皇段					『古事記』応神天皇段／意富富杼王後裔氏族
26	羽田公矢国	天武天皇元年七月二日				直大壱（正四位）	『日本書紀』
27	羽田公大人	天武天皇元年七月二日					『日本書紀』
28	波多真人余射	大宝三年正月二日			山陽道使	従七位下	『続日本紀』
29	波多真人足嶋	養老七年正月十日				正六位上→従五位下	『続日本紀』
30	波多真人継手	天平三年正月二十七日				従五位下→従五位上	『続日本紀』
31	八多真人養麿	天平勝宝八年九月一日				散位	「東大寺政所符」（『大日本古文書』編年之四ノ一八三頁）
32	波多真人養麻呂	天平宝字五年頃カ			尾張掾		「神祇大輔中臣毛人等百七人歴名」（『大日本古文書』編年之十五ノ一三一頁）

33	八多真人唐名	宝亀十一年正月七日				正六位上→従五位下	『続日本紀』
34	星口連竹（子）	和銅四年～霊亀二年	蒲生郡				「平城京長屋王家木簡」（『平城宮発掘調査出土木簡概報』二十七）
35	田尻小東人	天平年間	蒲生郡	東生郡	（近江国庁工房）		「正倉院古裂（黄綾断片）」（『正倉院宝物銘文集成』九一）
36	尾治都留伎	大宝元年～霊亀元年	蒲生郡	阿伎里	里長		「平城宮跡出土木簡」（『平城宮木簡』二一一九二六）
37	出雲臣法麻呂	養老二年	蒲生郡				神亀三年「山背国愛宕郡雲上里計帳」（『大日本古文書』編年之一ノ三三七頁）／出雲臣真足従父
38	道師	和銅四年～霊亀二年	蒲生郡	西里	明波漢人志己夫戸		「平城京長屋王家木簡」（『平城宮発掘調査出土木簡概報』二十七）
39	道師		（神崎郡）				東近江市斗西遺跡出土木簡
40	辛土君若子	和銅四年～霊亀二年	蒲生郡	西里			「平城京長屋王家木簡」（『平城宮発掘調査出土木簡概報』二十七）
41	丸部臣黒（満）	天平三年～天平十一年	蒲生郡				「平城京二条大路木簡」（『平城宮発掘調査出土木簡概報』二十九）
42	大伴部大山	大宝元年～霊亀元年	□□郡	必佐郷			「平城京左京二条二坊十一・十四坪境小路遺跡出土木簡」（『奈良市埋蔵文化財調査概要報告書』昭和六十三年度）
43	三家人広麻呂	和銅四年～霊亀二年	蒲生郡	西里			「平城京長屋王家木簡」（『平城宮発掘調査出土木簡概報』二十一）
44	春日部君麻呂	天平三年～天平十一年	蒲生□	周恵郷			「平城京二条大路木簡」（『平城宮発掘調査出土木簡概報』二十四）

45	毛野乙君	天平宝字二年二月二十四日	蒲生郡		画工司・画司		「画工司移」（『大日本古文書』編年之四ノ二五九頁）
46	御船		蒲生郡		第六代天台座主		『天台座主記』六世惟首和尚
47	調忌寸三田□	和銅四年～霊亀二年	蒲生郡				「平城京長屋王家木簡」（『平城宮発掘調査出土木簡概報』二十七）
48	民使弓□	和銅四年～霊亀二年	蒲生□	薩□□□（々貴山）郷			「平城京長屋王家木簡」（『平城京木簡』一－三七）
49	大友曰佐千鶴	天平二十年四月二十五日	蒲生郡	桐原郷	戸主		「写書所解」（『大日本古文書』編年之三ノ七八～八一頁）
50	大友曰佐広国	天平二十年四月二十五日	蒲生郡	桐原郷	大友曰佐千鶴戸口		「写書所解」（『大日本古文書』編年之三ノ七八～八一頁）
51	大友馬飼	承平二年正月二十一日	蒲生郡	安吉郷	擬大領		「源昇家領近江国土田荘田地注文」（『平安遺文』二三九号）
52	大友行商	養老～神亀	甘作郡	雄諸郷			「平城宮木簡」（『平城宮木簡』二－二二九八）／大津里
53	大友兼平	天暦十年六月十三日					「太政官符」（『朝野群載』巻第二十二）
54	錦織主寸		（神崎郡）				東近江市柿堂遺跡出土木簡
55	錦曰佐名吉	延暦六年七月十七日	蒲生郡			従八位上	『続日本紀』／志賀忌寸に改姓
56	桑原史人勝	天平宝字二年六月二十五日	神崎郡			正八位下	『続日本紀』／桑原直に改姓
57	桑原大□	和銅四年～霊亀二年		佐々支			「平城京長屋王家木簡」（『平城宮発掘調査出土木簡概報』二十七）

58	舟史広足	養老~神亀	甘作郡	雄諸郷			「平城宮木簡」(『平城宮木簡』七-一二八一六)
59	明波漢人志己夫	和銅四年~霊亀二年	蒲生郡	西里			「平城京長屋王家木簡」(『平城宮発掘調査出土木簡概報』二十七)
60	薏原史		桐原郷				竜王町ブタイ遺跡出土木簡
61	阿(伎)勝足石	大宝元年~霊亀元年	蒲生郡	阿伎里			「平城宮跡出土木簡」(『平城宮木簡』二-一九二六)
62	安吉浄成	天平勝宝六年八月			未選舎人		「(東大寺)写経所経師以下上日帳」(『大日本古文書』編年之十三ノ一〇五~一〇九頁)
63	安吉勝真道	承和七年九月二十日			美濃国大掾	正六位上	『続日本後紀』/近江国人、右京三条に貫付
64	安吉勝沢雄	承和七年九月二十日					同右/安吉勝真道の男
65	安吉勝乙浄刀自	昌泰三年十月二十三日	蒲生郡	安吉郷			承平二年正月二十一日付「源昇家領近江国土田荘田地注文」(『平安遺文』二三九頁)
66	秦刀自売	大同二年七月二十一日	蒲生郡				『類聚国史』第五十四
67	餘自信	天智八年是歳	蒲生郡			佐平・大錦下	『日本書紀』/「遷居近江国蒲生郡」
68	鬼室集斯	天智八年是歳	蒲生郡		学職頭		『日本書紀』/「遷居近江国蒲生郡」
69	爾散南公延多孝	承和十四年四月九日	蒲生郡		俘囚	外従七位下→外従五位下	『続日本後紀』

70	宇漢米公阿多奈麿	承和十四年四月九日	蒲生郡		俘囚	外従八位下→外従五位下	『続日本後紀』
71	爾散南公沢成	天安二年五月十九日			夷長	外従八位下	『日本文徳天皇実録』
72	宇漢米公宇屈波宇	宝亀元年八月十日					『続日本紀』
73	爾散南公阿雄破蘇	延暦十一年七月二十五日			俘囚		『類聚国史』第一九〇風俗部
74	遠膽沢公秋雄	元慶四年十一月三日			俘囚	外正六位下→外従五位下	『日本三代実録』

（七四四）に蒲生郡大領であった親人や神崎郡大領であった足人を始めとして、延暦四年（七八五）に蒲生郡大領とみえる由気比、元慶元年（八七七）に蒲生郡大領であった是野など、記録は断片的ながら、継続して郡大領に任命されている。また孝謙朝ころの朝廷にあって、「内侍」「命婦」として仕えていた「佐々貴山君」、延暦六年に「蒲生釆女」として朝廷に出仕していた賀比などは、郡司の娘などから登用される釆女であり、佐々貴山君氏の、郡領氏族としての地位を裏付ける。[13] そしてその居住地は、ウジ名と関わる篠笥郷での居住こそ確認できないが、安吉郷と郡東部の西生郷における居住も確認され、郡内における勢力圏を考える上で注目される。またその本拠については、天平感宝元年（七四九）閏五月二十日付の「聖武天皇施入勅願文」に、薬師寺に施入した百町の水田の四至として「東限神崎蒲生郡堺并佐々木山長峯　西限五条畔　南限鳥坂長峯　北限大渭」とあり[14]、現在の近江八幡市（旧安土町）、東近江市（旧能登川町・五個荘町）の境界にそびえる繖山（観音寺山）の古称が佐々木山であること、現在の近江八幡市安土町中屋に所在する沙々貴神社が、『延喜式』神名帳に載る古社で、佐々貴山君の氏神とされてい

ること、さらに『和名抄』にみえる篠笥郷が繖山西南麓一帯に比定されていることなどから、おおよそ旧安土町域と近江八幡市の東部を中心とする地域とみられる。

いっぽう第二表は、佐々貴山君を除く、蒲生郡と一部神埼郡に居住する豪族・住民の人名一覧である。このうち22・23、25〜33は、佐々貴山君と同じく、『記紀』にその始祖の系譜を載せる、蒲生稲寸と羽田公（波多公）に関わる人々で、この地の有力豪族であった可能性が高い。まず蒲生稲寸については、『古事記』神代巻の天照大御神と速須佐之男命のウケヒによって生れた神のうち、天津日子根命を始祖とする十二氏の中にみえるだけで、これが近江の蒲生郡に居住していたことを始め、その実態についても、明確に裏付ける資料は確認されていない。[15]ただ、近年発見された平城京「二条大路木簡」に「勘富郡桐原郷益国里」「勘富□□」がみえ、これが氏名としてのガマフなら、蒲生稲寸氏の一族の可能性が高くなり、西部の桐原郷ではあるが、この地域における蒲生稲寸氏の居住を示す初見となる。そこで蒲生稲寸氏の性格を考える手がかりとして、同祖氏族十一氏の性格をみると、別に検討したように、①国造・県主・稲寸など、大和政権の「地方官」が過半を占める。②ただその支配領域は後の郡、或はそれ以下の小地域である。③湯坐或は名代・子代の管掌者が大半を占める。④これら同祖氏族の結節点として、額田部湯坐連氏の存在が確認される。⑤山代連氏や三枝部造氏のように本郡との関わりの確認されるものもある。これらによって、蒲生稲寸氏が大王に湯坐的な職掌をもって奉仕する伝統をもつ氏族であり、史上にはみえないが、他の同祖氏族と同様に朝廷に乳母を出していた可能性も推測される。

また蒲生稲寸氏のカバネ稲寸については、『書紀』成務五年九月条に「県邑に稲置を置く」とあり、『隋書』倭国伝に「八十戸に一伊尼翼を置く、今の里長の如き也。十伊尼翼は一軍尼に属す」とみえ、令制以前の「地方官職名」とするのが通説であるが、稲置を含む氏名や人名の分布をみると、大和とその近国の後の郷名に該当するものが多く、その職掌について、初期大和政権とつながりの深い朝廷領の徴税官とする見解や、[16]『書紀』大化元年八月条にみえる「県の稲置を置く」などから、クニ（国造）の下部組織である県（コホリ）の長官の官職とする見解があり、また大国造の下に所属する小国造的首長層を県（コホリ）の首長として組織化した官職とする見解もある。[17] 稲置が、国造のクニに比較してより小さな地域の首長であることは間違いないが、稲置は、国造のクニを分割して新しく設定されたコホリの首長に与えられた官職名的なカバネとみるべきではなかろうか。

このように考えられるなら、蒲生稲寸氏の場合も、後の蒲生郡に設置された蒲生コホリの首長として、大王に奉仕していたことが想定される。そしてその関係は、各地の豪族と同じように、大王とより密接な奉仕関係を結んでいたと考えられる。蒲生稲寸氏の場合も、佐々貴山君氏がそうであったように、早くから大王に直接奉仕していた可能性が高いのではなかろうか。ところで蒲生稲寸氏の本拠については、史料的に東部地域に居住していたことを証する手がかりはないが、先にみた「勘富□□」の「勘富」がウジ名としてのガマフなら、蒲生郡における蒲生稲寸氏の居住が裏付けられることになる。そして蒲生なる地名が、蒲生郡東部に関わるらしい点も注目される。すなわち東生郷・西生郷は、もともと東蒲生・西蒲生を略したと考えられており、東生郷は現在の東近江市（旧八日市市）市域に比定する見解もあるが、旧蒲生町全域をこれに充てる見解が有力である。また西生郷についても、旧蒲生町域や一部日野町域、或は竜王町南東部とする見解がある。いずれにしても、蒲生なる地名が、旧蒲生町域を中心とする地域であった可能性は高く、蒲生郡東部の古称であったと考えられよう。したがって蒲生稲寸氏の本拠も、おそらくこの地域の中に比定することができるであろう。[18]

次に羽田公については、蒲生郡内における居住は確認されていないが、壬申の乱において、近江朝廷軍の将軍で、近江方の内紛で大海人皇子の軍に加わり、越前・若狭から近江高島郡の三尾城を攻略して、大きな功績を上げた、羽田公矢国とその子大人を東近江市中羽田町付近に本拠を置く豪族とみる見解がある。[19]『古事記』応神天皇段の「若野毛二俣王後裔系譜」の七氏の中に波多君がみえ、『姓氏録』左京皇別にも八多真人があって、「出自諡応神皇子稚野毛二俣王也」とあり、近江の豪族である可能性は高い。事実、かかる記載に依拠して羽田公氏が継体天皇の有力な擁立勢力とする見解も出されている。[20]さらに平城京「長屋王家木簡」にみえる星□連氏は、西里（西生郷）の住人との明記はないが、この地域の居住者とみられ、氏名も星川連の可能性が高い。そして『古事記』の武内宿禰の子波多八代宿禰の後裔に星川臣氏があり、さきにみた波多臣（宿禰）氏と同祖とある。「連」と「臣」とカバネは違うが、同族である可能性は高い。羽田公が蒲生郡の豪族であった可能性を裏付けるデータとなるであろう。

次に24、34～45は在来の氏族と思われる人々で、性格はいまひとつ明らかではない。ただ尾治・毛野・山代連・出雲臣・星□連・田尻など、地名ないしそれに準ずるウジ名をもつグループと、丸部臣・大伴部・春日部・三家人など、部姓・人姓など、大和政権の政治組織である「部民制」や人制に関わるとみられるグループに二分することが可能である。前者については、近江以外の地名が多いことから、山城国から逃亡してきた出雲臣法麻呂のように、他地域からの移住の可能性もあるが、確定はできない。山代連・星□連氏がそれぞれ蒲生稲寸・羽田公氏と深い関わりをもつことは、先に述べた。後者については、近江が一般的に部姓者の少ない地域と考えられているところから貴重な情報で、カバネは欠くものの、大伴部・春日部の両氏も丸部臣氏と同様、中央有力豪族の配下の現地管理者（トモ）の可能性が高いといえる。

なお三家人氏は後述するように、佐々貴山君氏と同じ大彦命後裔氏族であり、ともに摂津国にも勢力をもつなど、その性格が注目される。同じく大彦命後裔氏族を称する難波吉士氏などの「吉士集団」のように、また、アメノヒボコの後裔を称する三宅連氏との関わりもあり、渡来氏族の可能性が高い（第二章参照）。三宅人の居住地は西里であるから、先にみたように、旧蒲生町域や一部日野町域、或は竜王町南東部とする見解があり、アメノヒボコ諸国巡歴伝説に見えるアメノヒボコの従人「鏡谷の陶人」のことが想起される。竜王町南東部は、蒲生郡と野洲郡の境界部に広がる鏡山の北西麓にあたり、郷名のとおりこの地域には、滋賀県下最大の須恵器生産遺跡である、鏡山古窯跡群が広がっており、そこには現在も「須恵」の地名が残存している。『和名抄』にはみえない「須恵郷」が、奈良時代の「二条大路木簡」に見えることは先に述べたが、「須恵」の地名は、その遺称と考えられる。このことからこの地に居住する三宅人が、鏡山古窯跡群の須恵器生産に関わっていた可能性が想起されてくる。

ミヤケは、かつては大和政権の直轄地とされ、田地と倉庫からなるとされてきたが、現在では、大和政権が各地の豪族の支配領域に設置した政治的拠点であり、その地の豪族の協力を得て、大和政権が必要とする生産物や物資を調達する施設で、いわば建造物と考えられている。そして、鏡山古窯跡群は、竜王町域だけでなく、野洲市域にも広がっており、その野洲郡には、『書紀』に安閑朝に設置されたとみえる葦浦屯倉があり、現在の草津市芦浦町・守山市三宅町がその遺称地とみられている。そして、その葦浦屯倉の機能を受け継いだと考えられる、野洲市西河原遺跡群の中心部において、大量の鏡山古窯跡群の製品が出土し、その多くが不良品であることから、この地で製品の集積と選別がなされ、消費地に送られたことが推定されている。ここから葦浦屯倉の機能のひとつが鏡山古窯跡群の運営と製品の搬出にあったことが推定される。

また、先に少しふれたように、平成二八年に「桐原郷䓗原史」と書かれた付札木簡が出土した竜王町山面のブタイ遺跡では、規模は大きくないが、奈良時代の建物跡が集中して検出され、隣接する水路などから、鏡山古窯跡群の製品が出土しており、その多くが不良品であった。このことからこの施設で、その製品の保管と選別作業が行われたことが窺われ、同じ水路から出土した木簡はこうした施設に搬入された物品に付されたものと考えられた。そして、この木簡に書かれた「桐原郷薏原史」なる人物は、木簡の記載から、八世紀ごろ蒲生郡桐原郷に居住していた氏族の一員で、「薏原」というウジ名の由来は不明であるが、「史（フヒト）」というカバネから、渡来氏族とみられる。蒲生郡では九世紀以前の文献に見える古代氏族の三〇パーセントが渡来氏族であり、桐原郷には、平安時代に郡の擬大領になる、有力な渡来氏族大友曰佐氏が居住し、いわゆる志賀漢人の有力な一族であった。「薏原史」氏もおそらく志賀漢人一族の渡来氏族であったとみられる。そして、薏原史は物品の差出人であるが、名だけでなく、物品名や数量が書かれていないこと、国郡名も省略されていることなどから、ブタイ遺跡に居住していた物品の受け取り手は、薏原史をよく知る人物で、両者ともこの施設に関わる人物であったと考えられる。

古代の文献において「薏原史」を名乗る人物には、天平十七年八月三日付の「仕丁送文」（『正倉院文書』二五－九五）に見える、「近江国野洲郡敷知郷戸主穴太野中史玉手の戸口薏原史宿奈麻呂」をはじめ数名知られるが、宿奈麻呂は野洲郡敷知郷に居住する人物で、志賀漢人の一族である穴太野中史の戸口であるから、「薏原史」氏も、志賀漢人一族であることを裏付けるといえよう。そして宿奈麻呂が穴太野中史玉手の家に身を寄せていたとするなら、蒲生郡桐原郷が本拠であったかもしれない。「薏原史」氏は、両郡にまたがり居住していたのであろう。そして、別に詳しく検討したように、葦浦屯倉やその系譜を引く西河原遺跡群の政府施設の運営に実際に当たっていたのは、出土した木簡から、大友民曰佐・大友部（史）・大友（村主）・穴太野中史・登美史・佐多（史）・石木主寸・郡主寸・永野忌寸・三宅連などの志賀漢人の一族であることが知られている。ブタイ遺跡の施設・機能と重なるところも少なくなく、ブタイ遺跡は、西河原遺跡群（葦浦屯倉）の出先機関であったのではないか。蒲生郡西里に居住する三宅人も、そうした施設に関わっていたのであろう。(21)

次に46～66はいわゆる渡来氏族である。この地域の渡来氏族とその文化については、別に詳しく検討しているのでそれに譲るが、(22)本郡に居住する渡来氏族は、御船氏、民忌寸氏、調忌寸氏、民使氏、大友曰佐氏、大友氏、錦曰佐氏、明波漢人氏、薏原史氏、安吉勝氏、秦氏などで、かなりの数に達する。現在知られる蒲生郡・神埼郡の古代人名の約二〇％強を占めており、比較的史料の多い佐々貴山君氏を除けば、三〇％を越える存在である。そしてその大半は、わが国の渡来氏族の中で勢力を二分する、倭漢氏系の大友曰佐一族と、秦氏系とみられる安吉勝一族である。

倭漢氏系の渡来氏族である大友曰佐・大友・錦曰佐・明波漢人・薏原史などの諸氏は、五世紀末以降に新しく渡来して、倭漢氏の配下となった漢人村主と呼ばれる一団で、後漢孝献帝を共通の始祖としていただく、後の近江国滋賀郡南部、現在の大津北郊に定着した渡来氏族である。(23)そしてこれらのうち、その居住地の判明するのは、神埼郡の雄諸郷大津里の大友氏や桑原史氏（郷名は不明）をはじめ、蒲生郡の篠笥郷の民使、西生郷の民忌寸・調忌寸・明波漢人、桐原郷・安吉郷の大友曰佐、桐原郷の薏原史などの諸氏で、主として湖辺に居住して、湖上交通を利用する物流に携わっていたとみられる。秦氏系の安吉勝氏は、安吉郷を中心に居住し、蒲生野の開発などを主導していたとみられる。(24)

67〜74はもともと蒲生郡を本貫地とする人々ではなく、政府の政策や個人的な理由で移住した人々で、餘自信は天智朝の百済の役に伴う移住者で、政府により安置されたもの、宇漢米公、爾散南公は、そのウジ名からもわかるように、服属した蝦夷が俘囚として分置されたもので、いずれも本来的な居住者ではないのである。

以上、第一表・第二表を手がかりに、蒲生郡とその周辺に居住した豪族と住民について概観した。それらをまとめると、ほぼ次の諸点となる。

（一）蒲生郡と神埼郡において、最も大きな勢力をもっていた豪族は、佐々貴山君であって、奈良・平安時代に郡大領を世襲した郡領氏族であった。

(二) この地域で佐々貴山君につぐ豪族としては、同じく『記紀』にその始祖の系譜を残す、蒲生稲寸と羽田公であるが、史料的な制約もあってその実態は、いまひとつ明らかではない。

(三) この地域における豪族の分布で特徴的なことは、渡来系氏族の居住が顕著であること、また百済の亡命貴族や服属した蝦夷が安置されるなど、大和政権との関係を示唆する。

(四) この地域には近江では少ない部姓・人姓を称するものが比較的多く、大和政権との関係を考えるうえで留意されるところである。

第三節 佐々貴山君と「山君」の性格

「阿倍氏同祖系譜」にみえる有力な同族である佐々貴山君は、近江の他の古代豪族と同じように、『記紀』の王統譜につらなる始祖系譜にその名を残すだけでなく、「山君」という特殊なカバネを持ち、始祖系譜以外にも『記紀』いくつかの所伝を残しており、佐々貴山君の阿倍氏同族に占める特別な位置を示すものとして興味深い。すなわち、佐々貴山君の始祖系譜は、『書紀』孝元天皇七年二月二日条に、「兄大彦命は、是阿倍臣・膳臣・阿閉臣・狭狭城山君・筑紫国造・越国造・伊賀臣、凡て七族の始祖なり」とある。これは阿倍氏とその同族の始祖系譜で、七族の祖とされる大彦命は、崇神朝の四道将軍の一人であるし、埼玉県行田市の稲荷山古墳から出土した鉄剣銘文にも、「乎獲居臣の上祖、名は意富比垝」とみえ、大和政権による全国統一にかかわる伝説的人物である。[25] 佐々貴山君は、大和政権内において、阿倍氏同族の一員として、それなりの地位と待遇を受けていたとみられるが、それを具体的に示す所伝はない。ただ『姓氏録』には、右京皇別に「佐々貴山君、阿倍朝臣同祖」、摂津国皇別に「佐々貴山君、阿倍朝臣同祖、大彦命之後也」とあり、中央における活動も確認できる。第二章では対外交渉における役割を憶測しているが、問題も残っている。そこで取り上げたいのが、『記紀』に共通してみえる、同氏のもうひとつの始祖伝説である。

佐々貴山君に関わる伝承は、『古事記』には安康天皇段に一括収載されているが、『書紀』の場合は雄略即位前紀と顕宗元年条に分載されている。いずれも『記紀』の歴史認識からすれば、すでに伝説の時代ではなく、「歴史」時代のこととして記述されている。しかし、その内容は、必ずしも史実を核としたものではなく、実質的な始祖を主人公とし、その功業を語るもので、始祖伝説（伝承・物語）というべきものである。すなわち、佐々貴山君に関わる伝承は、履中天皇の皇子で、雄略天皇に殺された市辺押磐皇子と、その子で清寧天皇の次に相ついで即位する、オケ（顕宗）・ヲケ（仁賢）の二王に関わるものである。『記紀』の伝承の中で、皇位継承の物語は最も重要なもので、これに佐々貴山君が関与していることは無視できない。この所伝については、前稿でも検討しているので、必要な限り要約して述べることにしたい。[26] 伝承はかなり長いものであるから、概要をまとめると次のようになる。

允恭天皇が亡くなり、その子安康が即位したが、しばらくして大草香皇子の遺児眉輪王により暗殺されたため、その弟雄略が眉輪王とそれを支援する葛城円大臣を倒して即位した。雄略はかねて兄安康が市辺押磐皇子を後継と考えていたことを恨んで、たまたま近江の狭狭城山君の祖韓帒が、蒲生郡への遊猟をすすめた機会をとらえて、皇子を猟に誘い出しこれを殺した。父王の難を聞いたオケ・ヲケの二王は、山城・丹波を経て播磨に逃れ、その地の豪族で縮見屯倉首である忍海部造細目の下僕として身を隠した。

やがて月日が流れ雄略は没しその子清寧が即位した。しかし清寧は子に恵れず、王位を継承する資格のある王族を各地に求めた。たまたま所用で縮見屯倉に立ち寄った「播磨国司」の山部連小楯は二王を発見し、大和に迎え、兄の仁賢（オケ）は皇太子となった。清寧の死後、顕宗・仁賢は互いに王位を譲り合ったが、まず弟の顕宗が即位し、ただちに不慮の死をとげた父王の遺骨を求めさせた。そして、狭狭城山君の祖で、置目という老女がその所在を見置いていたため、無事発見され手厚く葬ることができた。顕宗はつづいて父王の殺害に手を貸した狭狭城山君韓帒の身分を剥奪して、その子孫を山部連の配下とし、陵戸の身分におとすとともに、置目の兄である倭帒に狭狭城山君を名乗ることを許した。

これはより詳しい『書紀』の所伝によっているが、『古事記』の場合もほぼ同様の内容である。ただ雄略による市辺押磐皇子殺害をより意図的なものとして描いたり、オケ・ヲケ二王の発見を清寧の死後とするなど、素朴でよりオリジナルな物語の形を残しているようにみられる。そしていずれの所伝においても、佐々貴山君は、市辺押磐皇子殺害に手を貸し、処分されるが、いっぽう別の一族が遺骨発見に功を上げるというように、佐々貴山君の祖先功業譚としての性格を持つものである。そして、この伝承には、阿倍氏をはじめその同族の関与はまったくなく、佐々貴山君独自の所伝であることは注目される。

では、このような所伝は何らかの史実に基づくものなのであろうか。顕宗・仁賢は仁徳―履中―允恭―安康―雄略―清寧とつづく王統から遠く離れた存在であり、その出自にも疑問をもたれている。その即位に到る物語については、その即位を正当化するため、大きく修飾・述作されている可能性が高い。したがって市辺押磐皇子を顕彰する物語に深くかかわる佐々貴山君の所伝についても、その大半が机上で述作されたものとみられる。そして所伝の中で、韓帒の子孫が陵戸におとされ山部連につけられたとある点は、「山」をウジ名に負う佐々貴山君氏との関連で、特に注目されるところである。すなわち、二王発見の物語における主人公は、もちろんオケ・ヲケの二王であるが、陰の主役は二王を発見した山部連小楯であって、より本質的には山部連氏の祖先功業譚としての性格を色濃くもつものなのである。したがって佐々貴山君の所伝も、山部連氏との関連で『記紀』に採用された可能性が高いのである。そこで佐々貴山君と山部連氏の関係を、少し洗い直してみる必要があろう。

『書紀』仁徳四十年春二月条には、仁徳天皇の妻問いの物語として次のような所伝がみえる。

天皇が庶妹の雌鳥皇女（『古事記』では女鳥王）を妃とするため、弟の隼別皇子（速総別王）を仲だちとして遣したところ、秘かに自分の妻とし復命しなかった。これを知った天皇は二人を殺そうとしたが、二人が伊勢に逃れたため、吉備品遅部雄鯽と播磨佐伯直阿俄能胡に討たせた。この時皇后が皇女の身につける「足玉・手玉」をとらぬよう命じたにもかかわらず、二人を殺した雄鯽らは玉鈕をとって、いつわりの復命をした。ところがその後、新嘗の宴の際、近江山君稚守山の妻と采女磐坂媛の手に美しい珠のまかれているのを皇后がみとがめ、調べさせたところ阿俄能胡の妻のものと判明したため、天皇は阿俄能胡を殺そうとしたが、私地を献上したので死罪は許された。

『古事記』では、より単純に追討を命じられた山部大楯連が「玉鈕」を盗んで、その妻に与えたところ、皇后がそれを発見し、大楯は死を賜わったとある。したがって『古事記』の所伝がオリジナルで、『書紀』が改変・増補した可能性が高いが、『古事記』では大楯が直接手を下して、発覚後殺されているのに対し、『書紀』の近江山君稚守山の場合は、その妻が阿俄能胡の妻から借用した形になっており、関与の仕方にも、ちがいが認められる。しかも稚守山の妻は、前後相脈絡なく突然登場しており、そこに意図的なものが推測される。これはおそらく、近江山君氏が山部連氏にかかわる所伝を改変したことを示しており、両氏の間に何らかの緊張関係のあったことが推定される。そして私は、この所伝にみえる近江山君が佐々貴山君ではないかと考えている。近江山君というウジ名が、

第三表　山君関係人名一覧

	人名	年紀	出身地	身分（官職）	出典
1	小月之山君	垂仁天皇段			『古事記』
2	小槻山君広虫	天平八年		栗太采女	『大日本古文書』
3	小槻山君家嶋	嘉祥二年	近江国栗太郡人	木工大工	『続日本後紀』
4	小槻山君広宅	貞観五年		（栗太采女）	『日本三代実録』
5	小槻山君今雄	貞観十五年	近江国栗太郡人	左大史兼算博士	『日本三代実録』
6	小槻山君有雄	貞観十五年	近江国栗太郡人	主計算師	『日本三代実録』
7	小槻山君良真	貞観十七年	近江国栗太郡人	前伊豆権目	『日本三代実録』
8	都怒山君	孝昭天皇段			『古事記』
9	角　家足	天平宝字八年	近江国高島郡前少領		『続日本紀』
	角山君家足	天平十二年	近江国高島郡人		『平安遺文』
10	角山君安麻呂	和銅四年～霊亀二年			「長屋王家木簡」
11	角山君内麻呂	神亀元年			『続日本紀』
12	角山公成子	貞観五年			『日本三代実録』
13	山公美奴久麻呂	天平宝字六年	近江国愛知郡		『大日本古文書』
14	山公友綱	天平宝字六年	近江国愛知郡		『大日本古文書』
15	春日山君	垂仁天皇段			『古事記』
16	山君乎奈弥	不詳	大倭国添上郡山君郷	戸主	『大日本古文書』
17	山君岐豆	不詳	大倭国添上郡山君郷	戸口	『大日本古文書』
18	山君大父	天平三年	越前国足羽郡	主帳	『大日本古文書』
19	山君阿古女	天平宝字六年			『寧楽遺文』
20	山君薩比等	天平宝字二年			『寧楽遺文』

他の山君と異なり、近江という広い範囲の地名を負っており、固有名詞的用法ではなく、近江に本拠を置く山君という意に解されること、そうした場合後述するように、近江の山君三氏のうち、単に「山君」と略称されるのが佐々貴山君のみであること、そして何よりも山部連氏と関連で登場していることは、かかる想定を裏づけると思うのである。このように解するなら、この所伝のあり方から佐々貴山君と山部連氏が必ずしも主従というような関係ではなく、対抗・緊張の関係にあったことが推測されてくる。そこでやや視点をかえて、佐々貴山君のウジ名にかかわる「山君」についてふれる必要がある。

第三表にあるように、山君を氏姓に含む豪族は、春日山君を除いて、すべて近江にかかわっている（春日という複姓から和邇氏同族の角山君の可能性はある）。（第三表）そして右にみたように、近江山君や単なる山君が佐々貴山君とするなら、小槻山君・角山君の三氏ということになる。そこでまず問題になるのは、三氏のウジ・カバネが「地名山＋君」なのか、「地名＋山君」なのかという点であるが、これは後者とみるべきであろう。小槻山君について『古事記』に「小月之山君」とあるように、地名と山君でウジ・カバネが分割されていること。佐々貴山君の場合でみたように、地名を省略して、単に山君（公）とする例のあること、またこれらの三氏が後に、佐々貴・小槻・角と名乗るように、そのウジに山を含んでいないことなどからである。それでは山君とは、どのような性格をもつ呼称なのであろうか。この場合山君は、そのままでカバネとはできないが、山と君は分かちがたく結びついており、カバネ君に職掌とかかわる山を付加した特殊なカバネと理解したい。そこで次にその職掌が問題となる。従来の有力な見解では『書紀』の韓帒の子孫を山部連につけたとする所伝を拠りどころとして、山君は、中央の山部連の配下として、各地の山部を管理し、主として山林生産物の貢納などにあたったとされている。[27] ただ、さきにみたように、山君が必ずしも山部連氏の配下ということでなく、逆に一種の対抗意識をもっていたごとくであるし、一方山君の分布地域では、山部の分布が全く知られておらず、従来から指摘されているように、山部の分布地域には、地方管掌者としての山直の顕著な分布が確認されているのである。[28] したがって、山君が山部連の配下として、山部の地方管掌者であったとは考えられず、その職掌については、別の視角から検討が必要となってくる。

まず佐々貴山君の所伝を見直してみると、さきにみた『書紀』の所伝において、韓帒が雄略に蒲生野への遊猟をすすめ、それにより市辺押磐皇子が難死したとあるように、山林・原野を管理して、大王に遊猟・薬猟をもって奉仕する関係が浮びあがってくる。[29] そして佐々貴山君が山林の管理に重要な役割を果していることは、『続紀』天平十六年八月五日条に、蒲生郡大領佐々貴山君親人と、神崎郡大領佐々貴山君足人の二人が、さきに発生した紫香楽宮辺の山林火災に際し、消火のため山林を伐除した功績により昇叙・奉賞を受けていることから、想定したことがある。しかし、佐々貴山君が郡をこえて、甲賀郡の消火に関わっていることは、そうした事情だけでなく、別な理由も考えられ、後に考えることにしたい。

それでは、同じように「山君」を称す小槻山君と角山君については、どのように考えられるのであろうか。両氏とも『記紀』に佐々貴山君のような氏族伝承は残していないが、いずれも山林の管理や鉄生産に深く関与していたことが確認できる。すなわち両氏が本拠とする栗太郡と高島郡は、奈良時代に東大寺の田上山作所、高島山作所が置かれたように、甲賀郡とともに大和政権とかかわりの深い山林資源の供給地だったのであり、[30] また両郡は、浅井郡とともに、近江における製鉄関連遺跡の集中地でもある。[31] その詳細については、ここでふれる余裕はないが、前近代の鉄生産にあって、鉄原料とともに必須のものが、大量の木炭であり、鉄生産においても山林の管理・掌握は大きな意味をもっていたのである。小槻山君と角山君が、材木供給や鉄生産に、直接関与していた史料はないが、天平末年の藤原仲麻呂の乱に際し、考謙側に近江国庁を押えられ、越前国庁へ逃れようとした仲麻呂が、高島郡の前少領角家足の家に宿している点は注目される。ここにおける仲麻呂と家足の関係は官の上・下関係というより、私的な主従関係のごとく推定されるが、周知のようにこれより先、『続紀』天平宝字六年（七六二）四月条には、大師藤原恵美朝臣押勝に、近江国浅井高嶋二郡の鉄穴各一所を賜うとあり、この鉄穴の現地における管理者として、角山君家足の存在が浮びあがってくるのである。なお、角山君は、いわゆる和邇氏の同族であり、『古事記』孝昭天皇段に、「兄天押帯日子命者、〈春日臣・大宅臣《おおやけおみ》・粟田臣・小野臣・柿本臣・壱比韋臣《いちいのおみ》・大坂臣・阿那《あなの》臣《おみ》・多紀臣《たきのおみ》・羽栗臣・知多臣・牟耶臣《むやのおみ》・都怒山臣《つのやまのおみ》・伊勢飯高君・壱師君《いちしのきみ》・近淡海国造之祖ソ。〉」とあるように、同族一六氏に含まれており、「山君」という特殊なカバネは、いわゆる同祖関係に関わっていないことを示している。(32)

右に述べた諸点を整理するなら、近江の「山君」を称する諸豪族は、山部の地方における管掌者として、中央の山部連に従属していたのではなく、また同族関係とは無関係に、それぞれ独自に大王との奉仕関係をとり結び、山部連—山直という伴造制的関係とは別に、大王の遊猟や薬猟への奉仕・材木の供給、鉄生産への関与などに携わっていたことが、ほぼ明らかになったと考える。それとともに「地名＋山君」という近江の山君の特殊な氏姓のあり方についても、一つの見通しが立ってくる。それはいわゆるトモ制の一形態で、諸豪族が一定の「職」をもって大王に奉仕するというあり方に対応するもので、古い段階に成立した大王との仕奉の関係を示すものと考える。私は同じく近江に本拠を置く坂田酒人君氏や息長丹生真人なども、共通性があると考える。そこで、こうした近江の山君が大王に直接奉仕するというあり方に関わるものとして、采女貢進のことにふれておく必要があろう。

采女は奈良時代においては郡領氏族から貢進された郡司の姉妹や娘たちで、朝廷の内廷において天皇に奉仕したが、山君との関連で特に注目されるのは、近江の古代豪族の中で、采女貢進の記録をもつものが、なぜか山君に集中していることである。小槻山君の場合には、天平八年八月二十六日付「内侍司牒」（『正倉院文書』二―八）に、栗太采女とある小槻山君広虫が確認できる。この時広虫は従八位上であったが、翌天平九年二月には正八位下から外従五位下に昇進、天平十七年に外正五位下、天平勝宝元年（七四九）に正五位下（以上『続紀』）、同四年には従四位下（「買物解」『正倉院文書』廿五－四七）と異例の昇進を果しているのである。おそらく広虫は采女として貢進されたが、官人に登用されることになったのであろう。角山君の場合にも、やや時代は下るが、『日本三代実録』（以下『三代実録』と略記）貞観五年（八六三）正月八日条に角山公成子が外従五位下に叙せられたことがみえ、成子の場合もおそらく広虫と同じように、采女として出仕し、登用され官人となったのであろう。

佐々貴山君の場合は、『万葉集』巻十九－四二六八の題詞に、内待佐佐貴山君がみえ、孝謙女帝と光明皇太后が藤原仲麻呂邸に行幸した時、仲麻呂に歌を伝えたとあり、命婦ともあるところから、おそらく采女から官人に昇進したとみられる。また『続紀』延暦六年四月二十四日条に蒲生采女の佐々貴山君公賀比がみえ、従七位下から外従五位下に昇叙されている。賀比も采女から官人に登用されたのであろう。さらに『三代実録』貞観二年十一月二十六日条には、佐々貴山君宮子がみえ、これも無位から外従五位下に昇叙したとある。宮子の場合もその昇叙のあり方からみて、采女から官人への登用であろう。

右にみたように、これらの采女の記事が国史に採用されたのは、彼女たちが采女であったからではなく、より地位の高い官人に昇任し官位を昇叙されたからである。そしてその多くが山君の娘であったことは、その背後に山君と大王との伝統的なつながりがあったと考える。なお、さきに検討を加えた置目の伝承とそこに引かれる歌謡に検討を加えられた岡田精司氏が、置目を天皇の乳母として出仕していた女性とみる見解を示しておられるが、右の見解を裏付けるものといえよう。(33) また同じく『記紀』にみえる隼別皇子と雌鳥皇女の所伝において、『古事記』が山部大楯連とその妻を登場させるのに対し、『書紀』が近江山君稚守山と女官として宮廷に仕えるその妻を登場させているのは、近江の山君と内廷の密接なつながりを示していると考える。

以上の検討によって、佐々貴山君を筆頭とする、近江の山君の性格が、ほぼ明らかになったと考える。佐々貴山君が『記紀』に異例に多くの所伝を残すことが出来たのも、こうした氏族としての伝統と性格に関連するといえよう。そしてこうした伝統のうえに、奈良時代から平安時代に到っても、郡領氏族としての地位を在地においても維持することができ、多くの一族を官途につけることができたのであろう。このように、『記紀』にみえる佐々貴山君の始祖伝説は、阿倍氏同祖系譜と直接かかわるものではなく、近江の国造クラスの豪族の大王への奉仕をテーマとするものであった。それでは、佐々貴山君が、阿倍氏と同族関係を結ぶことになったのは、どのような事情があったのであろうか。その点で、先に保留した、佐々貴山君が郡をこえて、甲賀郡の消火に関わっていた事情をとりあげたい。

第四節　佐々貴山君と阿倍氏

『続紀』天平十六年（七四四）八月五日条によると、蒲生郡大領佐々貴山君親人と、神埼郡大領佐々貴山君足人の二人が、さきに発生した紫香楽宮西北の山の山林火災に際し、消火のため山林を伐除した功績により朝廷から昇叙・奉賞を受けたことがみえる。この時親人は、「正六位上」から「従五位下」に、足人は「正八位下」から「正六位上」に昇叙されており、特に足人は、一気に九階上昇という、大幅な昇進で、極めて異例なものであり、その功績の大きさを示している。それでは、なぜ甲賀郡から遠く離れた神埼・蒲生二郡の有力者が、紫香楽宮辺の山林火災の消火活動に加わったのだろう。そうした中で、注目されるのが、天平十七年正月七日付けの「玄蕃少属秦道成状」（『正倉院文書』二五－一三二）である。

前半が欠失しており、宛先は明らかでないが、左弁官局に属する治部省玄蕃寮の下級官人玄蕃少属秦道成が作成した文書で、治部省は主として、ウジの掌握・管理などに当たっていた官司であるから、身元を照会して確認したものとみられる。

この文書は、正倉院に残された文書のひとつで、「丹嚢文書《たんかもんじょ》」と呼ばれ、絵の具などの材料である「丹《に》」を包む紙として、使用済みの文書を再利用したものである。明治時代に調査された際の読みが『正倉院文書』に収録されているが、「正倉院御物」でもあり、現在は「丹」を包んだ状態で保管されており、釈文の再検討は出来ない。そこには次のような記載がある。

（内包裏）
山君田室 年廿 右大舎人近江国神埼郡戸主正六位上山君足人戸口
山君馬乗 年十三 近江国神埼郡戸主君山水通戸口

天平十六年十二月廿九日

被中納言尊宣云、上件二人勘籍者、今録宣旨告知、不可忘怠宣語旨者、後知必可勘耳、

正月七日（天平十七年）　玄番少属秦道成（蕃）

欠失部分があって詳しい内容はわからないが、おおよそ、当時の台閣で重きをなしていた中納言藤原豊成の命を受け、治部省の玄蕃寮玄蕃少属秦道成が、豊成の仕丁となる山君田室・山君馬乗の二人の戸籍を照会（勘籍）し、身元確認をし報告したものである。照会の日は天平十六年十二月二十九日とある。勘籍によると、田室は二十七歳

で、右大舎人として、当時出仕しており、近江国神埼郡の戸主で、正六位上の山君足人の戸口であること、馬乗は十三歳で、近江国神埼郡の戸主で、山君（原文では「君山」）水通の戸口であることが書かれており、この四人の山君が、神埼郡に本貫を置く人々であることが判明する。この文書では、この人たちのウジ名は、単に「山君」とあるだけで、蒲生郡・神埼郡の郡領氏族である佐々貴山君との関わりは判明しない。ただ、ここにみえる近江国神埼郡戸主正六位上の山君足人は、その官位からみて地方の住民としては、かなり高い身分であること、その子供の田室たちの「勘籍」に、時の中納言の「尊宣」があり、「今録宣旨告知、不可忘怠宣語旨者、後知必可勘耳」と、強い念が押されていることは、看過できないであろう。

そこで想起されるのは、先に取り上げた、紫香楽宮辺の山林火災の鎮圧に功があり、異例の昇進をとげた、神埼郡大領佐々貴山君足人のことである。二つの記録に見える足人は、名が同じだけでなく、その記録の年次も、天平十六年の八月と十二月と近接しており、またその本拠も近江国神埼郡とあり、その官位も、ともに「正六位上」であった。後者の文書の「山君」を佐々貴山君の省略と理解できるなら、ほぼ同一人とすることが出来る。また、こうした視点で、蒲生・神埼両郡の古代の人名を見直してみると、従来、蒲生郡人と理解していた、『続紀』天平神護元年（七六五）正月七日条の、この時、正六位上から外従五位下の昇叙された佐々貴山公人足も、先の記録から二一年後ではあるが、官位にも矛盾はなく、「人足」は「足人」の誤植の可能性が高く、同一人物とみられる。(34)おそらく佐々貴山君足人は神埼郡大領として、継続してその地位にあったのであろう。これにより、これまで情報がなかった、この間の神埼郡大領の名も確定できることになる。

この文書に見える中納言については、すでに『正倉院文書』の頭注に「中納言藤原豊成仕丁ヲ勘籍セシム」とあり、藤原豊成であることが指摘されている。豊成は、藤原氏の嫡流南家の左大臣・贈太政大臣藤原朝臣武智麻呂の長子であり、難波大臣・横佩大臣とも呼ばれた。若くして博士の門に学び、その才学は広く知られたとあり、神亀元年（七二四）二月、正六位下から従五位下に叙せられ、兵部少輔に任じられている。その後も順調に昇進したが、天平九年七月、天然痘の流行が都にも及び、父武智麻呂をはじめ、房前・宇合・麻呂の四卿があいついで没したため、橘諸兄政権が成立し、豊成も藤原氏のトップとして、同年九月従四位下に叙せられ、十二月には参議・兵部卿に任じられた。そして、天平十五年五月従三位・中納言に昇叙され、さらに天平二十年三月、従二位・大納言となり、翌天平勝宝元年四月、聖武天皇の大仏殿行幸の日に、右大臣に任じられている。

ところが、この年、孝謙女帝が即位したのに伴って、豊成の弟仲麻呂が、光明皇太后のために設置された紫微中台の長官となり、政治の実権を掌握したため、豊成は政治の中枢から遠ざけられることになる。そして、天平勝宝九年四月、橘奈良麻呂の謀反が発覚、豊成もその一味に擬せられていたため、大宰員外帥に左降されたが、難波別業で病を称して、その後も赴任しなかった。そのうちに、天平宝字八年九月、道鏡を朝廷から追放しようと、藤原仲麻呂がクーデターを起こし、失敗して敗死したため、豊成は直ちに右大臣に復され、従一位に叙せられた。しかし、それもつかのま、翌天平神護元年十一月二十七日、六十二歳で亡くなっている（以上『続紀』）。

このように、藤原豊成は、藤原氏の嫡流南家の長子として、将来を約束され、一時は藤原四卿の病死もあり、若くして台閣のトップに近づくこともあったが、後半生は、権勢欲の強い弟の仲麻呂に翻弄された。この間、豊成が中納言であったのは、天平十五年から天平二十年までの五年間で、先の文書にみえる天平十六年はその中に含まれ、豊成の全盛期でもあった。こうした時期に、豊成の指示が、一地方豪族の子弟に関わって出されたのは、特筆する出来事といえよう。[35] これは、当時における佐々貴山君と豊成の浅からぬ関係を示すものと思われる。ただそれを具体的に示す史料はないが、やはり最初にみた、天平十六年八月五日の記載が注目される。すなわち、この時、朝廷から昇叙・奉賞を受けた蒲生郡大領佐々貴山君親人と神崎郡大領佐々貴山君足人の二人のうち、佐々貴山君足人は、先にみた「玄蕃少属秦道成状」にみえる近江国神埼郡戸主正六位上山君足人と同一人物とみられるからである。すなわち「玄蕃少属秦道成状」では、天平十六年十二月廿九日付で、正六位上とある足人が、同じ年のわずか四か月前の八月、信楽の火災消火の功績により、従八位上から正六位上に、一気に九階も昇叙されており、こうした異例の昇進についても、豊成と足人の親密な関係が窺われるのではないか。

ところで、豊成と足人をつなぐ手がかりが、足人の昇進と深く関わる紫香楽宮における二人の結びつきである。天平宝字五年十二月から同六年八月までの、おおよそ八ヵ月を要してなされた石山寺の増改築は、約八ヶ月という短期間のうちに、建物十一宇余の小規模な山間寺院を、二十数宇の堂舎をもつ大寺院に整備するという大規模な事業であった。これについては、東大寺三綱のトップにあった大僧都良弁が陣頭で指揮し、造東大寺司の全機構を総動員したことも大きいが、それとともに、東大寺領勢多庄や、紫香楽宮辺に所在した既存建物を壊漕運し、移改築することによって、工事の進捗がはかられていたからであって、そのひとつが、信楽の宮辺にあった筑紫帥（前右大臣）藤原豊成の五丈板殿二宇であった。その壊漕運については、早く天平宝字五年十二月末から、大僧都良弁の指示で、準備がなされていたが、実際にそれが実行に移されたのは、天平宝字六年の二月に入ってからのことであった。信楽の宮辺で解体され、陸路で雇夫と車によって、おそらく後の杣街道を経由して、現在の湖南町三雲に比定される三雲川津まで運出された後、桴に編まれ野洲川を夜須潮まで漕下されることになっていたが、実際には種々の事情で遅れ、ようやく六月中旬までに、夜須潮に到着したとみられる。そして、夜須潮から石山津への漕運は、往還四日を要して行なわれ、六月十九日までには、石山に到着したらしい。買藤原五丈殿二宇と法備国師奉入三丈殿一宇は、ただちに法堂・食堂として構築されている。(36)

このことから、紫香楽宮の近傍には、当時の右大臣藤原豊成の屋敷があり、その廃都後も所有されていたが、豊成本人は、この頃すでに仲麻呂により左遷されており、筑紫帥（前右大臣）藤原豊成の屋敷は売りに出されたらしい。これを造東大寺司が買い上げて、石山寺の増改築に再利用することになったとみられる。このことから、豊成の屋敷は、宮近辺の山林火災により焼失することなく、廃都後も維持所有されていたことが判明する。そして、そのことと佐々貴山君による消火活動とのつながりが浮かび上がってくる。すなわち、先にみた「玄蕃少属秦道成状」から窺える豊成と佐々貴山君一族との、深いつながりは、紫香楽宮辺の山林火災に際し、甲賀郡からは遠い蒲生・神埼に本拠を置く佐々貴山君が、あえて消火に加わることになった事情を示しているのではないか。すなわち、その当時、おそらく紫香楽宮にあった豊成から、大和と比べれば現場に近い佐々貴山君一族に、消火への出動が要請されたのではなかろうか。このことは、両者の間に主従関係に近い繋がりのあったことを示している。そのように考えると、鎮火後の異例の昇叙や、その子弟の「勘籍」への豊成の深い関与も、無理なく理解できるのである。なお、「買藤原五丈殿」については、近年、これを藤原豊成邸ではなく、藤原房前の三男真楯（八束）の所有であったとする見解が出されているが[37]、仮にそうであっても、藤原氏と佐々貴山君との繋がりは、否定されない。私は豊成邸の可能性がいまだ残されていると思うが、改めて検討したい。

さて、中央豪族阿倍氏の同族であった佐々貴山君が、藤原氏と主従関係に近い関係を結んだ事情については、藤原豊成と阿倍氏の意外な関係が指摘されている[38]。すなわち、『藤氏家伝』下「武智麻呂伝」には、「公に、嫡夫人有り、阿倍大臣の外孫なり。子二人有り、其の長子は豊成と曰う、其の弟は仲満と曰う」とあり、藤原豊成の母嫡夫人は、大宝元年（七〇一）に台閣トップの右大臣で従二位となった、阿倍朝臣御主人（「阿倍大臣」）の孫娘で、藤原仲麻呂も同母であった。『公卿補任』天平九年条の藤原朝臣豊成の記述に、「贈太政大臣武智麿之長子。母従五位下安倍朝臣貞吉女。貞媛娘也。慶雲元年甲辰生」とあり、母嫡夫人の名が、貞媛娘であることが知られる。豊成の生年は慶雲元年（七〇四）で、藤原武智麻呂と嫡夫人の婚姻は、それ以前となる。御主人は、大宝三年に亡くなっており、生前に阿倍家の将来を見据えて、外戚関係の形成に力を尽くしていたことが窺える。なお、『続紀』延暦元年四月十七日条に「尚侍従二位藤原朝臣百能薨しぬ。兵部卿従三位麻呂の女なり。右大臣従一位豊成に適けり。大臣薨して後、志を守ること年久しく、内職に供奉りて貞固を称へられる。薨しぬる時、年六十三」とあるように、豊成の夫人百能は、藤原麻呂の娘であった。

阿倍氏は、このように台閣で勢力を拡大しつつあった藤原氏と外戚関係を結び、緊密な関係を希求しており、特に藤原氏の嫡流南家武智麻呂の長子豊成は、阿倍氏にとっては外孫であり、その関係は良好であったとみられる。先にみたように、その豊成が、中納言在任時に、佐々貴山君一族の出仕に当たっての勘藉に口添えをしたり、紫香楽宮の火災に当たって、その消火活動に遠く離れた蒲生・神埼郡から佐々貴山君の一族が駆けつけ活躍していることは、藤原豊成と佐々貴山君の緊密な主従関係を示すものであるとともに、その間に同じ阿倍氏同族の主家である阿倍氏の存在は無視できないと考える。阿倍氏と佐々貴山君の間にも、長い同族としての伝統が維持されていたことが窺えるのではないか。

おわりに

雑駁な考察に終始したが、論じたところを整理するなら、次のごとくである。

（一）蒲生郡・神埼郡の古墳文化は、首長墓群の分布や築造過程みて大きく二つの地域にまとまりがあり、いまだ未知の部分も多々あるにしても、支配領域の異なる二つの豪族により統治されていたことが推測される。

このうち、佐々貴山君は西部の古墳群に関わるとみられるが、文献史料からは、この地域で最有力（国造クラス）の豪族であり、奈良・平安時代には、蒲生郡・神崎郡の郡大領・（郡の長官）を世襲的に連任し、その子弟・姉妹を、舎人や采女・命婦として朝廷に出仕させていた郡領氏族として、その勢力はほぼ全域に拡大していたことが確認できる。

（一）佐々貴山君は、わが国最古の歴史書である『書紀』に、その出自を明記される（「阿倍氏同祖系譜」）有力な豪族であるが、「山君」という特殊なカバネを持ち、始祖系譜以外にも『記紀』にいくつかの所伝を残しており、佐々貴山君の阿倍氏同族に占める特別な位置を示している。『記紀』にみえる佐々貴山君に関わる伝承は、履中天皇の皇子で、雄略天皇に殺された市辺押磐皇子と、その子で清寧天皇の次に相ついで即位する、オケ（顕宗）・ヲケ（仁賢）の二王に関わるもので、『記紀』の伝承の中で重要な位置を示すものであるが、阿倍氏をはじめ、その同族とは関わらない独自の所伝である。

（二）佐々貴山君に関わる伝承にみえる、二王発見の物語の主人公は、オケ・ヲケの二王であるが、陰の主役は二王を発見し、即位のきっかけをつくった山部連小楯であって、より本質的には山部連氏の祖先功業譚としての性格を色濃くもつものである。したがって佐々貴山君の所伝も、山部連氏との関連で『記紀』に付加された可能性が高く、このことから、近江の「山君」を称する諸豪族は、中央の山部連に従属していたとする見解もあるが、そうではなく、大王に奉仕する「職」に共通する部分はあるが、それぞれ別個に大王との奉仕関係を結び、大王の遊猟や薬猟への奉仕・材木の供給、鉄生産への関与などに携わっていたと考えられる。

（四）「地名＋山君」という近江の山君の特殊なカバネは、いわゆるトモ制の一形態を示すもので、「稲荷山古墳出土鉄剣銘」に記載される、五世紀後半の古い段階に形成した大王への仕奉の関係に近いものとみられる。

第四章で検討した銘文にみえる大彦命を「祖名」とする「同祖系譜」とも関連する可能性がある。始祖系譜にみえる「タサキワケ」が佐々貴山君に関わる伝説上の人物とすると、阿倍氏との同族関係の形成は、意外に古くなるのではなかろうか。

（五）佐々貴山君と阿倍氏をはじめとする同族との具体的な関係を示す手がかりは少ないが、天平十七年正月七日付けの「玄蕃少属秦道成状」からうかがえる、当時中納言であった藤原豊成と後の神埼郡大領の佐々貴山君足人の密接なかかわりは、奈良時代の阿倍氏と藤原氏が親密な姻戚関係にあったとする意外な事実を背景とするものであり、阿倍氏同族の主家である阿倍氏と佐々貴山君の間に、同族としての長い伝統が存続していたことを示しているともいえよう。

註

（1）大橋信弥「『土田庄注文』からみた安吉勝」（『近江学』第2号　成安造形大学　二〇一〇）
（2）『平城宮発掘調査出土木簡概報』（二十四）（奈良国立文化財研究所　一九九一）
（3）松嶋順正編『正倉院寶物銘文集成』（吉川弘文館　一九七八）
（4）『滋賀県の地名』（日本歴史地名大系25　平凡社　一九九一）
（5）雪野山古墳発掘調査団編『雪野山古墳の研究』（八日市市教育委員会　一九九六）
（6）大橋信弥「佐々貴山君の系譜と伝承」（『古代豪族と渡来人』　吉川弘文館　二〇〇四）
（7）能登川町教育委員会『神郷亀塚古墳（2～4次）』（能登川町教育委員会　二〇〇四）
（8）梅原末治「安土瓢簞山古墳」（『滋賀県史蹟調査報告書』第七冊　滋賀県　一九三八）用田政晴「三つの古墳の墳形」

（滋賀県文化財保護協会『紀要』第三号　一九九〇）は、墳形の再検討により、全長約一三七メートル、後円部径七八メートル、高さ十六メートル、くびれ部幅五〇メートルとするが、ここでは旧説によっている。

（9）柏原亮吉編『滋賀県史蹟名勝記念物概要』（滋賀県　一九三六）

（10）辻川哲朗「滋賀県指定史跡　千僧供古墳群」（『出土文化財管理業務報告書』滋賀県教育委員会・滋賀県文化財保護協会　二〇〇二）

（11）雪野山古墳発掘調査団編『雪野山古墳の研究』（前掲）

（12）『蒲生町史』第1巻　古代・中世（蒲生町役場　一九九五）

（13）磯貝正義『郡司及び采女制度の研究』（吉川弘文館　一九七八）、門脇禎二『采女』（中央公論社　一九六五）

（14）『大日本古文書』三－二四二

（15）大橋信弥「蒲生稲寸氏について」（滋賀県文化財保護協会『紀要』第九号　一九九六）

（16）井上光貞「国造制の成立」（『史学雑誌』六〇－一一　一九五一）

（17）石母田正『日本の古代国家』（岩波書店　一九七一）

（18）『滋賀県の地名』（前掲）

（19）岡田精司「壬申の功臣羽田公矢国の登場」（『季刊八日市市史編さん便り』第一三号　一九八二）

（20）佐伯有清『新撰姓氏録の研究』考証篇二（吉川弘文館　一九八二）

（21）大橋信弥「鏡山古窯跡群と葦浦屯倉―ブタイ木簡の発見に接して―」（『淡海文化財論叢』第九輯　二〇一七）、同「葦浦屯倉と近淡海安国造―近江における国造制の展開―」（『淡海文化財論叢』第八輯　二〇一六）

（22）大橋信弥「大友曰佐氏と安吉勝氏」（『古代豪族と渡来人』吉川弘文館　二〇〇四）

（23）大橋信弥「近江における渡来氏族の研究」（前掲書）

(24) 大橋信弥「『土田庄注文』からみた安吉勝」(前掲)
(25) 塚口義信「初期大和政権とオオビコの伝承」(『日本書紀研究』第一五冊　塙書房　一九八六)、川口勝康『シンポジウム　鉄剣の謎と古代日本』(新潮社　一九七九)、吉田晶「稲荷山古墳出土鉄剣銘に関する一考察」(『日本古代の国家と宗教』下　吉川弘文館　一九八〇)
(26) 大橋信弥「顕宗・仁賢朝の成立をめぐる諸問題」(『日本古代の王権と氏族』吉川弘文館　一九九六)
(27) 磯野浩光「近江の『山君』について」(『史想』第二〇号　一九八四)
(28) 八木　充「播磨の屯倉」(『古代の日本』第五巻　近畿　角川書店　一九七〇)、森田喜久男「ヤマト王権と海部・山部」(『国史学』第一四六号　一九九三)
(29) 和田　萃「薬猟と本草集注」(『日本古代の儀礼と祭祀』中　塙書房　一九七〇)
(30) 大橋信弥「甲賀山作所とその川津」(『古代豪族と渡来人』吉川弘文館　二〇〇四)
(31) 丸山竜平「近江製鉄史論序説」(『日本史論叢』第八輯　一九八〇)
(32) 大橋信弥「錦部寺とその造営氏族―南滋賀廃寺試論―」(『古代豪族と渡来人』吉川弘文館　二〇〇四)、同「再び錦部寺とその造営氏族について―「錦寺」刻書土器の発見に接して―」(『近江地方史研究』第四四号　二〇一一)
(33) 岡田精司「蒲生郡の古代豪族」(『蒲生町史』第1巻　古代・中世　前掲)
(34) なお、新古典文学大系本『続日本紀』は、当該箇所の頭注で、同一人物の可能性を指摘している。
(35) 大橋信弥「佐々貴山君足人と藤原豊成」(『淡海文化財論叢』第五輯　二〇一三)
(36) 大橋信弥「信楽殿壊運所について」(『古代豪族と渡来人』吉川弘文館　二〇〇四)
(37) 岡藤良敬「藤原『豊成』板殿・考」(『正倉院文書研究』一〇　二〇〇五)
(38) 竹本晃「阿倍氏」(『ここまでわかった！古代豪族のルーツと末裔たち』新人物往来社　二〇一一)

第六章　阿倍氏と王権の儀礼—マエツキミ制をめぐって—

はじめに

阿倍氏の氏族的性格や、その来歴をみていく場合、大きなキーワードとなっているのが、マエツキミ制である。すなわち、伝説的な記載を除いた、史上に現れる阿倍氏の最初の人物は、『書紀』宣化元年二月一日条に、「大夫」に任じられたとある阿倍大麻呂臣である。周知のように、この時、大伴金村大連と物部麁鹿火大連の二人が大連に再任されたことと、蘇我稲目宿禰が大臣に新任されたことが書かれており、史実を述べたものかどうかは別として、ここに新しい政権の発足が宣せられたといえるのである。その後も、『書紀』推古十八年（六一〇）十月八日条の、新羅・任那の使人を朝廷で迎える「四大夫」の一人に、阿倍鳥子臣がみえるように、引き続き、大夫補任氏族として、朝廷に参議していることが判っている。また「大夫」とは明記されていないが、敏達朝に百済から呼び寄せられた達卒日羅への使者となった阿倍目臣、また崇峻朝に物部守屋討滅に向かう将としてみえる阿倍臣人など、朝廷の重臣としてみえており、おそらく「大夫」の地位にあったとみられる。そして、『書紀』舒明即位前紀九月条にみえる群臣会議は、皇位に関わる朝議の場であり、大臣蘇我蝦夷が招集しているが、会議の前に阿倍麻呂臣と議してすすめたとあり、群臣の筆頭として重きをなしていたことが推定される。この会議には、阿倍臣・大伴連・釆女臣・高向臣・中臣連・難波吉士・許勢臣・佐伯連・紀臣・蘇我臣・河辺臣・小墾田臣の十二人の重臣が集まっており、蘇我氏と阿倍氏の密接な連携がうかがえる。蘇我氏と阿倍氏の連携については、ほかにも推古二十年に蘇我馬子大臣の妹で、欽明天皇の妃であった堅塩媛を檜隈大陵に改葬する時、阿倍内臣鳥が一番目に天皇の命を誄していることや、推古三十二年（六二四）に馬子が天皇に葛城県の領有を求めた際、安曇連とともに使者となっていることなどが確認できる。

このように、阿倍氏に関わる『書紀』の所伝によると、令前においては、大和政権の執政官であるオオマエツキミ―マエツキミ制（氏族合議制）の下で、阿倍氏は、大夫（マエツキミ）の筆頭として、蘇我氏と連携して政権を主導していることが明らかである。ただ、このオオマエツキミ―マエツキミ制の成立と性格については、これまで多くの議論があり、解決されていない問題もあると思う。そして、マエツキミの筆頭としての阿倍氏の具体的な役割についても、十分な議論がなされていないと思う。そこでまずオオマエツキミ―マエツキミ制について、少し研究史を辿っておきたい。

第一節　オオマエツキミ―マエツキミ制の成立

令制以前の大夫について、初めて基礎的な論究をされたのは、関晃氏である。関氏は、大化前代の朝廷の首脳としては、大臣・大連が指摘されるだけで、その他の中央豪族は、伴造か、伴造の上級指揮者として、世襲の専門職で朝廷に仕えていたとされるが、六世紀以降、職制や政務の分化・複雑化に対応して、諸官司を統合的に運営し、地方や海外の課題に対応して、主要政策を決める議政官的な制度が必要になったのではないかという問題意識から、大臣・大連に加え、そうした職務を行う官職として、諸史料に見える「大夫」を取り上げた。

①「改新詔」第一条の、大夫以上に食封を賜うという規定について、原詔にあったか、それに対応する「マエツ

キミ」にあたる語があったとし、改新政府を構成する諸豪族のうちに、特に高い地位を占める層（上流豪族層）のあることが窺えるとした。その実例として、大化・白雉のころに、地方に派遣された国司が、大夫と呼ばれていたことに注目し、それが「東国国司詔」に見える「良家の大夫」に当たるとする。

②『書紀』『風土記』など文献にみえる「大夫」の多くは、後世の知識による文飾であるが、「大夫」の『書紀』の古訓は、マチキミ・マチキミタチで、マエツキミの音便がくずれたもので、その語意は、「前つ君」で天皇の前に「候らう公」である。大夫のほか、侍臣・群卿・群僚・群臣・卿大夫・公卿大夫・卿等・将相などを、マチキミ・マチキミタチと読んでおり、そうした存在があったことを裏付ける。ただ、それが単なる敬称であるのか、制度としての大夫であるかは問題であるが、「改新詔」第一条の規定が史実とするなら、それが政治的地位を示すことは間違いない。

③『書紀』の記載によれば、天武・持統朝の大夫は、小錦以上の冠位（直広肆）をもつもので、その下の大山とは、待遇上大きな違いがあった。大宝令では、五位以上を大夫とし、太政官では三位以上を大夫と呼ぶことにしており、養老令では、太政官で大夫と呼ぶ範囲がさらに限定されたが、実際には五位以上を一般に大夫と呼んでおり、後には五位の通称として大夫が使われるようになる。こうした変遷を、本来大夫は、五位以上でも限られた人を呼んでいたが、しだいにその地位が低下してしまったとする。

④大夫の具体的な地位・構成をみるため、舒明即位前の「大夫」会議についての『書紀』の記載を取り上げ、それが、皇位に関わる朝議の場であり、大夫が議政官であったことを示すとする。さらにこの会議は、大臣蘇我蝦夷が招集して、阿倍臣・大伴連・采女臣・高向臣・中臣連・難波吉士・許勢臣・佐伯連・紀臣・蘇我臣・河辺臣・小墾田臣の十二人を集めており、大夫の範囲が想定できるとする。また、『書紀』の用明朝から舒明朝における、

朝議に関わった大夫の職務を検討して、それが参議と奏宣に関わることを明らかにし、その冠位は例は少ないものの大徳・小徳であり、令制の四位に対応するから、大夫の地位は令制四位よりやや高かったことがうかがえるとした。そして、『翰苑』巻三〇が引く「括地志」に「倭国其官有十二等。一曰麻卑兜吉寐、華言大徳」とある「麻卑兜吉寐」は、マエツキミと読むべきで、大夫が大徳と同義であったことを裏付けるとした。(1)

この関氏の大夫についての指摘は、慎重な史料操作により導かれたもので、その後通説となっているが、大夫制の成立時期については、史料上の問題から保留されている。そのため、その後の大夫の研究は成立期に焦点が絞られていくが、関氏はこうしたマエツキミがどのような基準で選ばれたのかや、阿倍氏がマエツキミの筆頭になった事情などについては、当然のことながら言及していない。ただ関氏は、その後、孝徳朝の左大臣阿倍内麻呂を取り上げ、大夫層の筆頭である阿倍内麻呂が、孝徳朝の前後にどのような行動をしたのかを確認している。①改新政府の左大臣としてみえる阿倍内麻呂は、それ以降『書紀』では阿倍倉梯麻呂としてみえ、その娘小足媛が孝徳妃となり有間皇子を儲け、同じく橘娘が天智嬪となり飛鳥皇女・新田部皇女を儲けるなど、大化五年（六四九）三月難波京で亡くなるまで、政府の中枢で活動した。ところが、その前歴については、不明な点が多い。②内麻呂の出身氏族阿倍氏は、宣化朝の大夫で、那津官家の修造のため、伊賀屯倉の穀を筑紫に運ぶことを命ぜられた阿倍大麻呂臣、敏達朝に百済から呼び寄せられた達卒日羅への使者となった阿倍目臣、また崇峻朝に物部守屋討滅に向かう将としてみえる阿倍臣人など、朝廷の重臣としてみえ、史実としては不安があるが、阿倍氏が古くから、朝廷で高い地位にあったことを示している。その職務については、大塚徳郎氏が明らかにされた、天皇の近辺に侍して、食膳・駆使・護衛など近侍する諸官の最高統率者であることを指摘している。③七世紀ごろの阿倍氏は、布勢・引田・久努・許曾部・狛・長田などの諸家に分かれており、阿倍内麻呂は阿倍倉梯麻呂ともあるように、「内」は、大和国宇智郡宇智神社に関わる地名、「倉梯」も同十市郡倉橋の地名にちなむとみられ、そうした地名に基づく復姓で、名は麻呂と理解できる。そのようにみた場合、推古三十二年十月条に、大臣馬子の使者として、葛城県を封県として賜うことを天皇に奏上した阿倍臣摩呂や、舒明即位前紀（六二八）九月条の皇位をめぐる群臣会議の招集を、蝦夷と議してすすめたとある阿倍麻呂臣とは、年齢的にも矛盾はなく、内麻呂と同一人物と考えられる。推古十六年八月条に、隋使裴世清の入朝を迎えた「導者」とみえ、推古十八年十月に、四大夫の一人として、新羅・任那の使者の奏言を、大臣に取り次ぐ役割を担った、阿倍鳥（鳥子）臣は、『公卿補任』の記載を参考にすると、麻呂の父であったとみられる。阿倍（内）麻呂が、推古朝から蘇我氏と共同歩調を取る大夫の有力者として、朝廷に重きをなしていたことが判明する。(2)

ここで関氏は、阿倍氏が早くから朝廷で高い地位にあったことを指摘し、その職務については、大塚徳郎氏の見解を支持して、天皇に近侍する諸官の「最高統率者」であることを指摘している。それはそれとして、大夫についての、関氏の見解は通説化し、その後、貴族政権論、畿内政権論の起点となるが、大夫制そのものについては、加藤謙吉氏が、関説を継承した上で、その成立期や、その具体的な変遷、大夫の政治的権限など、関氏が論究されていない点について、再検討を試みている。

加藤氏は、大夫制研究が進展しない理由として、大夫の呼称が、官職だけでなく、有力者の敬称となったことから、史料上区別が難しいこと、令制下の議政官への制度的継承が重視されたことから、大夫制そのものについての歴史過程の考察が不十分であったとし、太夫制と冠位十二階との関わりを手がかりに、具体的に検討している。

①大夫制と冠位十二階の関わりは、『翰苑』巻三〇が引く「括地志」の「倭国其官有十二等。一曰麻卑兜吉寐、華言大徳。」とある記載などから間違いないとし、大夫制の成立が冠位十二階の制定に関わるとし、それまで敬称で

あった大夫が、推古朝ころに制度として本格化したとする武光誠氏の指摘を、(3)敏達朝の日羅来朝をめぐる大夫の対応などから支持している。②崇仏論争をめぐる、大夫中臣連勝海の動向や、物部戦争における征討軍に加わった「群臣」の動向を検討し、『書紀』がその前後において、これらの人々を、大夫として記述することから、史実を背景とするとみている。そして、崇峻や舒明の即位に当たって開催された大夫による合議の分析から、大夫の権限の一つに、大王位の承認権があったとし、推古朝以前に、すでに大夫による合議制が存在したことを推定する。③冠位十二階の徳冠が、大夫に与えられるものなら、徳冠を賜った人物の分析により、その対象者や選任理由が明らかにできるという視角から、大徳を得た三名と、小徳を賜った一八（一七）名を検討し、次の二種あることを推定する。

ⓐ本来大夫を出す資格のある家柄の有力者の場合　小野妹子・秦川勝
ⓑ大夫を出す家柄でないのに、個人の功績で大夫となった場合　高向史玄理・難波吉士身刺・坂本臣糠手
④そして、ここから、徳冠は太夫の家柄を固定し、政治的立場を保証し、冠位制に裏づけられた宮廷貴族の創出が目的であったとし、大夫を出す家は「良家」と呼ばれたと指摘して、次の二六氏を暫定的にあげている。

阿倍臣・大伴連・物部連・三輪君・紀臣・巨勢臣・膳臣・葛城臣・平群臣・坂本臣・春日臣・物部依網連・蘇我臣・田中臣・采女臣・高向臣・佐伯連・境部臣・河辺臣・小墾田臣・粟田臣・穂積臣・阿曇連・羽田臣・田口臣

⑤そして『藤氏家伝』上の「崗本天皇御宇の初に及び、良家の子を以て、錦冠を簡受させ、宗業を嗣がしむ」とある「冠」については、冠位制とは別の、氏族の宗業を嗣ぐものに与えられた冠で、あらかじめ「良家」の後継者を決めて、問題の予防処置とするものであったとし、大夫制の確立を、このころ（舒明初年）に推定している。(4)

このように加藤氏は、マエツキミ（大夫）を貴族制的な制度とする関氏の見解の大枠を継承し、その成立や運営について、新しい見解を示した。

また、氏族合議制の成立過程を検討した倉本一宏氏は、豪族による氏族合議制が機能していたかどうかを確認するため、まず律令時代の議政官について検討し、それが、従来言われるように、令前の有力豪族の代表一名ずつで構成された、貴族勢力の総意を結集するための組織ではなく、藤原氏がその権力を維持するために創出した律令国家上層部の権力組織であるとして、改めて氏族合議制の成立過程を検討する。①大臣・大連制と呼ぶ最高執政官の下に、大夫という参議・奏宣官があったとする通説については、大連についての『書紀』の五七例の記載に史料的検討を加え、そのすべてが追記的な伝説的記載であり、令前に大連という職位・地位が実在したとは考えられないとし、それは、七世紀後半以降に、連という姓に美称の「大」を付して造作されたものと結論する。②いっぽう大臣については、オオマエツキミないしオオマチキミと読み、欽明朝ごろに蘇我稲目が最初に任じられて以降常時設置されたとし、それ以前の記述は、大連と同様に追記的に造作されたとする。大臣の職掌は、マエツキミの代表で、マエツキミ会議の主催者で、外交の責任者でもあるが、単独で大王に奏上することはなく、皇嗣を単独で決定する専権もなかった。③マエツキミは、これまでの研究で六世紀後半ごろ成立した官職とされ、氏族を代表して朝政に参議し、奏宣に関与する冠位の小徳以上のもので、(5)大王の即位に参与し承認するとともに、軍隊の統帥にも関与した。(6)官職というより、地位・称号とみる。(7)そしてマエツキミ会議は、大王の即位をはじめ朝政の重要事項を合議で検討し、承認・決定する国政審議の場であり、王権が分裂した欽明朝に創出され、オオマエツキミ―マエツキミ制が成立した。(8)④こうしたオオマエツキミ―マエツキミ制の形成については、朝鮮三国の政治体制の影響を検討し、七世紀中葉までの三国の政治体制は貴族合議体の成立と、それを統括する大対盧・上佐平・上大等などの国王近侍官の成立であるとし、内外の危機に対応できる権力集中を目指すものであったとする。倭国は「五経博士」派遣などで、政治的な結びつきの強い百済からこうした制度を導入した可能性が高いとする。⑤倭国において大化前代の国政を領導したのは、王権の発生以来、プリミティブな大王諮問会議・大王奉侍豪族と、職務分掌組織である原初的なトモ制であったとし、六世紀前半の東アジアの変動に対処するため、朝鮮三国で形成された権力集中の政治体制に学び、畿内有力豪族の代表を一元的な権力構造に編成し、それに対処しようとしたのが氏族合議制であり、律令国家の太政官制は、こうした氏族合議制を骨抜きにし、「天皇家と天皇家とのミウチ的結合を構築した氏族」＝藤原氏が、国政を領導するものとなっており、大きな変革であった。(9) このように倉本氏の場合も、関氏指摘する大夫制を貴族制的な性格とみる立場を継承するが、その成立については、王権が分裂した欽明朝ごろまで遡らせている。

こうした議論をうけて佐藤長門氏は、古代国家の権力の性格をめぐって、「貴族制」「畿内政権論」の基盤となっている、群臣（有力氏族）による合議制の性格について、再検討を試みている。①まず、群臣の権限を取り上げ、参議権・奏宣権については、群臣の関与は認めるが、あくまで会議の招集権は大王にあり、大王はその答申に必ずしも縛られず、大王権の一部となっており、貴族制の存在を証明するものではないとする。②王位推戴権については、王位継承の決定権を群臣が持つとの通説に対し、吉村武彦氏の王位継承に関わる群臣論を援用して、後継大王を承認する権限にすぎず、群臣が独自に王位推戴権を持っていたのではないとみる。(10) ③軍隊統帥権については、群臣が国造軍など下位の軍隊を統率することは認めるが、それは、群臣が持つ参議権の延長上にある権限で、群臣が軍事的に大王権力を規制していたのではないとみる。④次に、王位継承と群臣の役割について検討し、五世紀段階は、いまだ確固たる王位継承原理が存在せず、実力により大王の後継者となった人物の承認か、複数の後継者の選択であり、群臣が後継者を選定するものではないとし、王権に結集する群臣の意思統一の場であったとする。いっぽう、王位の一系的な王位継承原理が形成された六・七世紀においては、群臣の選択権が大きくなり、王位をめぐる抗争が激化したとするが、大王の意向を無視できるものではなく、群臣にフリーハンドの権限はなかったとする。⑤こうした検討の結果、群臣が大王権力を規制するといった、貴族制的性格は読み取れず、群臣の持つ諸権限は、彼らが「大王宮」に貢納・奉仕することによって得られたものであり、群臣の具体的な行動の分析から、伴造氏族や国造層の王権への貢納・奉仕を管理運用することが、その基盤にあったとみる。ここから群臣の「一種伴造的な側面」に注目し、一般の伴造と区別して、「大伴造」という、新しい概念を提唱する。⑥こうした群臣の諸権限の成立過程について、若月義小氏が、群臣の本来の職掌は、大王の前で、口頭で伝達・奏請する任務（「マエツキミ」）であるとし、参議権は、大化以降、頂上官として諸官司の行政実務にあたる群臣間の円滑な運営のため付与されたとみたのに対し、参議権は、彼らが「大王宮」に貢納・奉仕することから生じたもので、その起源は五世紀代まで遡るとする。⑦中小豪族や地方豪族が王権に参画する場合、初めから王権との直接的な関係を取り結ぶのではなく、有力豪族や王族の家政機関に奉仕し、間接的に王権に奉仕したことを想定、六世紀以降、王権機構の整備・拡大に伴い、大王がすべてのトモーベ集団を直接把握できなくなり、一部の支配権が有力豪族や王族に分与され、そうした結果、豪族や王族が奉仕先と認識されるようになり、「二重身分」が生まれたとした。こうした過程で、大王と中小氏族＝伴造・国造を統括して、大王への奉仕を媒介するため群臣に付与されたのが「奏宣権」であり、そうした群臣間のタテ割りの分掌を調整するため、また、国政上の諸問題の合意形成のために群臣に「参議権」が付与されたことを想定し、そうした制度を円滑に運営するための機関として、氏族合議制が創出されたとみている。

⑧こうした氏族合議制は、必ずしも「貴族制」的な決定機関ではなく、中小伴造氏族や地方首長が王権に奉仕する際の、管理・統括機能、奉仕活動の円滑な運営に当たるもので、大王との個別的関係・人格的結合に基づく政治組織であったとする。(11) ⑨氏族合議制の成立の要因を明らかにするため、五・六世紀の王権構造を示すものとして、磐井の乱と武蔵国造の争いを取り上げ、倭王権と地方豪族の関係性を検討する。いまだ地方首長が王権から相対的に自立していた五世紀段階から、地方首長間における秩序が崩壊し、王権がそうした抗争に介入して統制力を深める六世紀段階へ、支配原理の転換がなされたとする。そうした王権機構の拡充・整備の進展により、トモ－ベ集団への管轄権が、大王から群臣層に移譲されたとし、それに伴う群臣間における権力闘争の激化を防ぐため、また、王権を維持・強化するため、合議制が採用されたとする。

⑩これまでの群臣層の研究が、令制議政官への継承側面を強調し、氏族合議制そのものの展開過程を明らかにしていないとし、六世紀の冠位制施行以前については、「大臣」「大連」「大夫」と明記されるもの、群臣と明らかに考えられるもののうち、条件を満たすものとして個々の候補氏族を検討して、蘇我・大伴・物部・阿倍・中臣・平群・巨勢・紀の八氏に絞り込んでいる。七世紀の冠位制施行以降は、冠位が個人を対象とするものであるから、それまでの群臣のほかに、同一氏族から複数の人物が加えられたり、顕著な功績のあった人物が登用されたりして、階層分化が進んだとする。そしてその画期としては、冠位制定後最初の叙位記事である、皇極二年十月三日条に注目し、『藤氏家伝』に見える「良家の子」への一斉錦冠叙位にかかる記載から皇極朝とみている。皇極四年以降、『書紀』の群臣を総称する記述が、「臣・連・伴造・国造」の前に、「諸卿大夫」が置かれていることも、それを裏付けるとする。

⑪近年、その実在が疑問視されている「大連」についても、大臣が「オホオミ」ではなく、臣姓氏族の代表とし

て「オホマエツキミ」と呼ばれたように、大伴・物部両氏の場合も、伴造氏族を代表する「オホマエツキミ」として、群臣に含まれるとし、大王に特に登用された「寵臣」なども群臣の範疇に含まれるなど、流動性の高いものであったとする。そしてそこには「貴族制」的臣僚秩序の存在は認められないと指摘する。⑫氏族合議制は、王権を補完する制度として、五世紀から六世紀における王権構造や支配原理の変化に対応して採用されたもので、大王による専制権力の掌握・保全を目的とするもので、システマチックに運営されたとし、王権を規制する「貴族制」的な制度ではないとする。(12)

このように佐藤氏は、関晃氏の先駆的な研究を前提としつつも、氏族合議制の貴族制的な性格を否定し、マエツキミ制が、大王による専制権力を補完するものとして、重要な役割を担っていたことを強調された。そしてこうした議論を前提として、大夫としての阿倍氏と王権儀礼の関わりについて、新たな論点を打ち出している。①大嘗祭に奉仕する多くの氏族の中で、阿倍氏の奉仕の形態が他の伴造系の中小氏族と異なる点として、大嘗祭における官人名簿の奏上を取り上げる。大塚氏は、これを官人統括の職務とみて、「近侍官人的性格」とする根拠とし、志田氏は新嘗服属儀礼である食物供献儀礼を統率する地位を示すとするが、佐藤氏は、名簿の奏上が大嘗祭の固有の行事で、古い伝統の儀礼であることを強調している。特に名簿の奏上が、大嘗祭の中心的祭儀である卯日の神事の中で、天皇が神と共に食物の供献を受ける前になされるものであるから、阿倍氏が祭儀に奉仕する伴造系の中小氏族を率いて、大王に服属・奉仕することを儀礼化したものであり、倭王権段階からの伝統とする。

②阿倍氏が大嘗祭に関与した最も古い記録は、宝亀二年（七七一）十一月の、阿倍氏の二人が「諸司宿侍の名簿」を奏上したとする、光仁天皇の大嘗祭であるが、もともと参加した官人の個人名を書いた記録は少ないことから、たまたま記録された特殊例であり、光仁朝以前に関与していなかったとする根拠にはならない。それより、こ

の時期から阿倍氏が「諸司宿侍の名簿」の奏上を始めたという必然性は無く、消極的ながら古い伝統であるとする。また、大嘗祭に参加する氏族は、伴造―部民制に関わるものであるから、倭王権段階からの儀礼であったことを裏付けるとし、その事例として、持統天皇の即位儀における、阿倍（布勢）御主人朝臣の祝辞奏上を指摘する。③阿倍氏の外交関与については、具体的な外交賓礼の検討から、その職能を検証するため、隋の使節裴世清への対応と、新羅の使節への賓礼を取り上げる。すなわち、隋には、使節の迎接に群臣が応対したのに対し、新羅には対応していないことを指摘し、隋の場合は、阿倍鳥臣と物部依網抱連が使節を引率して朝廷に召し、阿倍臣が裴世清から国書を受理して大伴連に仲介しており、それが、養老儀制令などに見える告朔儀での弁官の役割と一致するとして、阿倍氏は、倭王権段階において、伴造を率いる令制の弁官とほぼ同じ職掌を担っていたとする。(13) このように佐藤氏は、阿倍氏の王権儀礼への関与が、倭王権段階からの伝統をもつ職務である、伴造系の中小氏族を率いて、王権への服属・奉仕を儀礼化したものであるとするが、その論拠とされる大嘗祭における官人名簿の奏上については、いささか疑問があり、節を改めて考えることにしたい。

第二節　阿倍氏と大嘗祭

大嘗祭における阿倍氏の役割に最初に注目し、それが「近侍官人的性格」を示すとされたのは、大塚徳郎氏であった。先にみたように、宝亀二年十一月二十一日の光仁天皇の大嘗祭において、阿倍氏が、「諸司宿侍」の名簿を奏したとあること、また、『延喜式』神祇部践祚大嘗祭条に、「坐定安倍氏五位二人、六位二人、左右相分共就版位、奏侍宿文武官分番以上簿」とあることなどから、阿倍氏が大嘗祭において、官人の名簿を奏上する役割を担っていたことを取り上げている。そして、このことが、阿倍氏の官人の統括的な役割を示すもので、阿倍氏が大王の近くに仕える「近侍官人的性格」を示していると考えられたのである。大塚氏はこのことをさらにすすめ、供膳・屯倉経営・軍事・外交など、阿倍氏が関わった多様な職務も、そうした「近侍官人的性格」から派生したものであるとし、そこから阿倍氏が、官司制的部民制の「伴造的性格」をもつ氏族であると考えられたのである。

また、阿倍氏について、初めて総合的な論究を加えた志田淳一氏の場合は、阿倍氏と大嘗祭における諸儀礼との関わりに注目し、その源流を、岡田精司氏が明らかにされた地方豪族の大王への服属儀礼、後に新嘗祭・大嘗祭として宮廷儀礼化する「新嘗・服属儀礼」に求め、「新嘗・服属儀礼」が盛行する五世紀末から六世紀ごろが、阿倍氏の台頭時期と重なることに注目し、阿倍氏がこうした「新嘗・服属儀礼」を統括する氏族として、後に大嘗祭における諸儀礼に関与することになったと考えられた。

こうした大塚氏と志田氏の指摘を継承した佐藤長門氏は、右にみたように、大塚氏も指摘された大嘗祭に奉仕する多くの氏族の中で、阿倍氏の奉仕の形態が他の伴造系の中小氏族と異なる点として、大嘗祭における官人名簿の奏上を取り上げる。そして、名簿の奏上が大嘗祭の固有の行事で、古い伝統の儀礼であることを検証する。特に名簿の奏上が、大嘗祭の中心的祭儀である卯日の神事の中で、天皇が神と共に食物の供献を受ける前になされることに注目し、阿倍氏が祭儀に奉仕する伴造系の中小氏族を率いて、大王に服属・奉仕することを儀礼化したものとし、倭王権段階からの伝統を持つものとする。また、大嘗祭に参加する氏族は、そのほとんどが伴造―部民制に関わるもので、倭王権段階からの儀礼であることを裏付けるとし、その実例として、持統天皇の即位儀における、阿倍（布勢）御主人朝臣の祝辞奏上を指摘している。

また、阿倍氏の外交関与については、具体的な外交賓礼の検討から、その職能を検証している。すなわち、隋の使節裴世清への対応と、新羅の使節への賓礼の違いを取り上げ、隋には、使節の迎接に群臣が応対したのに対し、新羅には対応していないことを明らかにして、隋の場合には、阿倍鳥臣と物部依網抱連が使節を引率して朝廷に召し、阿倍臣が裴世清から国書を受理して大伴連に仲介しており、そのことが、養老儀制令などにみえる告朔儀での弁官の役割と一致するとして、阿倍氏が、倭王権段階において伴造を率いることは、令制の弁官とほぼ同じ職掌であったとする。

このように、佐藤氏も大塚・志田氏と同様に、阿倍氏の大嘗祭における儀礼への関与は、阿倍氏の本来的な性格を示すもので、中小伴造層を統括し、大王に奉仕する「近侍官人的性格」と王権への諸豪族の服属・奉仕を儀礼化した「新嘗・服属儀礼」の主掌者であることを示すものとするが、佐藤氏は、伴造系の中小氏族を率いて大王への服属・奉仕する王権儀礼を主宰することが、阿倍氏の固有の職務であり、その根拠として特に重視されたのが、阿倍氏による大嘗祭における官人名簿の奏上であった。特に名簿の奏上が大嘗祭の固有の行事で、古い伝統の儀礼であることを示すものとして、それが、大嘗祭の中心的祭儀である卯日の神事の中で、天皇が神と共に食物の供献を受ける前になされることを上げ、倭王権段階からの伝統をもつものと重視されている。まず『延喜式』践祚大嘗祭油以下条の当該部分を掲出する。

御悠紀嘗殿。小斎群官各就其座。訖大斎群官不入廻立殿院及大嘗宮中。伴。佐伯氏各二人開大嘗宮南門。衛門府開朝堂院南門。宮内官人引吉野国栖十二人。楢笛工十二人。並青揩布衫。入自朝堂院東掖門。就位奏古風。悠紀国司引歌人入自同門。就位奏国風。伴宿祢一人。佐伯宿祢一人。各引語部十五人。着青揩衫。入自東西掖門。就位奏古詞。皇太子入自東南掖門。諸親王入自西門。大臣以下五位以上入自南門。並就幄下座。六位以下在暉章。修式二堂後。依次列立。群官初入隼人発声。立定乃止。進於楯前。拍手歌舞。五位以上共起。就中庭版位。跪拍手四度。々別八遍。神語所謂八開手是也。皇太子先拍手而退。次五位以上拍手。六位以下相承拍手亦如之。但小斎人不入此例。訖退出。唯五位以上退就幄下位。坐定安倍氏五位二人。六位六人。左右相分。共就版位。奏侍宿文武官分番以上簿。〈主典以上尽姓名。分番唯奏其数。凡奏事於御在所者皆跪。若雨湿則立奏。〉訖薦悠紀御膳。亥一尅進。四尅退。行立次第。最前内膳司膳部伴造一人。執火炬楪盆。次采女司采女朝臣二人。左右前駈。次宮主卜部一人。着木綿鬘襷。執竹杖。次主水司水取連一人。執蝦鰭盥槽。水部一人。執多志良加。次采女十人。一人執刷筥。一人執巾筥。一人執神食薦。一人執御食薦。一人執御枚手筥。一人執飯筥。一人執鮮物筥。一人執干物筥。一人執箸筥。一人執菓子筥。次内膳司高橋朝臣一人。執鰒汁漬。安曇宿祢一人。執海藻汁漬。膳部五人。一人執鰒羹坏。一人執海藻羹坏。二人執羹堝案。但一人守棚不関行列。酒部四人。二人舁酒案。二人舁黒白酒案。皆依次而立薦享。已訖撤亦如之。

ここでは、四日間にわたる大嘗祭の、二日目の神事（卯日の神事）で、霜月の下卯日の深夜から翌辰日の明け方に、大嘗宮で行われるもので、佐藤長門氏がその儀式の次第を簡潔にまとめられており、それを引用する。すなわち、天皇が大嘗宮悠紀殿に御してから、主基殿に還御するまでの流れである。

1　伴・佐伯二氏の各二人が、大嘗宮南門を開き、衛門府官人が朝堂院南門を開く（この間、皇太子以下群臣参入）。
2　宮内省官人が吉野国栖一二人・楢笛工一二人を率い、古風を奏す。
3　悠紀国司が歌人を率い、国風を奏す。
4　伴・佐伯各一人各々語部を率い、古詞を奏す。
5　皇太子が八開手を拍ち、退出す。
6　五位以上が拍手し、幄下の座に就く。
7　六位以下が拍手し、退出す。

8　阿倍氏の五位二人・六位六人が侍宿文武官分番以上の名簿を奏す。
9　悠紀の御膳を薦む。
10　主基殿に還御

佐藤氏は、阿倍氏による「侍宿文武官分番以上の名簿」の天皇への奏上が、皇太子・六位以下の官人が退出した後、天皇が神と共に食物の供献をうける前に、幄下の座に留まっている五位以上の官人を形式的に代表してなされた重要な儀礼であるとし、「侍宿文武官」は、深夜から明け方にかけて行われる儀式に供奉していた官人であり、阿倍氏はそうした官人を代表して名簿の奏上を行ったのは、単なる祭儀に供奉する官人の姓名・人数などを天皇に報告するためではなく、そうした官人たちの王権への服属儀礼を、大王へ取り次ぐ役割を果たしたものであるとみている。そもそも大王への服属儀礼の系譜をひく大嘗祭に供奉すること自体が、中小伴造氏族にとって、大王への奉仕を再確認する行為であり、阿倍氏がこうした官人層を統括する立場にあったことを示しているとされた。

佐藤氏がいわれるように、大嘗祭そのものが、群臣を含め官人たちや、地方首長の大王への奉仕を誓う服属儀礼であることに異論はないが、「侍宿文武官」の名簿を奏上することが、そうした服属儀礼の趣旨を的確に大王に取り次ぐことを示しているのであろうか。この名簿は、あくまで天皇が神と共に食物の供献をうける前に、「侍宿文武官」のみを対象としてなされたものであるから、大嘗祭に供奉する官人の一部に過ぎないのであり、ここからすべての官人を統括していたことまで読み取るのは難しいと思う。

確かに、大嘗祭における阿倍氏の職能は、第二章で検討した吉志舞への関与でもみたように、阿倍氏自身の大王への「職」による奉仕をテーマとするものではない。ただ、佐藤氏のいわれるように、中小伴造氏族の王権への服属行為を大王に取り次ぐ役割を担っていたことや、阿倍氏が本来こうした官人層を統括する立場にあったことは、明確な記述はないが、よく知られたことであえて記述する必要がなかったのではないか。したがって、こうした職能は、大塚氏や志田氏が指摘された、「近侍官人的性格」や、「新嘗服属儀礼の主掌者」という規定とともに、阿倍氏が当時朝廷において果たしていた職務内容を示していると思う。私はこうした阿倍氏の性格や具体的な職務は、阿倍氏が伝統的に保持していたのではなく、六世紀以降形成された、大和政権の氏族合議制であるオオマエツキミ―マエツキミ制において、マエツキミの筆頭者となった阿倍氏が新たに担うことになった職務に他ならないと考える。すなわち、こうした職務は、大夫制の研究を先駆的にすすめられた関氏が的確に指摘されたように、六世紀以降、大和政権の職制や政務の分化・複雑化に対応して、諸官司を統合的に運営し、また地方や海外の課題に対応して主要政策を決める、議政官的な制度（氏族合議制）が必要となり、大臣・大連（オオマエツキミ）に加え、そうした職務を行う官職として、マエツキミ＝「大夫」が常置されることになったのであろう。阿倍氏はそうした群臣層のトップとして、大王に近侍しその指示を群臣に伝達するとともに、オオマエツキミの意向も踏まえ、群臣の合意を形成して、中小伴造氏族や国造層に命じて、政策をすすめる役割を担っていたのではないか。

私は、六世紀以前の大和政権は、当然王権の世襲化・専制化がしだいに進展していたものの、いまだ中央・地方の有力豪族をも政権の主要な構成員として取り込んだ、連合政権の色彩を残していたと考えている。ただ、第四章で検討しているように、五世紀の金石文の記載から、すでに豪族たちが王権に奉仕する仕組みは徐々に形成されており、大和政権の機構的な編成もすすんでいたとみるべきであろう。そうした動向は、六世紀になると、東アジアにおける政治変動の波及もあって、さらに加速することになったとみられる。そうした中で、倉本一宏氏が指摘されたように、朝鮮三国において形成された氏族合議制の影響をうけて、倭国においてもオオマエツキミ―マエツキミ制が採用されることになったのであろう。

このように、これまで、阿倍氏の氏族的性格とされてきた、「近侍官人的性格」や、「新嘗服属儀礼の主掌者」あるいは、「王権儀礼」の統括者などについては、マエツキミ筆頭としての、阿倍氏が新たについた地位に伴う職務として理解できると考える。こうした動向に対応して、これ以降阿倍氏が中小伴造を統括して、このころ成立した王権の儀礼、「ニイナメ＝ヲスクニ儀礼」にも関与することになったと考える。したがって、「ニイナメ＝ヲスクニ儀礼」の成立は、オオマエツキミ—マエツキミ制の成立に対応すると考えるのであるが、節を改めて、こうした王権の儀礼の成立過程を考えることにしたい。

第三節　埴輪祭祀からみた王権儀礼

岡田精司氏が提唱された「ニイナメ＝ヲスクニ儀礼」とは、「新嘗祭における地方豪族からの食物供献儀礼」のことであり、『記紀』に多数見える、天皇に従わない中央・地方の豪族や、それを神格化した荒ぶる神などが、天皇に圧服されて、服属の証として食物を献上する儀礼（ヲスクニ＝食国儀礼）が、毎年秋に行われる収穫祭、すなわち、住民が首長に新たな収穫物を献上する、後の新嘗祭に繋がる儀礼と結合して、豪族の大王への服属儀礼として整備されたものであり、こうした儀礼は、朝廷だけで行われたのではなく、各地の地方首長と住民の間でもなされていたと考えられている。そして、そうした首長がさらに上位の首長へ、最終的には大王にそうした儀礼を行うという、重層的な構造をとると考えられている。そして、こうした毎年秋に行われる「ニイナメ＝オスクニ儀礼」が、しだいに整備され、大王の即位にあたって、一代一度行われる大嘗祭へつながるとされている。そしてそうした儀礼の内容については、『記紀』をはじめとする文献の検討から、毎年の新嘗の日に、「国造的豪族層」から人質として貢進された采女の手により、諸国の国魂の象徴ともいうべき、「御酒」「御饌」が供進されたとし、服属の証としての「寿歌」が奏されることもあったと推定されている。岡田氏は、こうした儀礼の展開過程についても、文献資料の検討から、おおよその年代を提示されており、「ニイナメ＝ヲスクニ儀礼」の成立を雄略朝（五世紀後半）とし、それ以前の四・五世紀を「ヲスクニ儀礼」の盛行期とされている。この年代観は、この論文が執筆された時期の研究状況を反映したものであるが、今日においても、大筋では変更の必要はないと考える。

ただ、こうした服属の証として食物を献上する儀礼は、近年における発掘調査の進展により、伝説の世界における食物供献の記載に加えて、考古資料からも確認することができる。すなわち、近年、調査がすすんでいる古墳時代の埴輪、特に当時の多様な施設・物品を形象化した器材型埴輪については、精細な発掘技術の進展もあって、具体的な構成や配置が明らかになり、古墳の廻りでなされた埴輪祭式をかなり復元できるレベルとなっている。また、そうした埴輪祭祀に見える祭式＝儀礼は、ミニチュア化された埴輪表現だけでなく各地の集落遺跡で、実際の儀礼の跡とそれに使用された遺構・遺物が発見されており、当時実際に行われていた古墳時代の祭式を復元できる環境もできており、岡田氏が文献史料から解明された儀礼の内容や年代についても、具体的に検討することが可能となっている。まず、具体的な実例からみてみたい。

（一）心合寺山《しおんじやま》古墳の導水施設型埴輪

大阪府八尾市に所在する心合寺山古墳は、生駒山西麓に造られた、全長一六〇メートルを測る、中・北河内最大の前方後円墳である。これは造り出しをもつ三段築成の古墳で、前方部には方形壇があり、五世紀前半頃に築造されたとみられている。古墳の西側に造り出しがあり、その上面には埴輪は残っていなかったが、この造り出しと後円部の谷部に石敷きがあり、東西約一・二メートル、南北約〇・九メートルの区画が人頭大の石で敷詰められており、

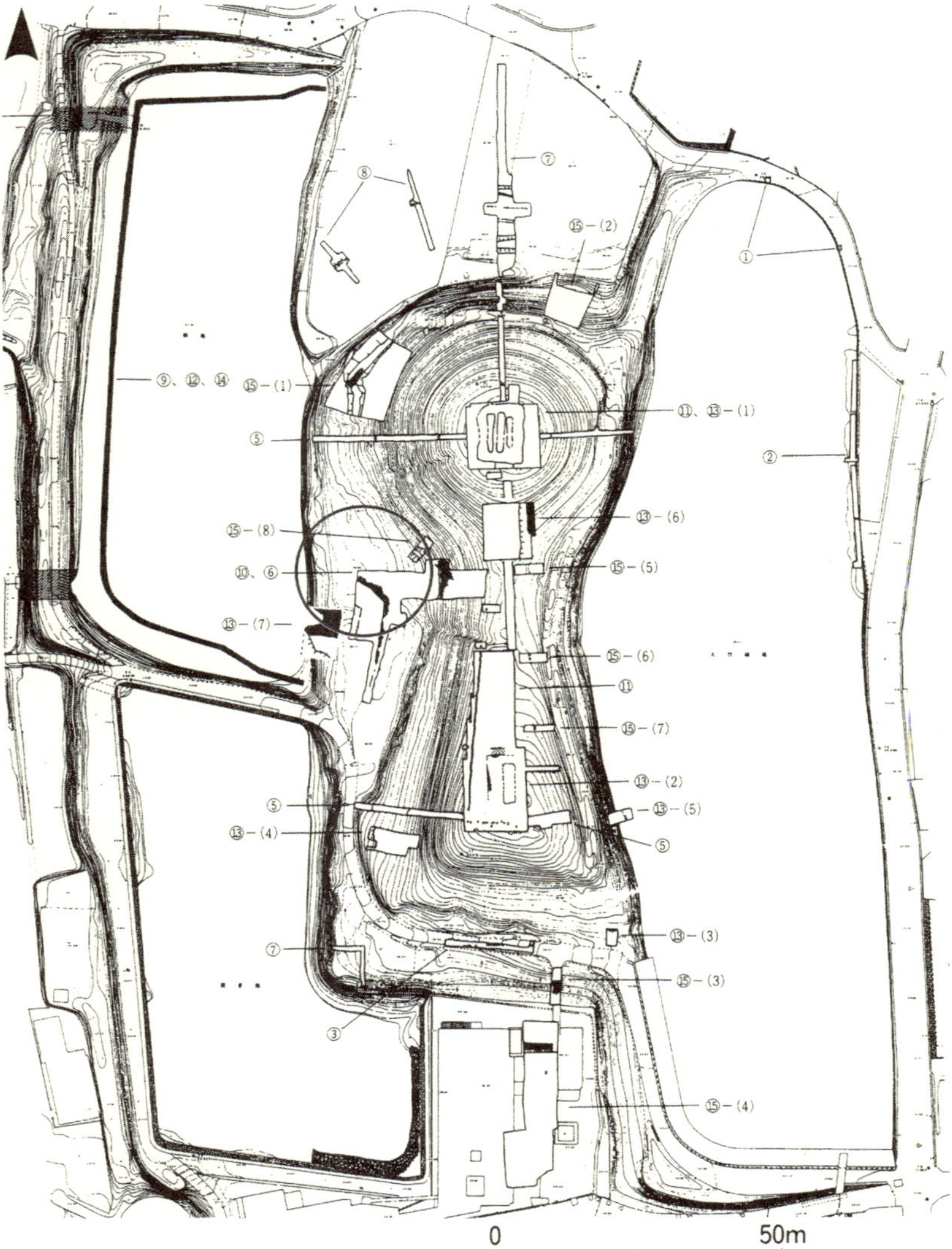

図６　心合寺山古墳の導水施設形埴輪出土位置図

（『導水施設と埴輪群像から見えてくるもの』〈滋賀県立安土城考古博物館、2010 年〉より。

『国史跡心合寺山古墳―これまでの発掘調査の成果―』〈八尾市教育委員会、2001 年〉より改変）

写真３　心合寺山古墳出土の導水施設形埴輪（八尾市立歴史民俗資料館蔵）

その中に導水施設形埴輪が置かれていた。（図６　心合寺山古墳の導水施設形埴輪出土位置図）

導水施設形埴輪は、囲形埴輪の入口を造り出しの方向に向けて置かれ、覆屋と考えられる家形埴輪とこれをめぐる塀を表した囲形埴輪から成っている。家形埴輪と囲形埴輪は床をつなげて一体成型し、家形埴輪の内部に導水施設がある。導水施設は囲形埴輪の前後に取水孔と排水孔を開け、床に木樋を形作り、さらに家形埴輪の壁にも孔を開けて貫通するように作られている。そして家形埴輪の床を長方形に拓けることによって水を濾過する浄水装置（堰・槽・樋）を表現している。（写真３　心合寺山古墳出土の導水施設形埴輪）

囲形埴輪は形状が鉤状になっており、それぞれの角の内側と外側に柱を配している。柱には紐でくくったような表現もあり、家形部分は切妻造りである。入口は一箇所だけであるが、妻側上部には採光用と思われる透かしがある。以上のように囲形埴輪は鉤形をしていることで、外から家の入口が簡単に見えない構造といえる。この導水施設形埴輪以外に、造り出し周辺でもう一点囲形埴輪の破片が出土している。若干丸みを帯びた形となっており、成形方法や大きさが先の導水施設形埴輪のものと異なる。次に見る宝塚一号墳の出土状況からみて、井戸施設型埴輪に関わるものであるかもしれない。

(二) 宝塚一号墳の井戸施設形埴輪と導水施設形埴輪

三重県松阪市に所在する宝塚一号墳と二号墳は、伊勢平野のほぼ中央、海岸から四・五キロメートルのところに位置し、五世紀初頭に築造された、宝塚一号墳は、全長一一一メートルを測る、伊勢地域最大の前方後円墳である。北側に造り出しがあり、造り出しは墳丘に取り付いておらず、陸橋状の土橋で結ばれており、ステージ状を呈している。造り出しの大きさは、下端で東西一八メートル、南北一六メートルの東西方向に広い形状を呈しており、高さは最大で二メートルをはかる。造り出しの上面は削平されており、埴輪などの出土は知られないが、次にみる行者塚古墳の造り出しの例から見て、家形埴輪などが置かれていた可能性が高い。造り出し西方の平坦部では、井戸施設形埴輪二個体と柵形埴輪二個体などが出土し、東方の平坦部では、導水施設形埴輪と柵形埴輪三個体と家形埴輪と船形埴輪が出土した。(図7　宝塚一号墳の推定復元図)

井戸施設形埴輪は、造り出しの西側斜面下の、後円部二段目との間の谷間になる平坦面から出土し、正面を墳丘くびれ方向(西方向)に向けている。囲形埴輪の高さは一七センチメートルで、平面形はやや丸みを帯びた隅丸方形となる。囲形埴輪の内部からは小さな切妻式の家形埴輪が見つかっている。規模は桁行一間×梁間一間の平屋である。また家形の内部には、内面の壁に接するような形で井戸と考えられる筒状の土製品が置かれていた。この井戸施設形埴輪に隣接して、同様の囲形埴輪があって、その内部から小型の家形埴輪片と、筒状の土製品片が出土し

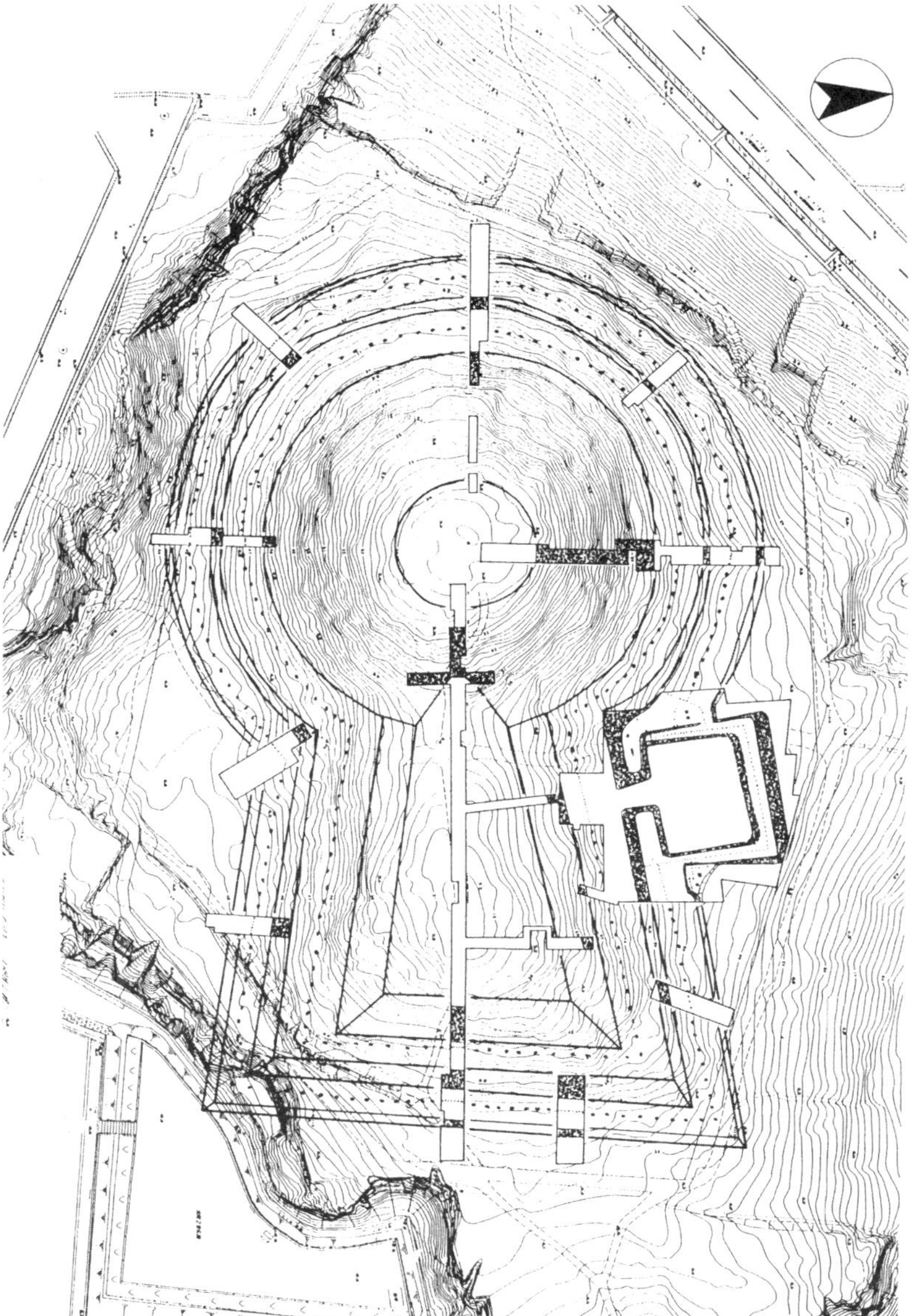

図７　宝塚一号墳の推定復元図
（『史跡宝塚古墳　保存整備事業に伴う宝塚１号墳・２号墳調査報告〈松坂市教育委員会、2005年〉より）

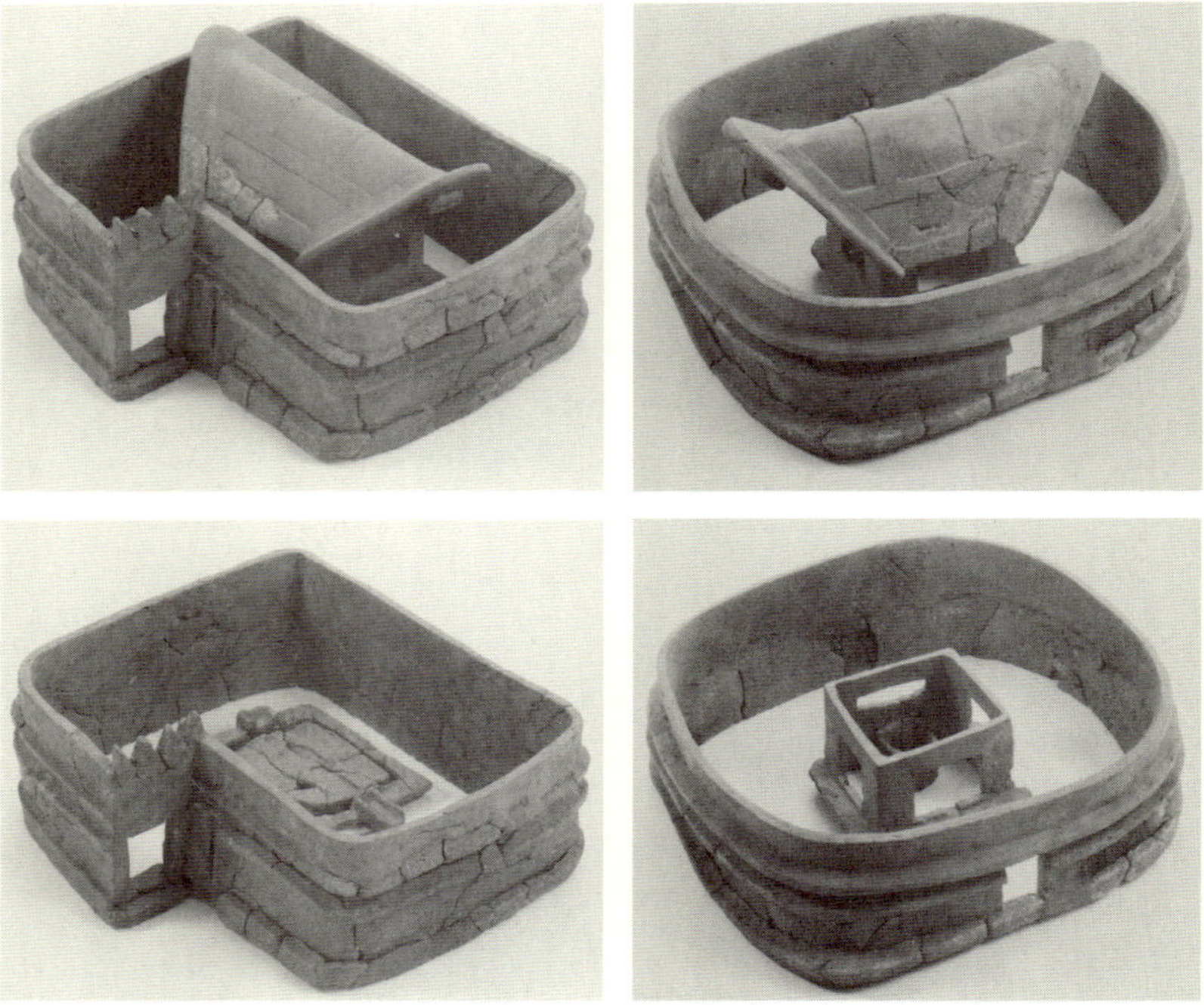

写真４　井戸施設形埴輪と導水施設形埴輪（松阪市教育委員会蔵）

ており、これも井戸施設形埴輪であった可能性が高い。（写真4　井戸施設形埴輪と導水施設形埴輪）

導水施設形埴輪は、造り出し東側から出土し、囲形埴輪は平面形が左側に鉤手状に張り出す形状で、入口は東を向けていた。囲形埴輪の入口上端部には粘土板を貼り付け、中央に三角の鰭飾りを二個体、両端に三角形を半きりした鰭飾りを二個体を表現している。囲形埴輪の中から小形の切妻式平屋の家形埴輪がみつかり、東西方向に棟を向けて置かれており、囲形埴輪の出入口と方向を揃えている。この家の床面には、木樋の表現があり、貯水、導水、排水を示している。家の西側から水を入れ、東側の壁から排水する意味合いを表現しているようにみえるが、貯水の表現は、家の壁の外側にあり、両端に裾廻り突帯をもつ形で、長辺八センチメートル、短辺四センチメートル、深さ二センチメートルの規模である。導水の表現は、長さ九センチメートル、幅約三センチメートルの溝が表現されるが、この溝を形成するために溝の両側に幅三センチメートル、高さ一センチメートルほどの突帯がみられる。導水の中央には、両側より約五ミリメートル深く掘りくぼめた部分がみられ、不純物を沈殿させる沈殿槽の役割を表現したものと考えられる。導水は、延長線上で東側の壁にあたるが、その外側には裾廻り突帯をもつ形で幅約五センチメートル、長さ約一〇センチメートルの排水の表現をもっていた。

このように宝塚一号墳では、ステージの西側に二基の井戸施設形埴輪が、東側に一基の導水施設形埴輪が出土しており、造り出し（ステージ）部で表現されたであろうまつりに、こうした施設が関連することが想定される。井戸と導水施設がセットになっているのは、三ツ寺Ⅰ遺跡のあり方と共通しており注目される。(16)

（三）行者塚古墳の導水施設型埴輪

兵庫県加古川市に所在する行者塚古墳は、加古川左岸の丘陵上に五世紀はじめに築造された、全長九〇メートルの前方後円墳で、この地域の有力首長の墓と考えられている。東・西・北東・北西に四つの造り出しが付属していて、そのすべてに埴輪が置かれており、北東造り出しには埋葬施設がある。（図8　行者塚古墳平面図）

西造り出しには、方形に区画する埴輪列の中に祭殿と思われる家形埴輪が並べられ、その前に鳥・魚・植物（あけび、菱の実など）を模した模造品が、笊形土器や食物を盛る高杯と一緒に発見されている。「祭殿」（その中にいる人物）への食物供献を模したものであろう。西造り出しには、北側の後円部との谷部に石敷きがあり、その上に囲形埴輪が置かれており、囲形埴輪の入口は後円部側に向けて置かれていた。縦四八センチメートル、横四八センチメートル、高さ二五センチメートルを測り、平面形はL字状を呈し、入口部はそこを挟む両側の壁が直角に折れて

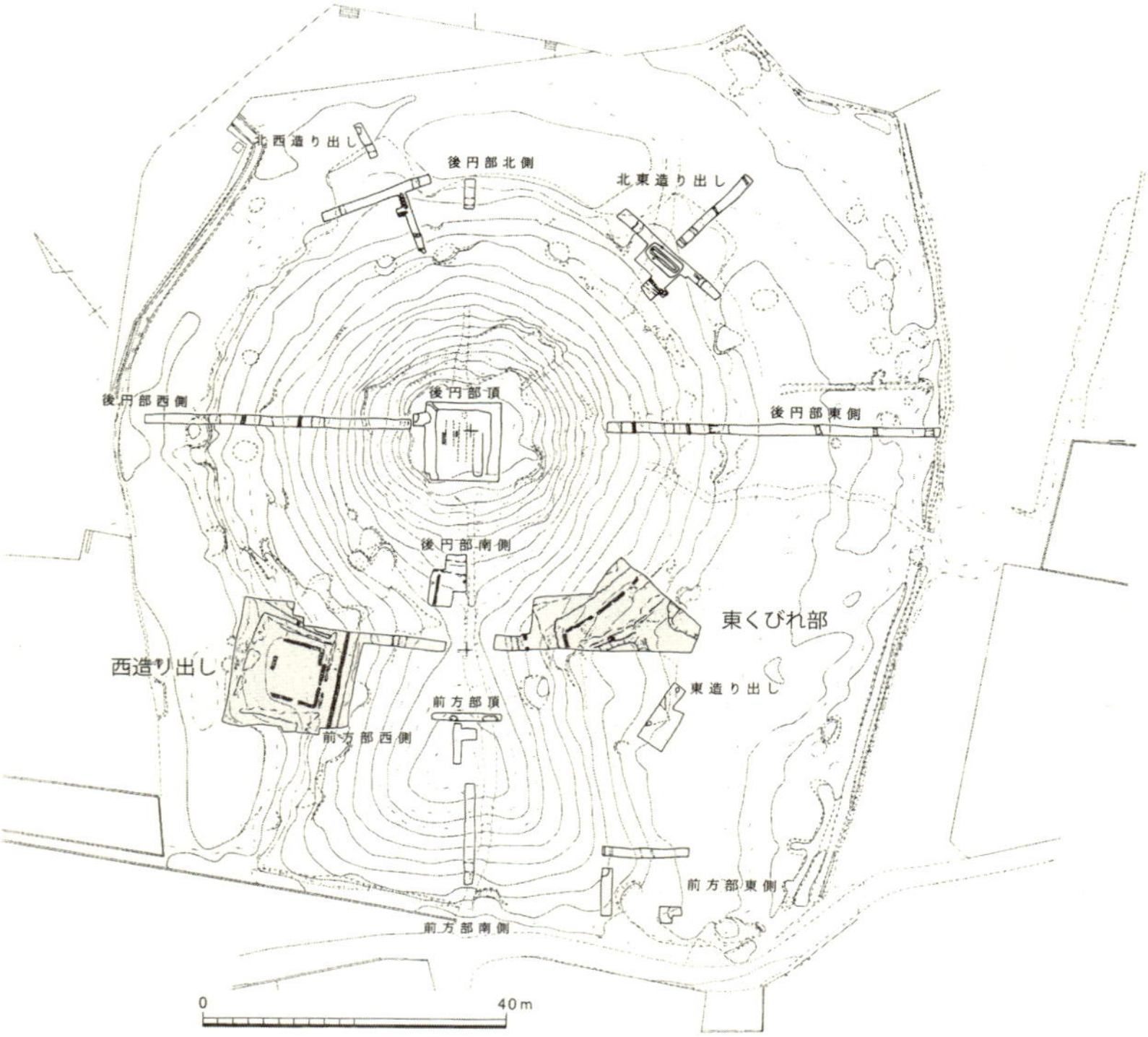

図８　行者塚古墳平面図

（『導水施設と埴輪群像から見えてくるもの』〈滋賀県立安土城考古博物館、2010年〉より。『行者塚古墳発掘調査概報』〈加古川市教育委員会、1997年〉より改変）

そこから直接続いている。各壁の上寄りに二条の突帯をめぐらし、最下端には入口部分のみに突帯がある。上端には鋸歯状の装飾はみられない。内部からは家型埴輪や土製品の出土はなかったが、出土地点からみて、井戸施設に関わる埴輪があった可能性が考えられるであろう。（写真5　行者塚古墳西造り出し出土の土製品と土器）

東造り出しでは、西造り出しの場合と同様、石敷と囲形埴輪の樹立がみられ、加えて囲形埴輪の中に家形埴輪が据えられた状態で検出された。囲形埴輪の入口は後円部側に向けて置かれ、その中には、鰹木を乗せた家形埴輪が置かれ、またその中に木樋形土製品が置かれていた。内

写真５　行者塚古墳西造り出し出土の土製品と土器（加古川市教育委員会蔵）

写真６　行者塚古墳東造り出し出土の導水施設型埴輪と木樋形土製品
（加古川市教育委員会蔵）

部にあった家形埴輪は、二間二間の切妻造で、軒上に堅魚木を五本乗せていたと復元できる。木槽形土製品は、幅二センチメートル程度の細長い木樋部分（導水管）と、木槽をともなう部分を連ねたもので、導水施設形埴輪の家形埴輪の中に納まり、端が少し出る程度のサイズである。受水槽を写した横長の方形部分、縦長の長方形の木槽部分、外へ送るための導水管部分がまとまって表現される。入水部分の外側は横方向の帯を経てわずかに刳り込まれる。[17]（写真６　行者塚古墳東造り出し出土の導水施設型埴輪と木樋形土製品）

（四）狼塚古墳の導水施設形埴輪

大阪府藤井寺市の狼塚古墳は、古市古墳群のほぼ中心部、誉田御廟山古墳（応神天皇陵）の北側に位置する。狼塚古墳は金銅装竜紋透彫鞍金具が出土した誉田丸山古墳と同じ中軸ラインにあり、誉田御廟山古墳の陪塚であると考えられている。誉田丸山古墳や狼塚古墳は、誉田御廟山古墳の二重濠が避けており、おそらく狼塚古墳は二重濠より以前、五世紀中ごろに造られたことが推定できる。造り出しとその周辺で、埴輪祭祀が確認された。大王陵に伴うものだけに注目される。造り出し部を入れると三三メートルの帆立貝式、もしくは円墳に造り出しが付くタイプの古墳と推定される。

造り出しは、円筒埴輪がコの字型に並ぶ部分があり、その輪郭が判明した。造り出しの区画中には、さらに二列の埴輪列が検出され、円筒埴輪列より小さい基部で最下段に透かしがあることから、形象埴輪の基部であると考えられた。周辺から水鳥形埴輪の破片が多量に出土していることから、水鳥形埴輪が並んでいた可能性もある。

導水施設形埴輪は造り出し部の北西部、造り出しの平坦部から北側に少し下がったところで検出された。長方形の柵形埴輪を八基並べて、その中央に木樋形土製品を置くという配置である。これらは一・二メートル四方の方形となる。八基出土した柵形埴輪は、底部長は四二・五～五二センチメートル、底部幅は八～一四・五センチメートルを測る箱形で、平面長方形を呈する。器高は四五センチメートル以下に揃えていた可能性が高い。口縁頂部を鋸歯状とすること、長側面に二条の帯状突帯を三段貼り付けているなど、形態的な特徴を持っている。外面の一部には赤色彩色の痕跡が認められ、本来は外面全体に塗布されていたと考えられる。柵形埴輪の二基には、開口部があり、出入口を表現している。開口部は両方の長側面にあり、一対になるとみられる。開口部は外長側面と内長側面では装飾に大きな違いがある。外長側面では下端に刳り込みを入れて階段状をなすが、内長側面にはそれらしい細工は施されず直線的である。また外長側面開口部の長辺側両側には鰭状をした突帯が垂直方向に取り付く。木樋形土製品は長さ二八・七センチメートル、幅一〇・四センチメートル、高さ三・八センチメートルを測る土製品である。槽部分と樋部分からなる。(18)（写真7　狼塚古墳出土の柵形埴輪と木樋形土製品）

以上、内容がある程度把握できる、代表的な埴輪祭祀をみてきたが、こうした埴輪祭祀は、全体像こそ明らかになっていないが、その特異な遺物が手掛かりとなって、全国の様々な遺跡からも発見されている。導水施設型埴輪

写真７　狼塚古墳出土の柵形埴輪と木樋形土製品
（藤井寺市教育委員会蔵）

は、これまでに九州から中部地方の主要な古墳で一〇数例見つかっており、ほぼ西日本一帯で盛行していたことが推測される。その多くが地域の有力者を埋葬した大型古墳から見つかっており、大和政権との政治的なかかわりが想定される。[19]その時期は、四世紀末から五世紀後半までで、特に盛行したのは、五世紀前半から中葉であった。単独で出土するものもあるが、複数で出土するものもある。また導水施設型埴輪が、井戸施設型埴輪とセットで出土する例もあり、井戸枠を模した土製品は宝塚一号墳の一点のみであるが、囲形埴輪だけが単独で出土する例もあり、埴輪だけでなく、木製の井戸枠ないし、囲形埴輪の中央を掘り窪めたりして井戸を表現した可能性も想定すべきではなかろうか。宝塚一号墳の場合、導水施設形埴輪の囲形埴輪の平面が方形であるのに対し、井戸施設形埴輪のものは丸味を帯びた隅丸方形を呈するなど、両者を区別する意識もあったと考えられる。

導水施設型埴輪と井戸施設形埴輪とも、基本的には囲形埴輪の中に家形埴輪を据え、その内部に木樋形埴輪や井戸枠形埴輪を設置している。ただ狼塚古墳のように、家形埴輪を伴わないものや、行者塚古墳のように、家形埴輪や井戸枠ないし木樋形の埴輪を伴わない例もあり、すべて一律に考えることはできないが、細部はともかく同じような埴輪を使用したまつりが、各地でなされたことは否定できないところであろう。そしてこうした埴輪の配置された場所についても、共通性があり、注目されるところである。

導水施設型埴輪と井戸施設形埴輪の両者が出土している宝塚一号墳の配置は、古墳の北側のくびれ部に造り出しがあり、造り出しは墳丘に取り付いでおらず、陸橋状の土橋で結ばれている。造り出し上面は、残りが悪く埴輪などの出土はなく、井戸施設形埴輪は、造り出しの西側斜面下の、後円部二段目との間の谷間になる平坦面から、正面を墳丘くびれ方向（西方向）に向けて出土している。囲形埴輪は、平面形がやや丸みを帯びた隅丸方形で、その内部からは小さな切妻式の家形埴輪が見つかり、家形の内部には、内面の壁に接するような形で井戸と考えられる筒状の土製品が置かれていた。この井戸施設形埴輪に隣接して、同様の囲形埴輪があって、その内部から小型の家形埴輪片と、筒状の土製品片が出土しており、これも井戸施設形埴輪であった可能性が高い。

いっぽう導水施設形埴輪は、造り出しの東側斜面下の、前方部二段目との間の谷間になる平坦面から出土している。入口部は東を向き、囲形埴輪の中から発見された小形の切妻式平屋の家形埴輪は、東西方向に棟を設置して、囲形埴輪の出入口と方向を揃えている。この家の床面には、木樋の表現があり、貯水、導水、排水を示している。このように、二種の埴輪は、造り出しの西側と東側の谷部の対照的な位置に配置されており、セットで何らかの機能を果たしていたことが推測される。それとともにこれらの施設が、別個に存在するのではなく、その中央に位置する、造り出し上面の広い区画にあった施設と無関係とは考えられないのである。その点で、造り出し上面の状況が明らかになっている行者塚古墳の例が参考となる。

行者塚古墳の西造り出し上面には、方形に廻らせた円筒埴輪列の中から、大量の家形埴輪破片のブロックとその前面に、鳥・魚・植物（あけび、菱の実など）を模した模造品が、笊形土器や食物を盛る高杯と一緒に発見されている。家形埴輪は五～八個体になるとみられ、各種の家形埴輪が建ち並ぶ前で、食物の供献を伴う儀礼が表現されていたとみられている。西造り出しの両サイドの状況は、必ずしも明らかではないが、北側の後円部との谷部に石敷きがあり、その上に囲形埴輪が置かれていた。囲形埴輪の入口は後円部側に向けて置かれ、平面形がL字状を呈し、入口部はそこを挟む両側の壁が直角に折れてそこから直接続いている。内部からは家形埴輪や木樋ないし井戸枠形埴輪の検出はなかったが、すでに失われていたか、木製などの可能性もあるのではなかろうか。南側の前方部との谷間は全掘されていないためその状況は不明であるが、東造り出しの状況からみて、導水施設形埴輪か井戸施設形埴輪が置かれていた可能性はあろう。

東造り出しも、部分的な調査のため全体像はわからないが、西造り出しの場合と同様、後円部と造り出しの北側の谷間に石敷と囲形埴輪の樹立がみられ、加えて囲形埴輪の中に家形埴輪を据えた状態で検出された。囲形埴輪の入口は後円部側に向けて置かれていた。囲形埴輪の中には、鰹木を乗せた家形埴輪を置き、その中に木樋形土製品が置かれていた。造り出しの南側の状況は明らかでないが、同様の施設があった可能性はあろう。

このように行者塚古墳では、東西の造り出しで、導水施設形埴輪と井戸施設形埴輪が置かれていた可能性があり、宝塚一号墳とやや異なるものの、造り出しと前方部・後円部との間の谷部で見つかったことで共通性があること、囲形埴輪の中に家形埴輪がありその内部に木樋形埴輪がすえられるなど、構成や形態的にも共通性があることから、ほぼ同じまつりを表現しようとしたことが想定される。したがって、宝塚一号墳の造り出し（ステージ）上面においても、行者塚古墳と同様の各種の家形埴輪が建ち並ぶ前で、食べ物の供献を伴う儀礼がなされていた状態が表現されていたことが想定されるのである。

以上のように、埴輪祭祀から、古墳に埋葬された首長に対する儀礼、食物の供献を伴う儀礼が復元されたが、こうした儀礼が埴輪祭祀だけでなく実際に各地の遺跡で行われていたことが、これまでの発掘調査で一〇例近く明らかになっており、特にそこで発見された実際の導水施設は、古墳から出土する導水施設形埴輪・木樋形土製品と瓜二つであり、埴輪祭式だけでなく、実際に行われていた首長儀礼を復元するうえでも重要な手がかりとなる。[20] 各地で発見された、こうした遺跡と遺構・遺物をみることにしたい。

第四節　導水施設からみた王権儀礼

（一）奈良県纒向遺跡出土の「導水施設」

奈良県桜井市に所在する纒向遺跡は、三輪山の北西麓に広がる弥生時代後期から古墳時代前期を中心とする大集落跡である。平成二一年の調査で、三世紀前半とされる大型建物（南北一九・二メートル、東西一二・四メートル、床面積二三八平方メートル）が、その中心部で発見され、集落の全体像については未確認の部分もあるが、卑弥呼が政務をとった施設とする推測もなされている。事実、古墳時代初頭において、遺跡は飛躍的に発展するとみられている。遺跡に隣接して所在する、纒向石塚古墳・ホケノ山古墳などの前方後円型の墳丘墓や、最古の前方後円墳とされる箸墓古墳の存在から、従来より初期大和政権との関りが指摘されている。(21)

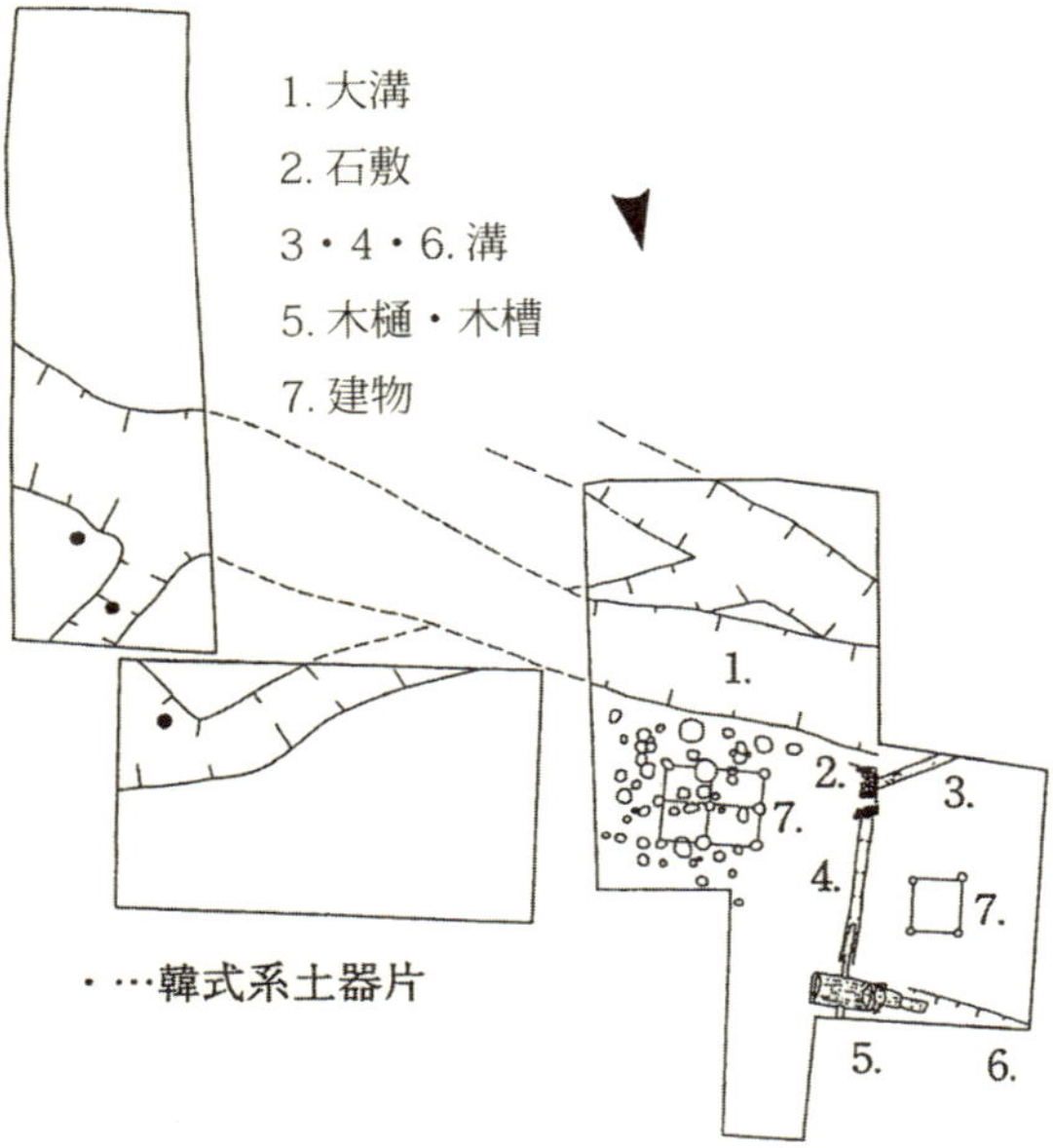

図９　纒向遺跡の「導水施設」
（青柳泰介「ヤマト王権と水のマツリ」『導水施設と埴輪群像から見えてくるもの』〈滋賀県立安土城考古博物館、2010 年〉より纒向遺跡部分のみ抜粋）

「導水施設」は、遺跡北辺の丘陵末端付近から検出されており、時期的には、纒向3式～4式（古墳時代初頭ころ　三世紀後半）とされている。交差する二本の導水施設と一間四方（約一・八×一・五メートル）の上屋から成る。溝より取水された水は、石敷槽を通りU字の切り口より給水溝に導かれ集中槽へと送られる。集中槽には、南北二方向からの給水溝より送られてきた浄水が集められ、U字の切り口よりさらに導水路Bを伝って下流へ送られていく。未完掘の為その全体の規模については明らかではないが、近くに上屋が付設されていることから、「水」に関わる祭祀が行われていたと考えられる。纒向遺跡の「導水施設」は、木樋の形も後の時代のものとはやや異なっており、導水施設型埴輪とも類似点は少ないため、違った性格の施設である可能性も考えておくべきであろうが、施設の全体は、以下にみる実際の「導水施設」と同じ機能を持つことは確かである。古墳時代早期の日本列島における代表的な遺跡に、こうした遺構が確認できることは注目される。(27)（図9　纒向遺跡の「導水施設」）

（二）滋賀県服部遺跡出土の「導水施設」

滋賀県守山市服部町地先に所在する服部遺跡は、現在その大半が、河川改修によって一本化され「放水路」の下に没しているが、かつては、野洲川がその最下流域で南北に大きく分流す真中の中洲上に位置していた。古来よりのたび重なる洪水によって土砂はぶ厚く堆積し、各時代の遺構は、現地表下二・五〜三メートルまでの間に何層にも重複して見つかった。「導水施設」は、遺跡の南北を大きく抉って東から西に流れる、弥生時代後期の旧河道がしだいに埋まり、水量が減少した古墳時代前期（四世紀初頭）ころに南側の旧河道の縁辺部に築造されたと考えられる。

遺構は方形にめぐる杭列と石敷遺構を素掘りの溝によって連結し、方形杭列から石敷遺構へと穏やかな傾斜を保って導かれる。石敷遺構は、ほぼ三メートルの範囲に礫を敷き、その中央部にスギ材を加工して作った一本作り

写真８　服部遺跡の「導水施設」

の長い樋管の付く木樋を置く。木樋の上流側には、板を直交に置きU字状の切り口によって水量の調節を計る。また、下流側へは、長さ四・三三メートル、最大巾〇・六メートルの樋管がのび、石敷部分には簡易な上屋を構築していたと想われる。石敷部分から一二メートルほど上流側に三×四メートルの範囲に長方形に杭と板で囲む構造物が設けられており、長方形の中は四〇センチメートル程深くなっていたようである。周辺部には、杭、加工木等が多数散乱しており、他にも何らか構造物が付設されていたようであるが明らかでない。

当時、河道は比較的浅くなっており、「導水施設」は、浅瀬から河道の流れに沿って設置され、方形杭列で物を沈殿した後、素堀りの溝へ送られる。溝の途中にも杭列が残存しており施設物の存在が予想される。さらに、水は石敷部分へと導かれ、U字の切り口から澄んだ上水のみが木樋に注がれ、それより樋管を伝って下流へと流されている。石敷部分は、おそらくは水汲み場として上屋を設けるなどの措置がなされていると考えられる。総延長二五メートル以上のかなり大規模な施設であり、石敷部分には、丁寧に加工した一本作りの木樋を設置し、上屋も設けるなど、手の込んだ構築物であるにも関わらず、周辺からは土器等の遺物が全く出土しておらず、当施設を日常的な水汲み場と考えるよりは、特に祭祀等に供するための浄水を得る特別な祭場であった可能性が強い。導水施設の南東一〇〇メートルには、古墳時代前期（庄内式・布留式期）の竪穴建物群（一〇〇基以上）が重複して見つかっており、関連が推定される。また、未公表のため、詳細はわからないが、導水施設の北一五〇メートルには、一辺六〇メートルの方形にめぐる溝跡が検出されており、溝の幅は、三〜四メートル、深さは七〇〜九〇センチメートルを測る。西側中央には溝の切れる部分があり、出入り口の可能性がある。ただ、出土遺物はほとんどなく、方形の区画内に所在する竪穴建物との関連も不明で、時期も明確にできないが、方形区画の東側を並行して流れる古墳時代前期（庄内式・布留式期）の溝（ＳＤ２０４）を意識して築造された可能性もあり、導水施設の時期と重なる、豪族居館的な性格が推定される。[23]（写真８　服部遺跡の「導水施設」）

（三）奈良県南郷大東遺跡の「導水施設」

南郷大東遺跡の「導水施設」は、蛇行して流れる小河川屈曲部を改修して作られており、上流より①貼石施設（ダム）、②木樋1、③木樋、④木樋２（覆屋、垣根状施設）、⑤木樋３の五つの部分から構成されている。①のダムは、流水が当たる部分と堰止める部分に石を貼っている。水の流れの正面にあたる場所は、中央部が若干窪んでおり、溜まった水（上澄）は、丸太を半円状に刳り抜いた②の木樋1で下流へ流される。③の木樋は、木樋の下部とおぼしき部材しか残っていない。②から流れてきた水を中継する木樋が存在していたと考えられる。③を流れてきた水は、垣根①と覆屋②により二重に遮蔽された空間内に設置された、全長四メートルの④の大型木樋２に流しこ

写真９　南郷大東遺跡の「導水施設」
（写真提供：奈良県立橿原考古学研究所）

まれた。木樋2は、上流側に水を溜める槽部と、下流側に水を流す溝部からできている。槽部と溝部の底面の段差は八センチメートルしかないので、溝部には上澄みが流れる程度であったとみられる。この木樋2には二間×二間（約四メートル四方）の覆屋が付設され、その外側に囲形埴輪のような鉤の手状に張り出した入口をもつ東西四・六メートル、南北四・九メートルの隅丸方形の垣根が巡らされている。覆屋は棟持柱をもつと考えられ、屋根は切妻造りであったと推定される。木樋2には、⑤の木樋3（長さ二・八メートル、幅四〇センチメートル、深さ八センチメートル）が接続し、下流の素掘り溝に排水されるようになっている。（写真9　南郷大東遺跡の「導水施設」）

以上のようにこの導水施設は、水を溜める→上澄みを流すという工程を繰り返すので、浄水を得ようとする意図が考えられる。その一番清らかな水は木樋2の周辺で得られるが、そこには覆屋、垣根と二重の遮蔽施設が存在するので、水を用いた何らかの儀礼が行われたと考えられる。なお、南郷大東遺跡の北東二五〇メートルの南郷安田遺跡には、大型の掘立柱建物（祭殿？）が見つかっており、また、三五〇メートル西の極楽ヒビキ遺跡では、濠と塀に区画された中に、五世紀代では最大となる、大型の掘立柱建物（床面積二二五平方メートル）が発見されており、関連が想定されている。[24]

（四）神並・西ノ辻遺跡の「導水施設」

大阪府東大阪市に所在する、五世紀後半ころの集落遺跡。「導水施設」は生駒山西麓の扇状地上を西に伸びる開析谷の中において全長約百メートルにわたって検出した。「導水施設」は以下の五つの部分に大別できる。①木樋は長さ約二メートル。周辺には覆屋があると推定される。②板組暗渠（木組み暗渠）は、谷の底を浅く溝状に掘りくぼめ（幅約七〇センチメートル）、その両側に板を立て杭で留めて護岸とし、その上に数枚の板を渡して、更にその上に土を盛った施設。橋の可能性がある。③導水溝は、②の延長線上に掘られた溝。④への導水とともに、そこへ流しこむ水量調節の役割も果たしたと思われる。一部矢板で護岸した部分がある。④貯水池列は、長さ五〇メートルにおよんで確認された、四基の方形の貼石貯水池より成る。上流側の二基は一辺五～六メートルの正方形。

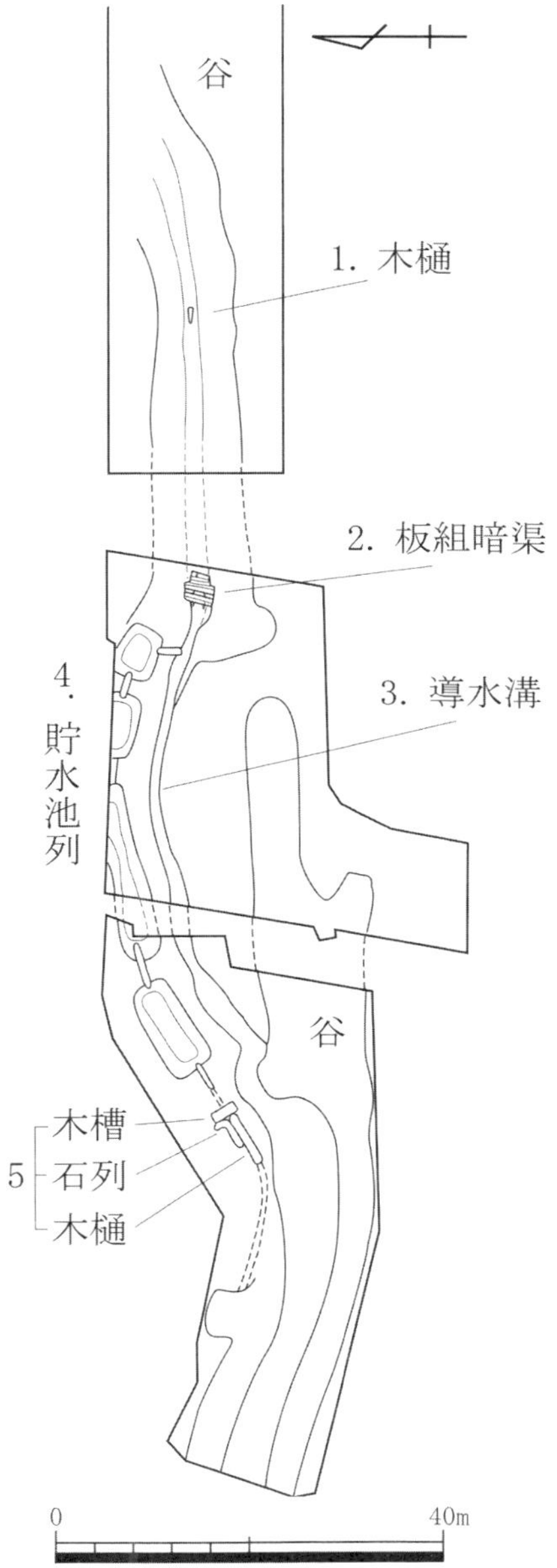

図10　神並・西ノ辻遺跡の「導水施設」

（青柳泰介「導水施設考―奈良県御所市・南郷大東遺跡の導水施設の評価をめぐって―」『考古学研究』160号より）

もう二基は一三×五メートルの長方形を呈する。深さはいずれも約八〇センチメートル。③の上流部に堰を設け、岸辺に埋め込んだ樋管を通して取水する。また、貯水池間も同様に樋管で連結している。なお、樋管は池底よりも高い位置に据えられた。⑤木槽・木樋は、④の下端端部でオーバーフローした水を木樋に、素掘溝を通して、流れと直交する方向に設置した木槽（長さ二・二メートル、幅六〇センチメートル）に流し込み、更にそれに鍵の手に接続する木樋（長さ四・五メートル）へと流す仕組みになっている施設で、周辺には覆屋があったようである。「導水施設」からの出土遺物は少なく、短期間で廃絶したと考えられている。[25]（図10　神並・西ノ辻遺跡の「導水施設」）

（五）群馬県三ツ寺I遺跡の「導水施設」と井戸

古墳時代の群馬県三ツ寺I遺跡では、五世紀後半の、周囲に濠と柵を巡らせた、西庇のある上屋三間×三間、下屋八間×八間の豪族居館とされる大型建物が検出され、その南西隅からは下部を丸太刳り抜き材で合わせ口にした井戸枠と、上部に方形の井戸枠を組み合わせて覆屋を付した二基の井戸が見つかっている。また、区画内には一条の溝が掘られ、濠に架けられた水道橋を通じて外から導水されている。この溝には祭祀施設とおぼしき二か所の石敷遺構が設けられていた。[26]三ツ寺I遺跡は、周囲を濠に囲まれ濠の法面に石が貼られ、二〜三重の柵列が巡らされるなど、まるで城館のように堅固な構えになっており、豪族居館の典型とみられている。しかしながら濠や柵列は、確かに防御施設と考えられるが、いっぽうでは、聖なる空間を区画する「結界」と理解することもできる。そして三ツ寺I遺跡には、未調査部分もあるが、遺跡内には日常的な生活の痕跡を示すものはほとんどなく、井戸や石敷遺構からは、多数の滑石製模造品など祭祀遺物が出土しており、遺跡全体が聖なる空間である可能性もうかがわせる。（写真10　三ツ寺I遺跡の復元模型）

写真10　三ツ寺Ⅰ遺跡の復元模型（かみつけの里博物館蔵）

以上、実際に使用されていた主要な「導水施設」の概略をみてきた。こうした遺構は、弥生時代には認められず、古墳時代前期から中期後半、三世紀前半から五世紀後半ころまでに集中しており、限られた時期に造られたことがわかっている。その多くが近畿地方とその周辺で発見されており、また施設全体は、かなり大規模で、その全容が明らかになった遺跡はなく、その一部が調査されたに過ぎない。ただ、南郷大東遺跡の「導水施設」が、隣接する南郷安田遺跡の大型建物（祭殿）と関わることは、埴輪祭祀との関わりで注目される。「導水施設」は、共通していくつかのダムで堰き止められ、上水だけを下流に流し、木樋に導いていること、木樋の中心部には貯水の施設があり、そこには上屋が作られており、石敷きを伴う場合もある。その形態から浄水（聖なる水）を汲み上げた施設と考えられる。（図11　古墳時代の南郷遺跡群）

こうした「導水施設」は、主として谷筋の小河川や、大河川下流の分流に付属する形で造られているが、五世紀後半とされる三ツ寺Ⅰ遺跡になると、豪族居館とされる濠で区画された狭い場所に、大型建物と「導水施設」・井戸がコンパク

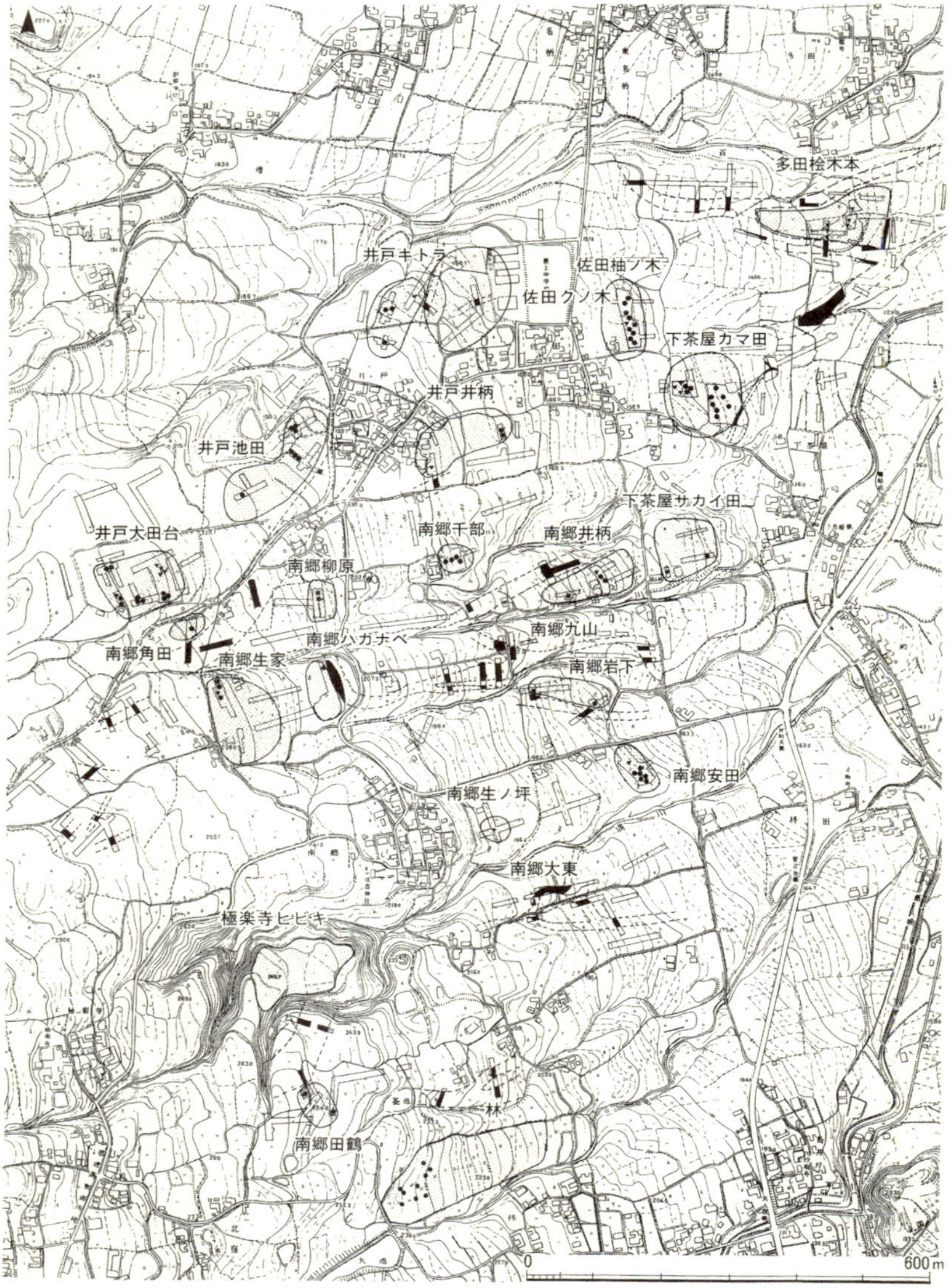

古墳時代の南郷遺跡群（網かけは集落、●竪穴住居。▼掘立柱建物、■大壁建物、黒ぬり・破線は川を示す）

図 11　古墳時代の南郷遺跡群

（『葛城氏の実像―葛城の首長とその集落―』〈奈良県立橿原考古学研究所附属博物館、2006 年〉より）

トに詰め込まれており、これは南郷大東遺跡などで行われていたまつり、宝塚一号墳や行者塚古墳で検出された埴輪に表現されるまつりの系譜を引くことは間違いない。「豪族居館」とされる施設の内部に「導水施設」が築造され、外部から木製の水道橋により導水しており、同じ空間から井戸二基が見つかっている。「導水施設」と「井戸」の共存は、埴輪に表現される「導水施設」・「井戸」と共通しており注目される。なお「聖なる水」の用途については、儀礼に使用される「聖水」だけでなく、「御饌」を調理するために使用する水や、食物と共に首長に献じられた「御酒」造りにあったと考えられる。

こうした点から、先の埴輪祭祀に見られた「導水施設」に関わるまつりを見直してみるなら、南郷大東遺跡のあり方との共通性が指摘できる。すなわち傾斜地を蛇行して流れる小河川を改修していくつかのダムを造り、上層の水を木樋に通して、上屋のある槽に導き汲みあげたとみられ、汲み場には石敷きがあり、特別な場所とされていることも注目される。そして、こうした施設が小河川の流れる谷部に造られているのに対し、それより一段高い場所に、祭殿とみられる大型建物があることは、細部はともかく、造りだし上面の家形埴輪を巡るまつりと、造り出しの両サイドの谷部に配置された、導水施設形埴輪や井戸施設形埴輪とのセット関係を想起させる。実際のまつりを縮小して表現した埴輪祭祀と異なり、実際のまつりがかなり広範囲で、大規模であったことは、調査された「導水施設」が部分的で、その一角を検出したに留まることからも明らかである。その全体像を捉えることは現状では困難であるが、埴輪祭祀の分析から、今後の発掘調査・研究がすすめられるべきと考える。

以上、埴輪祭祀における「導水施設形埴輪」・「井戸施設形埴輪」をめぐる祭式と、現実の「導水施設」のまつりを手がかりに、古墳時代の「導水施設」をめぐる祭祀に検討を加えてきた。こうした祭りについては、葬送儀礼説・モガリ儀礼説・王位継承儀礼説・首長権力の表象装置説・首長によるカミマツリ儀礼説など、多様な見解が出されている。こうしたまつりのひとつの起源が、弥生中期の池上曽根遺跡でみられた、大型建物と大型井戸でなされた儀礼にあったなら、これが農耕社会と深く関わり形成されたことが窺えるであろう。また古墳時代の埴輪祭祀が、首長の墓である前方後円墳の造り出しの上面と周辺の谷状部でなされていることは、実際の「導水施設」による祭祀が、単独でなされたのではなく、首長が居住する居館と首長が祀る祭殿の周辺の低平地（谷状部）でなされたとみられることと対応し、こうしたまつりが、首長に対する服属儀礼で、「聖水」と食物の供献が伴うことが推測されてくる。そうして、こうしたまつりは、五世紀後半ごろには実際の遺構・遺物だけでなく埴輪による祭祀も、しだいに衰退してしまう。しかしながら、こうした祭祀を継承するまつりについては、実際のまつりの痕跡を示す調査例こそみつかっていないが、古墳の廻りでなされた埴輪祭祀においては、新たな展開をうかがうことができる。

すなわち、ここでは、詳しく述べる余裕はないが、五世紀中ごろ以降、それまでの埴輪祭祀が、造り出し周辺で、実際のまつりをミニチュアとして形象化した埴輪によって、象徴的に表現されていたのに対し、新たに人物・動物・器材など、より大型化し、よりリアルに形象化された、埴輪群像による埴輪祭祀が盛行する。より実際のまつりに近い埴輪祭祀に大きく変貌したと考えられる。そして、その一つの頂点となるのが、真の継体天皇陵古墳である、大阪府高槻市今城塚古墳で発見された、国内最大規模とされる埴輪祭祀区である。北側の内堤の中央部を外濠側に張り出した東西六五メートル、南北一〇メートルの広大なステージ上に、家形埴輪一八点、柵形埴輪二四点、門形埴輪二点、器財形埴輪三二点、人物埴輪二八点、動物埴輪三三点の合計一三六点が、柵形埴輪により四つの区画に整然と配列されていた。（図12　今城塚古墳の埴輪祭祀区）

そのうち、1区では、入口を設け小さな窓しかもたない片流れ造りの家、吹き抜けの大形の家形埴輪、鶏形埴

今城塚古墳

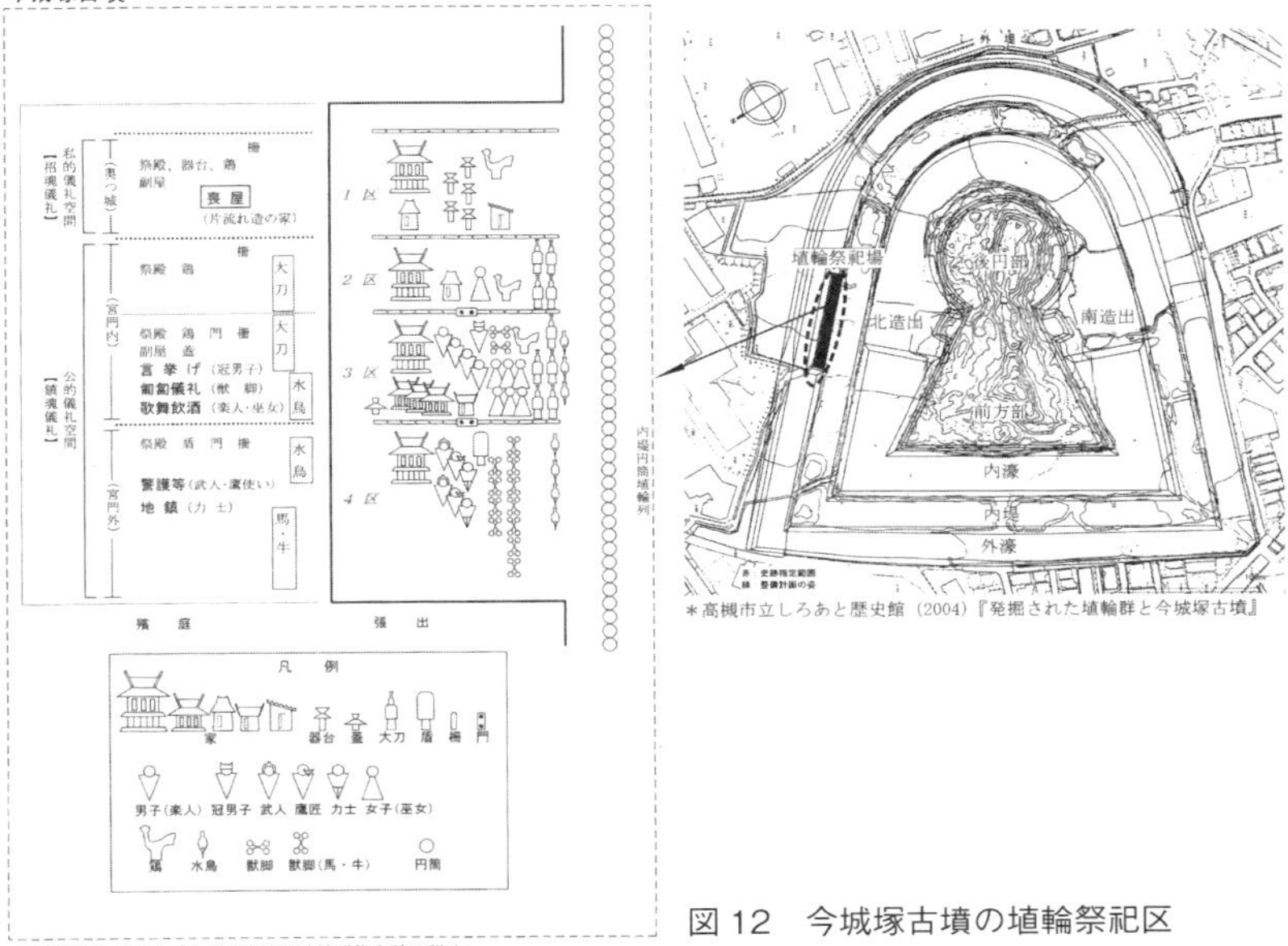

＊高槻市立しろあと歴史館（2004）『発掘された埴輪群と今城塚古墳』

＊森田克行（2004）「今城塚古墳の埴輪群像を読み説く」
『発掘された埴輪群と今城塚古墳』高槻市立しろあと歴史館

図12　今城塚古墳の埴輪祭祀区

輪、寄棟平屋の家形埴輪などが置かれ、人物埴輪は配置していない。2・3区では、複数の女性像が酒食の奉仕や歌舞に携わる様相を示し、「獣脚」が出土している。3区の男子像は「二山冠」の男子像や足裏を合わせるように坐る楽坐のものが四体みられる。ここには、このほか千木をいただく大形の家形埴輪、直弧文を施した特殊な家形埴輪、切妻や寄棟造りの簡単な家形埴輪、蓋形埴輪、太刀形埴輪、水鳥形埴輪などが配列されていた。4区は3区との間を門形埴輪・柵形埴輪で区画し、そのすぐ西側に盾形埴輪・力士形埴輪・武人形埴輪・鷹使いなど、威儀や警護に関わる埴輪が配列される。馬具を装備した馬形埴輪群は、まつりへの参加者の乗り物とされる。かなり具体的な祭りを表現していると言えよう。水野正好氏は、こうした埴輪群像を、王位継承儀礼である大嘗祭の様子を表現したものとされるが、(27)異論も少なくない。

　こうした祭祀は、五世紀の中ごろに近畿地方で始まり、全国に広がるが、特に、五世紀後半頃から六世紀前半にかけて、現在の群馬・埼玉・千葉など関東地方各地において、大型の前方後円墳が多数築造されるのに呼応するかのように盛行している。(23) 五世紀中ごろから六世紀にかけて、埴輪祭祀に大きな変革があったことは確実である。それに伴い、当然、こうした新たな埴輪祭祀に表現されるような、実際の祭祀も始まっていたとみられるが、今のところ考古学的には確認できていない。その点で、先にみた岡田精司氏の提唱された、「ニイナメ＝ヲスクニ儀礼」の成立が、このころとされていることは注目される。(29) 岡田氏がその年代を雄略朝とされたのは、その当時、古代国家の画期を雄略朝とみる考え方が有力であったこともあると思うが、今日では六世紀が大きな転換期とみられており、事実令前（「大化前代」）の統治機構や政治組織の形成は、継体・欽明朝に始まるとする見方が有力になっている。

私は、こうした儀礼は、まさに岡田精司氏が指摘された大王への服属儀礼の成立過程を裏付けると考える。すなわちそれまで多様な展開を示していた、各地の首長になされた食物の献上＝服属儀礼（「ヲスクニ儀礼」）と、首長に対する初穂の献上に起源するニイナメのまつりが結合して成立した、大王への服属儀礼である「ニイナメ＝ヲスクニ儀礼」に関わる可能性があると思う。したがって、先に詳しく見てきた埴輪祭祀における「導水施設形埴輪」と「井戸施設形埴輪」をめぐる祭式と、現実の導水施設のまつりなど古墳時代のまつりは、「ヲスクニ儀礼」を表現するものであったとみることができよう。そして、いわゆる「ヲスクニ儀礼」の最終段階か、「ニイナメ＝ヲスクニ儀礼」の始まりを示す、群馬県三ツ寺Ⅰ遺跡では、豪族居館内に祭場が設けられ、導水施設への水の供給も、濠に渡した水道橋により取り込まれるなど、祭祀は居館内で完結するようになされており、南郷大東遺跡でみられたように、広い地域で実施された「ヲスクニ儀礼」と異なり、「ニイナメ＝ヲスクニ儀礼」の段階では、王権の儀礼も朝廷において、宮殿で挙行されたとみるべきではないか。

このように、大王への服属儀礼である「ニイナメ＝ヲスクニ儀礼」が、六世紀ごろに、それまで各地の地方豪族が伝承してきた服属儀礼を統合・再編してなされたとするなら、同じころに成立したオオマエツキミ―マエツキミ制とも無関係とはいえないと考える。すなわちマエツキミの筆頭として、諸官人を統括・管理する立場にあった阿倍氏が、その重要な職務の一つとして、新しい王権の儀礼を主掌することになったのではないか。これまで阿倍氏の氏族的性格として指摘されてきた、「近侍官人的性格」や、「新嘗・服属儀礼の担当者」などは、マエツキミ筆頭としての阿倍氏にふさわしいものと考える。かくて第三章で指摘した、膳氏から分枝して、中央政界に乗り出した阿倍氏が、「職」によって大王に奉仕するのではなく、諸官人の統括者であるマエツキミとして、こうした職務を担うことになったことを、無理なく理解できるのではないか。

おわりに

以上検討してきたように、考古資料によって、四世紀以降、後の「ニイナメ＝ヲスクニ儀礼」につながる首長への服属儀礼（「ヲスクニ儀礼」）が、列島規模で盛行していたことが明らかになった。そしてそれが重層的な構造をとり、大王への服属儀礼へとつながっていたこともあって、後の新嘗祭となる儀礼と結合し、五世紀の後半ごろ、大王への服属儀礼「ニイナメ＝ヲスクニ儀礼」として整備されたことが明らかになり、文献資料から提唱された岡田精司氏の仮説を裏付けるところとなった。そして、六世紀ごろ大和政権がすすめた、王権とそれを支える政治機構の再編によって、オオマエツキミ―マエツキミ制が採用され、新たに設置されたマエツキミの筆頭となった阿倍氏が、中小伴造を統括して、行政事務を運営することになったことにより、新たに整備された王権の儀礼（「ニイナメ＝ヲスクニ儀礼」）を統括する役割も担うことになったと考えた。阿倍氏が王権祭祀である「新嘗・服属儀礼」を統括したのは、阿倍氏がそれ以前からそうした職務に関わっていたのではなく、また、そうした性格を持っていたのでもなく、このころ新たに創設されたオオマエツキミ―マエツキミ制にともなうものであったと考えるのである。

註

（1）関晃「大化前後の大夫について」（『大化改新の研究』下　関晃著作集第二巻　吉川弘文館　一九九六　初出一九五九）
（2）関晃「阿倍内麻呂について」（前掲書）
（3）武光誠「冠位十二階の再検討」（『日本古代国家と律令制』吉川弘文館　一九八四）
（4）加藤謙吉「大夫制と大夫選任氏族」（『大和政権と古代氏族』吉川弘文館　一九九一　初出一九八六）
（5）関晃「大化前後の大夫について」（前掲）
（6）原島礼二「大夫小論覚書」（『歴史評論』一一三　一九六〇）
（7）直木孝次郎「官人制の展開」（『飛鳥奈良時代の考察』高科書店　一九九六　初出一九八一）
（8）倉本一宏「氏族合議制の成立―「オオマエツキミ―マエツキミ」制―」（『日本古代国家成立期の政権構造』吉川弘文館　一九九七　初出一九九一）
（9）倉本一宏「古代朝鮮三国における権力集中」（前掲書　初出一九九〇）
（10）吉村武彦「古代の王位継承と群臣」（『日本歴史』四九六　一九八九）
（11）佐藤長門「倭王権における合議制の機能と構造―日本古代群臣論批判序説―」（『日本古代王権の構造と展開』吉川弘文館　二〇〇九　初出一九九四）
（12）佐藤長門「倭王権における合議制の展開―日本古代群臣論批判序説Ⅱ―」（前掲書　初出一九九六）
（13）佐藤長門「阿倍氏と即位儀礼」（前掲書　初出一九九三）

(14) 岡田精司「大化前代の服属儀礼と新嘗―食（オスクニ）の背景―」（『古代王権の祭祀と神話』塙書房　一九七〇　初出一九六二）、同「記紀神話の成立」（岩波講座『日本歴史』二　古代二　岩波書店　一九七五）
(15) 八尾市教育委員会『国史跡心合寺山古墳―これまでの発掘調査の成果―』（八尾市教育委員会　二〇〇一）
(16) 松阪市教育委員会『史跡宝塚古墳　保存整備事業に伴う宝塚1号墳・宝塚2号墳調査報告』（松阪市教育委員会　二〇〇五）
(17) 加古川市教育委員会『行者塚古墳発掘調査概報』（加古川市教育委員会　一九九七）
(18) 藤井寺市教育委員会『石川流域遺跡群発掘調査報告XXII』（藤井寺市教育委員会　二〇〇七）
(19) 青柳泰介「囲形埴輪小考」（『考古学に学ぶ』同志社大学　一九九九）
(20) 坂靖「古墳時代の導水施設と祭祀」（『考古学ジャーナル』三九八　一九九六）、青柳泰介「導水施設考」（『古代学研究』一六〇　二〇〇三）
(21) 石野博信「邪馬台国の考古学」（吉川弘文館　二〇〇一）、寺沢薫『王権の誕生』（講談社　二〇〇〇）
(22) 関川尚功「纒向遺跡［奈良県］」（『古墳時代の研究』第3巻「生活と祭祀」雄山閣出版　一九九〇）
(23) 滋賀県教育委員会・守山市教育委員会『服部遺跡発掘調査概報』（滋賀県教育委員会・守山市教育委員会　一九八〇）
(24) 奈良県立橿原考古学研究所『南郷遺跡群Ⅲ』（奈良県立橿原考古学研究所　二〇〇三）
(25)（財）東大阪市文化財協会『神並遺跡第4次、西ノ辻遺跡第10・16次発掘調査報告書（遺構編）』（（財）東大阪市文化財協会　二〇〇二）
(26) 群馬県教育委員会ほか『上越新幹線関係埋蔵文化財発掘調査報告書第8集　三ツ寺Ⅰ遺跡　古墳時代居館の調査』（一九八八）
(27) 水野正好「埴輪芸能論」（旧版『古代の日本』2　角川書店　一九七一）

(28) かみつけの里博物館編『はにわ群像を読み解く』(二〇〇〇)
(29) 岡田精司　前掲論文

第七章　阿倍氏同祖系譜の形成―大彦命後裔氏族の性格をめぐって―

はじめに

阿倍氏とその一族の性格を考えるうえで、重要な手がかりとなるのが、同祖系譜である。したがって、本章以外でも、たびたびふれているが、ここでは、その成立過程に視点をおいて、同祖系譜全般について考えることにしたい。一般に阿倍氏同祖系譜とは、『記紀』に収録される始祖系譜をいうが、『記紀』以外にも『姓氏録』などに、阿倍氏と同祖を主張する氏族が多くみえており、併せて考察したい。なお、その場合、系譜と不可分の関係にある始祖伝説の検討も、当然必要になってくる。そこでまず、同祖系譜を考える前提として、阿倍氏に顕著にみえる複姓をめぐる問題を整理しておきたい。

第一節　阿倍氏の複姓の同族の性格

阿倍氏の複姓については、複姓一般について考察された直木孝次郎氏・阿部武彦氏の先駆的な業績があるが[1]、阿倍氏に特化してこの問題に切り込んだのは、加藤謙吉氏である[2]。加藤氏は、阿倍氏の同族を大きく三種に分類し、それぞれの特徴・性格を検討された。①阿倍内・阿倍渠曾倍・阿倍引田・阿倍久努・阿倍布勢・阿倍狛・阿倍長田の七氏は、中央官人として大化期から奈良朝に活動し、阿倍姓を除いた単姓（地名）でも表記されており、本宗との血縁的親族関係が想定される（A）。②阿倍安積・阿倍会津・阿倍信夫・阿倍柴田・阿倍陸奥・阿倍猿嶋・阿倍磐城などの七氏には、東国・陸奥の地方豪族（郡領）で、在地の旧部民（丈部・丈部直）・土豪に出自し、阿倍氏とは血縁関係はなく、政治的同族を擬制したものである（B）。③阿倍日下・阿倍小殿・阿倍志斐（連）は、A・Bのいずれかは決しないグループで、中央氏族ではあるが特殊な存在である（C）。

　このうち、問題となるのはAの複姓である。加藤氏は、こうした複姓について、阿倍氏以外の複姓も合わせて集成して、検討を加えている。①『書紀』では、こうした複姓が、雄略朝からみえ、その後、次第に増加する傾向があり、史実として把握できるかもしれない。②阿倍内については、推古朝から孝徳朝まで、本宗家として、「阿倍」を名乗ることを許され、大夫の地位を世襲していたが、他の六氏は傍系で複姓の下部を単姓で名乗っていたが、カバネは本宗だけでなく六氏全体に及んでいる。③こうした復姓の成立については、古代の族長権を考察した阿部武彦氏が、七世紀後半から八世紀にかけての改賜姓が、家族ないし戸単位になされていることなどから、この時期にウジの分裂がすすんでいたとし、複姓も氏族分裂現象であるとされたことを継承し、分裂した諸氏を総称するウジ名として、複姓の上部が機能している。④孝徳朝の倉梯麻呂で、内臣家が断絶し、以後、本宗は、布勢・引田の両家が、氏上となる慣例ができたが、それ以外の分家も氏上＝本宗となる資格は保持していた。⑤こうした複姓の成立を促進したのは、官司制の進展に伴い、それを担う上級官人層の増加が必要になったからである。

　加藤氏の見解は、明解で説得力あるものといえる。ただ、複姓の成立過程については、やや異論がある。加藤氏は、その成立を比較的早く想定され、雄略朝頃から徐々に進んだとみておられるようであるが、事実としては、七世紀後半から八世紀にかけて盛行したとみるべきであろう。推古朝以前については、物部弓削連がその実例の可能性は残るが、それ以前のものについては、追記の可能性が高く、推古朝以降、政府機構の拡充が進展し、これに対応して、それを担う人材が必要となり、後に「臣連伴造国造」とされた、有力豪族の内、「臣連」を称するマエツキミ層において、氏族分裂がすすみ、複姓の同族からも上級官人層に加える道が開かれたという点で、政治的な意味を持つといえよう。この点については、オオマエツキミ―マエツキミ制と阿倍氏の問題として、改めて考えたいが、ここでは、複姓の同族が、同祖系譜に見える同族と、まったく別の原理で形成されたことを確認しておきたい。すなわち阿倍氏の本宗は、推古朝以降、分立した複姓の同族間において競合することになるが、これは、同祖系譜を構成する一族の中で、阿倍氏のみが本宗となる地位についたことを意味し、和邇氏同祖系譜のように、同祖系譜を構成する諸氏が、和邇氏の本宗家を競合するといったあり方とは、やや異なることである。そうした場合、推古朝以前においては、同祖系譜を構成する同族において、本宗家が選ばれていたという想定もできるかもしれない。要するに、複姓の成立は、同祖系譜における阿倍氏の主導的位置が確立したことを示しており、こうした阿倍氏の複姓の同族は、以下の同祖系譜の検討からは、基本的に除外することとする。次に、阿倍氏同祖系譜そのものについて考えたい。

第二節　同祖系譜の構成

阿倍氏同祖系譜とは、普通、『記紀』に収録される、次の記事をさしている。

A『古事記』孝元天皇段

其兄大毘古命之子。建沼河別命者。〈阿倍臣等之祖〉次比古伊那許士別命。〈自此至六字以音。此者膳臣之祖也。〉

B『書紀』孝元天皇七年二月二日条

兄大彦命、是阿倍臣・膳臣・阿閉臣・狭狭城山君・筑紫國造・越國造・伊賀臣、凡七族之始祖也。

そこでまず、この二つの同祖系譜のちがいについてふれておこう。すなわち、Bは、阿倍氏以下七氏の祖をすべて、孝元皇子大彦命とする一祖多氏同祖系譜（共有の始祖）であるのに対し、Aは、「阿倍氏等」の祖と膳氏の祖を、それぞれ大毘古命の子、建沼河別命と比古伊那許士別命としており、一祖一氏同祖系譜（単独の始祖）となっている。この二つの系譜の違いは、どのように理解すべきであろうか。

Aは、「阿倍氏等」とあるから、「等」に、Bにみえる諸氏が含まれているとも考えられるが、基本的に阿倍氏と膳氏という有力二氏が、大彦命の二人の子の後裔であることを主張するものであろう。これに対しBは、阿倍氏と膳氏をはじめとする「七族」の始祖として大彦命が位置づけられている。したがって、Bには、大彦命の子である建沼河別命と比古伊那許士別命は、当然のことながら登場しない。

この点について、志田諄一氏は、改新前後に阿倍氏本宗家が交替したことを想定し、もともとAのごとき所伝があったのに対し、新しい本宗家がより統合した形の同祖系譜を作成したと考えている。(3) さきにみたように、孝徳朝のころに、阿倍氏本宗内部に変動のあったことは、確かに間違いないと考えられるが、そこからすぐに、『記紀』の系譜の形に反映したとするのは、早急すぎると考える。その点は後に検討することとして、Aの系譜によれば、膳臣氏だけが、Bの同族の中で、阿倍氏と対等の位置にあり、Aの系譜が、結果的に膳臣氏の独自性を示しているともいえるであろう。ただし、この同祖系譜の形成過程において、本来別個であった阿倍氏と膳氏の有力二氏の系譜（Aの系譜）が、同祖関係をより強調するため、大彦命の後裔として統合したBの系譜が造られた可能性もあり、さらに検討が必要であろう。そこでまず、Bの系譜について考えてみたい。

Bの系譜は、ほぼ三つのグループに整理することができる。詳細は別に検討する必要があるが、第一のグループは、阿倍氏と膳氏で、いずれも大和に本拠をおく有力豪族で臣姓を称している。第二のグループは、阿閉氏と伊賀氏で、ともに伊賀を本拠とする地方的豪族であり、臣姓を称することは前者と同じである。第三のグループは、狭狭城山君、筑紫國造（筑紫君）、越國造（道君）の三氏で、それぞれ本拠は異なるが、いずれも各地の国造クラスの有力地方豪族で、君姓を共通にしている（なお後述）。このことから、Bの系譜には、中央豪族だけでなく、地方豪族がかなり含まれていることが判る。そこで、こうしたグループの性格をより鮮明にするため、『姓氏録』の同祖系譜を、出自により分類した、志田諄一氏の作成された一覧を参照して検討したい。

a　左京皇別

大彦命の後―阿倍朝臣・布勢朝臣・許曽倍朝臣・阿閉臣・名張臣・佐々貴山君
大彦命男彦背立大稲腰命の後―完人朝臣・高橋朝臣
大彦命男武淳川別命の後―竹田臣
大彦命孫磐鹿六雁命の後―膳大伴部
大彦命八世孫稚子臣の後―阿倍志斐連

b　右京皇別

大彦命の後―会加臣・杖部造
彦背立大稲興命の後―阿閉臣
伊波我牟都加利命の後―若桜部朝臣
大稲興命男彦屋主田心命の後―伊賀臣・阿閉間人臣・他田広瀬朝臣・道公・音太部

c　山城国皇別

大彦命の後―阿閉臣

d　大和国皇別
　大日子命の後─音太部・坂合部首
e　摂津国皇別
　大彦命の後─高橋朝臣・佐々貴山君・久々智・坂合部・伊賀水取・吉志
　大彦命男波多武日子命の後─三宅人
f　河内国皇別
　大彦命の後─阿閉朝臣・難波忌寸
　彦瀬立大稲起命─阿閉臣
　大彦命男紐結命の後─日下連・大戸首
　波多武彦命の後─難波
g　和泉国皇別
　大彦命の後─膳臣・他田

このように、『姓氏録』の同祖系譜は、『記紀』と異なり、その多くが具体的に大彦命だけでなく、その子や孫の名をあげ、その後裔であることを主張している。いっぽうで、大彦命の後とだけ記載するものもかなりある。このことについては、現在の『姓氏録』が、抄録本であることから、省略されている可能性もあり、確認する必要があろう。ただ、『姓氏録』の段階では、それぞれの氏族が、自家の系譜をそれなりに整理して所持していたとみられ、当然加上もあるとしても、独自に伝えられた所伝を含んでいる可能性もあろう。そこで、便宜上、全体を始祖名によりもう一度分類すると、ほぼ次のようになる。

1　大彦命の後とだけあるもの
阿倍朝臣・布勢朝臣・許曽部朝臣・名張臣・佐々貴山君・会加臣・杖部造・久々智・音太部・坂合部首・坂合部・伊賀水取・吉志・難波忌寸・膳臣・他田

2　武淳川別命（大彦命の子）の後とあるもの
竹田臣

3　彦背立大稲興命（大彦命の子）の後とあるもの
完人朝臣・高橋朝臣・阿閉臣

4　彦屋主田心命（大彦命の孫・大稲興命の子）の後とあるもの
伊賀臣・阿閉間人臣・他田広瀬臣・道公・音太部

5　波多武日子命（大彦命の子）の後とあるもの
三宅人・難波

6　紐結命（大彦命の子）の後とあるもの
日下連・大戸首

7　磐鹿六雁命（大彦命の孫・大稲興命の子か）の後とあるもの
若桜部朝臣・膳大伴部

8　稚子臣（大彦命の八世孫）の後とあるもの
阿倍志斐連

まず1は、大彦命の後とするだけで未整理であるが、その大半は2～8の大彦命の子や孫の後裔と共通するとみられ、その整理から始めたい。1の内、阿倍朝臣とその複姓氏族でもある布勢朝臣・許曽部朝臣などは、『古事記』の系譜を参照するまでもなく、2に分類すべきであろう。次に膳臣は、同様に3に分類される。そして、名張臣・佐々貴山君・伊賀水取・他田・音太部は、『書紀』の系譜の分類も参照するなら、4に分類することができる。そして、『姓氏録』右京皇別に、大彦命の後とみえる杖部造についても、以下の検討から4に分類できると思う。

すなわち、天平宝字二年(七五八)六月二十六日付「造東大寺司移案」に「杖部造子虫」がみえ、『三代実録』元慶七年(八八三)正月七日条に「丈部造氏良」が、同八年三月九日条に「丈部造氏吉」がみえるが、具体的な居住地などは判らない。また、『続紀』霊亀元年(七一五)三月二十五日条に、「相模国足上郡人丈部造智積」がみえ、東国での居住が知られる。そして、先に少しみたように、奈良時代以降に丈部を称する東国・東北の土豪が、何らかの事情で阿倍を複姓とするウジ名を賜わっており、注目される。こうした複姓については、これまでいくつかの解釈が出されている。丈部をもともと阿倍氏の部曲的なものとする見解や[4]、丈部という部名から、朝廷において雑用に携わる駈使丁=駈使部と解し、駈使部が供膳に関与していることから、阿倍氏を丈部の「大伴造」とみる見解もある[5]。ただ、丈部を阿倍氏の部曲とみることが難しいことは、すでに大塚氏が指摘しており、丈部を駈使部とする見解に、説得力があると考える[6]。ただ、阿倍氏をその「大伴造」とする指摘については、いささか性格があいまいであり、丈部の伴造とみられる丈部造も、いわゆる地方の伴造ではなく、「部+造」という形態から、「某舎人造」や、白髪部造、藤原部造のような中央における伴造の管掌者に類するのではないか。埼玉県稲荷山古墳出土鉄剣銘にみえる「杖刀人首」をその前身とし、丈部は令制の駈使部に引き継がれたとする見解を支持したい。そして、銘文にみえる系譜に阿倍氏の始祖である大彦命が記載されていることは、偶然とはいえないのではないか。このように考えられるなら、杖部造は4のグループに含まれる可能性が高い。

吉志・難波忌寸は、5に分類される。そして坂合部首・坂合部も5に分類できるかもしれない。坂合部首は、そのウジ名からして、坂合部の管掌者と考えられる坂合部首については、境部とも表記され、『姓氏録』摂津国皇別に「允恭天皇の御世に、国境の標を造立つ。因りて姓を坂合部連と賜ふ」とあるところから、国々の境界を監する部とする見解もあるが、いまだ定説をみていない。(7) 蘇我氏の一族に境部臣真理勢が知られ、複姓とみられるが、境部を統括する職掌と関係するのであろうか。また、允恭皇子坂合黒彦皇子の名にちなむ名代・子代とする見解もある。坂合黒彦皇子は、眉輪王の乱の際に、雄略の挙兵要請に対応しなかったとして、雄略によって殺されるのであるが、『書紀』雄略即位前紀（安康三年八月）によると、皇子に従っていた舎人の坂合部連贄宿禰も皇子とともに殺害されたとあり、坂合部が、同皇子の名代・子代であることを示唆するからである。

そうした場合、参考になるのが、6に見える日下連のことである。日下連は、大日下王・若日下王の名代・子代である日下部の管掌者とみられる。日下連は、正式には日下部連と考えられるから、草壁連とも表記されている。同氏は、もと草壁（日下部）吉士を称しており、天武十一年、三宅吉士らとともに連姓を賜わっている。従来の研究で明らかにされているように、同氏の本拠は、「河内国草香邑」、和泉国和泉郡日下郷あたりと考えられ、(8) 付近には、日下部首などの居住も知られる。日下部が、右の二王の名代・子代であることは、『記紀』の明記するところであり、先にみた『雄略紀』の所伝で、大日下王を讒死させた根使王の子孫の一部が、大草香部民とされた際、大日下王に殉死した難波吉士父子の子孫が、大草香部吉士を賜姓されていることは、草香部吉士が日下部を管掌していたことを明白に物語る。(9) こうした点から、坂合部首も5か6のグループに所属するのではないか。実は後述するように、5と6は一括して、同一グループになる。

残る会加臣と久々智については、6のグループに分類できそうである。会加臣は、『続紀』天平神護二年（七六六）

二月二十七日条に、「右京人従六位下私真縄・河内国人少初位上私吉備人等六人に会賀臣を賜姓す」とあるように、旧姓は「私」であった。会加は、『書紀』雄略十三年三月条に、「餌香市」・「餌香長野邑」がみえ、『続紀』宝亀元年（七七〇）三月十日条に「会賀市司」がみえるから、河内国志紀郡長野郷に因む地名で、河内国志紀郡の会賀（餌香）を本拠としていたとみられ、6のグループの諸氏と共通性がありそうである。久々智は、鞠智とも書き、後の摂津国河辺郡久々知（兵庫県尼崎市小田）の地名による。詳細は不明だが、摂津を本拠としていたのか。5か6のグループに所属するのではないか。(10)

そして、もう一度『姓氏録』の同祖系譜を見直してみると、まず気づくのは、志田氏も強調されているように、『古事記』の系譜で、「阿倍氏等」の祖とある武渟川別命の後とあるのが竹田臣だけであることである。1の大彦命の後とあるものの内、阿倍朝臣とその複姓氏族である布勢朝臣・許曽部朝臣などを、『古事記』の記載から、これに加えたとしても、少数であることは否定できない。なお竹田臣については、十市郡に大伴氏の所有する竹田庄があることから、阿倍氏や膳氏の本拠に近い、この地に拠点を持つ複姓氏族とすることもできるのではないか。ちなみに、『続紀』弘仁四年（八一三）正月条に、「右京人従八位下竹田臣門継等六人に、姓を清岑宿禰と賜ふ」とあり、『続後紀』承和三年（八三六）閏五月条には、「左京人従五位下清岑宿禰門継、宿禰を改めて朝臣を賜ふ」とあり、阿倍氏の複姓の一族としては異例の経歴を示すが、そのような扱いはされているといえよう。なお、『日本文徳天皇実録』天安元年（八五七）六月条には、「正六位上竹田臣田継に、姓を清岑朝臣と賜ふ」とあり、弘仁四年段階で、改氏姓していなかった一族があったことがわかる。それほど顕著な事績を残す氏族ではない。(11)なぜ、『古事記』の系譜で、「阿倍氏等」の祖とある、武渟川別命を始祖とする同祖氏族が少ないのであろうか。

これに対し、始祖の名こそ違うが、3と7は、明らかに膳臣の一族である。高橋朝臣は膳臣が改姓したのであるから、このグループの中核であり、完人朝臣も、供膳を担当する膳氏の中でも、動物の肉を調達した一派と思われる。7の若桜部朝臣は、膳臣余綫が賜わった新しい氏姓であるし、膳大伴部は、膳氏が率いるトモであり、膳臣にとって、その「職」に関わる配下の集団である。『姓氏録』は明記しないが、7のグループの、大彦命の孫とある磐鹿六雁命の父は大稲興命とみられ、膳臣の中核となる同族が含まれている。(12)したがって、大稲興命の子である4の彦屋主田心命のグループも、始祖が父子であるから、当然この系統に属す、膳氏と近い同族といえよう。4のグループに含まれるのは、伊賀臣・阿閉間人臣・他田広瀬臣・道公・音太部などであるが、先に検討したように、1のグループの名張臣・伊賀水取・佐々貴山君・他田を、このグループに加えることができる。他田広瀬臣は、複姓で他田は大和国城上郡他田、廣瀬は大和国広瀬郡広瀬に関わるとみられ、阿倍広瀬朝臣の例もあることから、阿倍氏本宗家に近い複姓一族の可能性も考えられるが、膳臣の系統に含まれていることは、注意される。4にみえる阿閉間人臣は、複姓で阿閉臣が本姓であるから、3と4が同一グループであることを裏付けている。越国造の本姓とみられる道公と佐々貴山君も、『書紀』の同祖系譜に名を連ねるから、このグループに属することは、不自然ではない。そうなると同祖氏族の中でも、3・4・7は膳氏を中核とする大きな同族団を構成していることになる。やや異質なのは、8の阿倍志斐連で、唯一の「連」姓で阿倍を複姓に持つことも注意される。そして、5と6の「吉士集団」のグループもやや異質ということになる。(13)阿倍氏同祖系譜であるのに、阿倍氏の始祖の後裔を主張するのは少数派となっているのである。さらに考える必要があろう。

このように、『姓氏録』の系譜は、武渟川別命を始祖とする2と、それに準ずる阿倍氏本宗と、もともと渡来氏族であったと考えられる、5と6の「吉士集団」のグループを除き、そのほかのほとんどが、膳臣の祖である彦稲腰命の後裔となり、武渟川別命を始祖とする阿倍氏の存在は、少なくとも『姓氏録』の始祖系譜では、少数派となり、影が薄くなるのである。阿倍氏同祖系譜というより、膳氏同祖系譜と呼ぶべき様相を呈しているのである。したがって、こうした『姓氏録』同祖系譜の理解を基にして、『書紀』の同祖系譜の検討が必要になるが、その前に、こうした同祖系譜の形成と密接な関係にある始祖伝説を検討する。

第三節　阿倍氏の系譜と始祖伝説

『記紀』にみえる阿倍氏の始祖伝説とされるのは、いわゆる四道将軍伝説である。

（一）『書紀』崇神天皇十年九月九日条

九月の丙戌の朔甲午に、大彦命を以て北陸に遣す。武渟川別をもて東海に遣す。吉備津彦をもて西道に遣す。丹波道主命をして丹波に遣す。因りて詔して曰はく、「若し教を受けざるものあらば、乃ち兵を擧げて伐て」とのたまふ。既にして共に印綬を授ひて將軍と爲す。壬子に、大彦命、和珥坂の上に到る。時に少女有りて、歌して曰はく。〈一に云はく、大彦命、山背の平坂に到る。時に、道の側に童女有りて歌して曰はく。〉

御間城入彦はや　己が命を　弑せむと　竊まく知らに　姫遊すも　〈一に云はく、大き戸より　窺ひて殺さむと　すらくを知らに　姫遊すも〉

是に、大彦命異びて、童女に問ひて曰はく、「汝が言は何辭ぞ」といふ。對へて曰はく、「言はず。唯歌ひつらくのみ」といふ。乃ち重ねて先の歌を詠ひて、忽に見えずなりぬ。大彦乃ち還りて、具に状を以て奏す。是に、天皇の姑倭迹迹日百襲姫命、聰明く叡智しくして、能く未然を識りたまへり。乃ち其の歌の恠を知りて、天皇に言したまはく、「是、武埴安彦が謀反けむとする表ならむ。吾聞く、武埴安彦が妻吾田媛、密に來りて、倭の香山の土を取りて、領巾の頭に嚢みて祈みて曰さく、『是、倭國の物實』とまうして、乃ち反りぬ。〈物實、此をば望能志呂と云ふ。〉是を以て、事有らむと知りぬ。早に圖るに非ずは、必ず後れなむ」とまうしたまふ。

（二）『書紀』崇神天皇十年十月一日条・十一年四月二十八日条

冬十月の乙卯の朔に、群臣に詔して曰はく、「今返けるし者、悉に誅に伏す。畿内には事無し。唯し海外の荒ぶる俗のみ、騒動くこと未だ止まず。其れ、四道將軍等、今急に發れ」とのたまふ。丙子に、將軍等、共に發路す。

十一年の夏四月の壬子の朔己卯に、四道將軍、戎夷を平けたる狀以て奏す。

要約すると、崇神天皇の十年秋七月、天皇は、四方に将軍を遣わし、王化を広く伝えることを命じ、九月、大彦命を北陸に、武渟川別を東海に、吉備津彦を西道に、丹波道主命を丹波に遣わした。ところが、大彦命が和珥坂にさしかかった時、少女が怪しげな歌を謡うのを聞き、朝廷に取って返してその旨を伝えた。それを聞いた天皇の姑倭迹迹日百襲姫命は、それを武埴安彦謀反の前兆と指摘し、その直後、実際に謀反が発覚した。天皇は、五十狭芹彦命を遣はし、武埴安彦の妻吾田媛を破り、大彦命と和珥臣の祖彦國葺とを山背の武埴安彦討滅に遣わした。そして彦國葺の活躍で武埴安彦を破った。この結果冬十月、都に留まっていた四道将軍に対し、再び出発の命が下り、翌十一年夏四月、それぞれの平定が完了したことが述べられている。四道将軍派遣以前の武埴安彦の乱に大半の記述を費やし、四道将軍の征討にかかる具体的な記述はほとんどない。もともと詳しい所伝がなかったのであろうか。

（三）『古事記』崇神天皇段

又、此之御世に、大毗古命者、高志道に遣し、其之子建沼河別命者、東方十二道に遣し而、其ノ麻都漏波奴

〈麻自り下ノ五字は音を以ゐる。〉人等を和平さ令メたまひき。また日子坐王者、旦波国に遣はして、玖賀耳之御笠を殺さ令メたまひき。〈此は人ノ名者也。玖賀ノ二字は音を以ゐる。〉故、大毘古命、高志国於罷り往く時、腰裳服る少女、山代之幣羅坂に立ち而歌ひて曰く、

御真木入彦はや　御真木入彦はや　己が緒を　奴須み殺せむト　後つ戸よ　い行き違ひ　前つ戸よ　い行き違ひ　窺はく　知らにト　御真木入彦はや

於是、大毘古命、恠しと思ひ馬を返し、其ノ少女を問ひて曰く、「汝が所謂へる言は、何ノ言。」トいふ。爾して、少女答へて曰く、「吾は言は勿。唯為詠歌ひつるに耳。」トトいひて、即ち其ノ所如モ見え不而忽ちに失せぬ。故、大毘古命、更に還り参上り、天皇於請ふ時、天皇答へて詔之らさく、「此者山代国に在る我之庶兄建波迩安王、邪き心起せし表ト為る耳。〈波迩ノ二字は音を以いる。〉伯父、興軍して行す宜し。」トノらして、即ち丸迩臣之祖、日子国夫玖命を副へ而遣す時、即ち丸迩坂於忌瓮を居え而罷り往く。於是、山代之和訶羅河に到る時、其ノ建波迩安王、軍興して待ち遮ふ。各中に河を挟み而、対ひ立ち相挑みたり。（中略）

故、大毘古命者、先ノ命ノ随に、高志国に罷り行きき。爾して、東ノ方自り遣さ所し建沼河別ト其ノ父大毘古与共に、相津に往き遇ひき。故、其地を相津ト謂ふ。是を以ちて、各遣さ所し国ノ政を和平し而覆奏しき。爾して、天下太平ケく、人民富栄えたり。於是、初めて男の弓端之調、女の手末之調貢ら令めたまひき。故、其の御世を称へて、初国所知らしし御真木天皇と謂ふ。又、是之御世に、依網池作り、亦、軽之酒折池作りき。

ここでは、崇神天皇の御世、天皇は大毘古命を高志道に、その子建沼河別命を、東方十二道に遣わし、伏はぬ人等を和平させたとあり、日子坐王を丹波国に遣わし、その国の族を討たせたとある。そして、大毘古命が、高志国

へ「罷り往きし時」に、山代の幣羅坂で少女が怪しい歌を謡うのを聞き、朝廷にとって返したところ、天皇は、庶兄建波邇安王の叛を示すものとし、大毘古命に討滅することを命じ、丸邇臣の祖日子國夫玖命を副えて遣わした。日子國夫玖命の活躍で、叛乱を鎮定した大毘古命は、再び高志国に下ったが、相津で東方に遣わされた建沼河別命と会し、その後それぞれの国々を平定して復命したとする。

『書紀』とほぼ同じ構成をとっているが、大彦命の派遣先を「北陸」ではなく「高志道」とし、建沼河別命の派遣先を「東海」ではなく「東方十二道」することや、丹波へ派遣されたのを「丹波道主命」ではなく、その父の「日子坐王」とし、『書紀』が「西道」に派遣したとする吉備津彦のことは載せず、当然「四道将軍」という表現も見えていない。よりオリジナルな所伝といえるかもしれない。ただ、現地に赴く以前の「庶兄建波邇安王の叛」に大半の記述を費やし、各地の征討のことはごく簡略にしか記述しないのは、『書紀』と変わらない。

さて、『記紀』が共に掲載するこの物語は、古来『書紀』の記載によって、四道将軍による国内平定の物語として著名であるが、右にみたように、それぞれの平定に関しては具体的な記述は全くなく、『古事記』がやや具体的に、大彦命父子の会津での再会を書いているものの、倭建命の物語にみえる地名起源譚を真似た同工異曲であることが指摘されている程度で、この伝説が、王権史の構想の要請から、崇神天皇の事績として「四方」の平定を記述し、国土の統一を語る必要から『記紀』の編纂段階で、再構成されたと考えられている。[14]すなわち、『書紀』がわざわざ、『古事記』にない吉備津彦による西道征討を付加し、「四道」として、この物語が全国的な平定であるように構成していることもそうした意図を明確に語るものであり、『古事記』崇神天皇段の、崇神の治世を回顧する記述に、この平定により天下が治まり、始めて税制が定められたとし、天皇をたたえて「初国所知らしし御真木天皇」と呼んだとするように、崇神天皇を、大和政権成立の一つの画期としようとする意図が明確に示されている。[15]

ただ、二次的に付加された吉備津彦による西道征討を除き、『記紀』に共通してみえる、大彦命・建沼河別命による高志・東国征討、日子坐王、或は、丹波道主命による丹波征討については、すべて机上で述作されたのではなく、四道将軍伝説として構成される以前においては、それぞれ別個に独自の所伝があったとみられる。後者については、主題からはずれるので詳しくふれる余裕はないが、丹波道主命は、周知のように日子坐王の子であり、丹波と深く関わる人物である。[16]『古事記』において、日子坐王が、その国の族、玖賀耳之御笠を討ったとあるように、さらに詳しい所伝があったと推測される。[17]いっぽう大彦命に関わる所伝については、武埴安彦の乱と和邇臣の祖彦国葺の功業の物語が取り込まれており、やや複雑な構成となっているが、その部分を除けば、大彦命が高志を、武沼河別が東方十二道を征するという単純な構成になっていたとみることができる。おそらく、「四道将軍」による国内平定物語を述作する際に、ベースとなる所伝が貧弱であったため、もともとは全く別個に成立したいくつかの伝説を、増補・合成して作成したと推測するのである。

そのように考えた場合、大彦命が高志を、武沼河別が東方十二道を征するという物語は、始祖系譜と整合するのであろうか。すなわち、右にみたように、『古事記』の系譜では、その始祖を大彦命の二人の子、建沼河別命を阿倍臣等の祖、比古伊那古志別命を膳氏の祖とするのに対し、『書紀』は、大彦命を阿倍・膳など「七族」の祖とし、建沼河別命・比古伊那古志別命は登場しない。ところが、『姓氏録』では、大彦命は始祖として普通に見えるのに対し、建沼河別命の影は薄く、代わって比古伊那古志別命をはじめとする、膳系の人物が多数を占めるのである。いっぽう四道将軍伝説では、『記紀』に共通して、右にみたように、比古伊那古志別命など膳氏系の始祖は登場せず、大彦命と建沼河別命のみが登場し、大彦命を越（高志）に派遣したとし、武沼河別命を東方十二道（東海）に遣したとしているのである。このことについては、少し違和感がある。

すなわち、第三章で考えたように、『書紀』景行五十三年十月条をはじめ、『姓氏録』左京皇別上の高橋朝臣条・膳大伴部条、『高橋氏文』などにみえる膳氏の始祖伝説では、その遠祖磐鹿六雁臣が、景行天皇の東国巡行に従って、蛤の料理を天皇に奉り、その功績をたたえて、膳大伴部を賜ったとするように、膳氏が奉膳の「職」により、大王に奉仕するという、「奉事の根原」を語るもので、その主たる舞台を東国＝東方十二道としているからである。そして膳氏は、東方十二道の国造の子弟からなるトモ（膳大伴部）を率いて、朝廷の奉膳の「職」に当たっていたのであり、この伝説は、朝廷では周知の伝承であったことは明らかであろう。しかもこの所伝の主人公である磐鹿六雁臣（命）は、『姓氏録』膳大伴部条に「大彦命の孫磐鹿六雁命の後」とあり、高橋朝臣条に「大稲輿命の後」とあるから、大稲輿命の子であった。『記紀』が東方十二道（東海）に遣したとある武沼河別命は、当然これらの所伝には、まったく登場しないのである。

大彦命を越（高志）に派遣したとする所伝は、阿倍氏と越の深いかかわりを反映した所伝とみられており、特に問題はない。[18]これに対し、阿倍氏の祖である武沼河別命を東方十二道や東海に派遣したとされる所伝は、右にみたように、本来、阿倍氏というより膳氏に関わるもので、先にみた『古事記』『姓氏録』の同祖系譜（始祖系譜）に対応するものといえよう。四道将軍伝説では、これを阿倍氏の始祖伝説とするため、意図的に改変したことが疑われるのである。すなわち、王権史の構想の流れの中で、崇神天皇の事績として、「四方」の平定を語る必要から、国内征討の物語として再構成する中で、四道将軍伝説における阿倍氏の功業をより際出させるべく、膳氏の東方十二道の支配に関わる伝説を、武沼河別命のこととして取り込み改変したと考えられるのである。それはそれとして、四道将軍伝説について留意すべきは、阿倍氏が何らかの「職」をもって大王に奉仕するという始祖伝説ではなく、大王に代わって「四方」の平定に携わるという政治的な活動ということである。

いっぽう阿倍氏は、先にみた始祖伝説以降、『書紀』には目立った活動がみえなくなるが、欽明朝ごろになると、蘇我氏とともに、急速に史上に登場し、精力的な政治活動を始めている。すなわち、宣化元年二月、大連物部麁鹿火・大伴金村と大臣蘇我稲目につぐ大夫として、阿倍大麻呂が見えるのを初見とし、推古十八年三月、阿倍鳥子臣が四大夫の一人として朝廷に参議しているなど、大夫という地位と深く関わって、阿倍氏の活動が確認できるのである。そして、蘇我氏滅亡後には、一時阿倍倉梯麻呂が、孝徳政権の左大臣として、群臣の首座を占めており、その娘小足媛が孝徳の「元妃」として見え、有間皇子を生んだとあり、同じく橘娘が天智嬪となり飛鳥皇女・新田部皇女を儲けたとある。その後も、持統朝では、天武の殯庭で、一族の布勢朝臣御主人が、「太政官の事」を誄しており、文武朝には右大臣に昇進し、その孫娘（阿倍大刀自）を長屋王の妃としており、同じく孫娘が藤原武智麻呂の妻（嫡夫人）となり、豊成・仲麻呂兄弟を生んでおり、政権において重きをなしている。[19]

このように、宣化朝以降の阿倍氏に関わる『書紀』の記述は、大和政権の執政官であるオオマエツキミ―マエツキミ制（氏族合議制）において、大夫（マエツキミ）の筆頭として、台閣を主導するという政治的な活動を示している。そして、令制下においても、議政官補任氏族として、その地位を維持しており、中央豪族としての地位を確立していることが確認される。また、阿倍氏が多く関与している、遣外使や外国の使節への応対など、海外交渉への関与についても、その「職」に関わるというより、マエツキミという、議政官としての役割を示すものであろう。したがって、阿倍氏は、始祖伝説である四道将軍伝説も含め、膳氏の始祖伝説に見られた、奉膳のような、特定の「職」には関わるのではなく、蘇我氏とともに大和政権の中枢を構成する議政官としての立場を示しており、膳氏とは対照的なあり方を示しているといえる。そして、先に検討したように、『姓氏録』の始祖系譜にみえる諸氏は、武渟川別命を始祖とする阿倍氏と、もともと渡来氏族であったとみられる「吉士集団」を除き、そのほとんどが、膳臣の祖である大稲腰命の後裔であって、阿倍氏は少数派となっており、阿倍氏同祖系譜というより、膳氏同祖系譜と呼ぶべき様相を呈していた。そしてそのことは、第三章において指摘した、膳氏からの阿倍氏の分枝と、阿倍氏の政治的な進出を裏付けるといえよう。そこで次に、こうした理解を前提として、阿倍氏同祖系譜の形成過程を考えることにしたい。

第四節　阿倍氏同祖系譜の形成過程

阿倍氏同祖系譜は、先にみたように『姓氏録』にも多くの同族の名がみえているが、ここではそうした同祖系譜の原型ともいえる『記紀』の系譜記事を取り上げる。ただ、『古事記』の同祖系譜にみえる阿倍氏と膳氏は、『書紀』の同祖系譜の七氏にも含まれているから、『書紀』の同祖系譜を阿倍氏同祖系譜として取り上げる。この系譜は、先に少し指摘したように、ほぼ三つのグループに整理することができる。第一のグループは、阿倍氏と膳氏で、いずれも大和に本拠をおく有力豪族で臣姓を称している。第二のグループは、阿閉氏と伊賀氏で、ともに伊賀を本拠とする地方豪族であり、臣姓を称することは前者と同じである。第三のグループは、筑紫國造（筑紫君）、越國造（道君）の二氏で、それぞれ本拠は異なるが、いずれも各地の国造クラスの有力地方豪族で、君姓を共通にしている。狭狭城山君は、第三のグループにはいるが、第二の可能性もある。

このうち第一のグループについては第三章において検討しており、結論的に述べるなら、阿倍氏と膳氏は、擬制的な同祖関係にあったのではなく、欽明朝ごろに、蘇我氏と連携して中央政界に登場した膳氏が、もとからの「職」である供膳の業務をすすめる中で、中央豪族として登用され、本来その「職」と関わらない政治的な活動にも深く関わるようになったため、政治的に上昇した主流が、膳氏から分枝して、その居住地により、新たに阿倍を称することになり、本来の「職」を継承・維持する一族が、そのまま膳を称することになったと考えた。また、第三のグループについては、第二章において、『姓氏録』の系譜を検討し、阿倍氏同祖系譜の中では異質な性格を持つ「吉士集団」と阿倍氏の関係を検討する中で、マエツキミの筆頭として、海外交渉を主掌する立場にあった阿倍氏が、大和政権の対外交渉の拠点である、筑紫と越の豪族の支援・協力を得る必要から、同族関係を結ぶことになったと考えた。ただし、第二ないし第三グループと考えた佐々貴山君については、第五章でやや詳しく検討しているが、同祖系譜の形成においては、別の問題を含んでおり、後に取り上げたい。

そこで、第二のグループであるが、阿閉氏と伊賀氏は、いずれも伊賀国を本拠とするとみられる。すなわち阿閉氏は、伊賀国阿拝郡（三重県阿山郡）、伊賀氏は、同国伊賀郡（三重県名賀郡）を本貫地としていたと考えられている。[20] どうして伊賀を本拠とする豪族が阿倍氏と同族関係になったのであろうか。

阿閉氏は、『姓氏録』河内国皇別に阿閉朝臣が、左京皇別上・右京皇別上・山城国皇別・河内国皇別に阿閉臣がみえる。『書紀』天武十三年十一月一日条に、朝臣賜姓のことがみえる。阿閉臣の一族には、『書紀』雄略三年四月条に阿閉臣国見が、同顕宗三年二月一日条に阿閉臣事代、同推古十八年十月九日条に阿閉臣大籠がみえ、阿閉朝臣の一族には、『続紀』和銅元年（七〇八）正月十一日条に阿閉朝臣大神が、同天平感宝元年（七四九）六月二十四日付「東大寺伊賀国玉滝杣券」（三－一三五）に敢朝臣安万呂が、天平勝宝元年（七四九）十一月二十一日付「柘植郷長解」（三－三三四）に敢朝臣粳万呂、天平勝宝二年三月二十三日付「勘籍」（二五－一〇七）に阿閉朝臣多心、天平宝字二年九月五日付「東寺写経所解」（四－三〇五）に阿閉朝臣豊庭、『三代実録』貞観八年（八六六）正月八日条に阿閉朝臣以子がいる。伊賀に本拠があり、畿内一円に居住していること、敢朝臣とも表記されることが判る。

阿閉氏については、本居宣長が、阿倍と阿閉の音の一致を根拠とし、阿倍氏と阿閉氏を同一氏とし、阿倍氏の本拠も伊賀国としている。(21)周知のように、元明女帝は、普通、阿閉皇女と表記されているが、安倍皇女と表記される例もあるように、阿倍と阿閉は通用するからである。(22)しかし、古代の文献では、阿倍氏と阿閉（敢）氏は、明らかに区別して記載されており、別氏とすべきであろう。近年、加藤謙吉氏は、阿倍氏と阿閉（敢）氏の「倍」と「閉」は、上代特殊仮名遣いでは、いずれも乙類の「へ」であることに加え、阿倍氏の本拠とされる、十市郡安倍における考古学的なデータから、阿倍氏に関わる古墳や寺院・居館などは、六世紀末以降のもので、それ以前には遡れないことから、そのころに伊賀国阿拝郡からこの地に進出し、阿倍を名乗ったと考えられている。(23)魅力的な説であるが、後述するように、両氏は同族ではあるが、始祖を異にするなど別氏とすべきであろう。

敢氏については、敢氏と伊勢神宮の関わりを検討した前川明久氏が、その本拠について、『書紀』天武元年九月十日条に、壬申の乱に勝利した大海人皇子が、伊勢から飛鳥へ戻る途次に「阿閉」に宿したことを指摘し、その地には、『延喜式』神名帳に敢国神社もあって、阿閉氏の本貫地として有力とされた。そして、前川氏は、敢氏の氏族分布表を作成し、その分布が大和から伊勢に至る交通路沿いであるとし、敢氏が管理・支配したとみられる敢石部が伊勢湾岸地域に多く認められることを指摘し、敢氏―敢石部が神饌である伊勢神宮への贄の貢進に当たっていたことを推定されている。ただ、阿閉（敢）氏や敢石部の分布は、前川氏が作成した一覧でも問題を残している。(24)敢石部の分布をみると、尾張・遠江・駿河にもみえ、東国へのルートとの関わりも推定できる。ヤマトタケルの東征伝説からも窺えるように、伊勢も東国へのルートの重要な起点であった。そうした場合、阿閉（敢）氏は、阿倍氏というより、東国との関わりが深い膳氏の同族にふさわしいあり方を示しているといえよう。ちなみに『姓氏録』河内国皇別には、「阿閉朝臣と同じき祖。大彦命の男、彦瀬立大稲越命の後なり」とあり、『古事記』の始祖系譜に、阿倍氏の祖とある建沼河別命ではなく、膳氏と同じ始祖を戴いているのである。阿閉（敢）氏は、膳臣の東国経営をサポートをすることで、膳氏の同族に位置づけられたのであろう。すなわち、狩野久氏が詳細に明らかにされたように、伊勢の南に接する志摩国は、若狭国とともに、膳氏の「御贄」貢進の拠点だったのである。膳氏と志摩の深い関係からみても、阿閉（敢）氏と伊勢の関係は、隣国というだけでなく、特別なものがあったとすべきであろう。(25)

いっぽう伊賀氏についても、『姓氏録』右京皇別上に「伊賀臣。大稲輿命の男、彦屋主田心命の後なり。」とあり、阿閉（敢）氏と同様に、膳氏との関係が深いことが知られる。そのウジ名は、後の伊賀国伊賀郡（三重県名賀郡）の地名によるとみられ、天平十五年（七四三）九月一日付「摂津職移」（『正倉院文書』二―三三八）に伊賀臣大麻呂が、天平十五年九月一日付の「東寺奉写経所解」（『正倉院文書』一四―四〇六）に伊賀臣石足、『続後紀』承和十三年正月八日条に伊賀臣真広などがみえている。伊賀氏の事績は、ほとんど知られていないが、『書紀』宣化元年五月条の那津官家修造の記載は注目される。

夏五月の辛丑の朔に、詔して曰はく、（中略）故、朕、阿蘇仍君〈未だ詳ならず。〉を遣して、加、河内国の茨田郡の屯倉の穀を運ばしむ。蘇我大臣稲目宿禰は、尾張連を遣して、尾張国の屯倉の穀を運ばしむべし、物部大連麁鹿火は、新家連を遣して、新家屯倉の穀を運ばしむべし、阿倍臣は、伊賀臣を遣して、伊賀国の屯倉の穀を運ばしむべし。官家を、那津の口に修り造てよ。（下略）」とのたまふ。

第一章で検討しているように、この記事は、筑紫那津之口に設置された「官家」の成立事情を記したもので、この部分は、天皇を先頭に、宣化朝の有力者が、各地の屯倉から穀を運んで、那津之口に官家を修造したことを述べた、この記事の核心部である。この記事でまず注目されるのは、ここに登場する宣化朝の有力者、蘇我大臣・物部大連・阿倍臣の三人は、宣化元年二月条の執政官の再任・新任記事に見える人物とみられ、当時の政治中枢が関与している国家的な事業であることである。ここに、阿倍氏の関与が記されていることは、阿倍氏が当時の政権を主導する立場にあったことを示しているが、その指示により伊賀臣が「伊賀国屯倉」の穀の運送に関与していることは、阿倍氏と伊賀氏が、ごく近い関係にあったことを示している。

伊賀国屯倉については、特定の屯倉の名称でなく、伊賀地方に所在する屯倉の総称であろう。そして伊賀臣氏は、伊賀の国造級の豪族で、「伊賀国」の各所に大和政権が設置したミヤケを経営し、様々な生産物や物品を貢納していたとみられ、那津官家の修造もそうした業務のひとつであったとみられる。ただ、注意すべきは、この時の阿倍氏は、マエツキミの筆頭として政府の重臣の立場で伊賀氏に指示しており、同族関係がすべてではないことである。先にみたように、伊賀氏が阿倍氏というより、始祖系譜では膳氏と共通性があったことを否定しているわけではないと思う。伊賀に本拠のある伊賀氏が、阿閉（敢）氏とともに、阿倍氏同祖系譜、なかんずく『書紀』の系譜の七氏に選ばれたのは、膳氏が中核となってすすめた大和政権の東国経営において、大和から伊賀・伊勢・尾張・遠江・駿河とのびるルートの維持と運営に関わっていたからではないか。ここでは詳しく検討することはできないが、『姓氏録』の同祖系譜に見える名張臣・伊賀水取も、阿閉（敢）臣・伊賀臣に協力・バックアップする役割を担っていたと考える。

以上の検討により、第二のグループは、阿倍氏の始祖である建沼河別命ではなく、膳氏の始祖彦背立大稲輿命に出自することを主張しており、その本拠である伊賀は、大和政権が東国へ向かう重要な拠点であり、膳氏がすすめた大和政権の東国経営において、大和から伊賀・伊勢・尾張・遠江・駿河とのびるルートの維持と運営に関わっていたことが、そうした始祖系譜を生み出すことになったと考えた。そして、『姓氏録』の同祖系譜も、こうした

『記紀』始祖系譜と始祖伝説を、基本的に受け継いだものであり、七氏の周辺に位置する氏族を、次第に同祖として吸収していったと考える。

最後に、先に保留した佐々貴山君に関わる問題にふれておきたい。第五章で述べたように、佐々貴山君は、阿倍氏同祖系譜の七族の中に含まれ、阿倍氏同族の中で重要な一族であるが、それとは別個に、大王の遊猟や薬猟への奉仕・材木の供給、鉄生産への関与などの「職」を持って、大王に奉仕するという伝統を持ち、その「職」に関わる始祖伝説を、別途『記紀』に残しており、特殊なカバネとみられる「山君」は、そうした「職」に関わるものであった。それはいわゆるトモ制（伴造制）に準ずる奉仕形態とも考えられ、こうしたことは、稲荷山古墳出土鉄剣銘に見える、トモ制に先駆する奉仕形態とも重なる部分があると考える。そして、稲荷山古墳出土鉄剣銘の始祖系譜が、同祖系譜の祖型であるとする指摘によるなら、意富比垝を始祖とする同祖系譜が、ワカタケルの時代の東国においても受容されていたことなり、乎獲居の系譜の前半に見える多沙鬼獲居が、佐々貴山君に関わるとするなら、意富比垝を始祖とする同祖系譜の中に、すでに多加被次獲居に関わる膳氏とともに、含まれていたことを裏付けるかもしれない。そしてそのことは、阿倍氏同祖系譜の中に占める佐々貴山君の、特殊な位置に関わるのではないか。

おわりに―阿倍氏同祖系譜の成立過程―

以上煩雑な考察に終始したが、いまだ不十分ではあるが、阿倍氏同祖系譜の成立過程について、一応の見通しが立ってきたように思われる。まず、阿倍氏同祖系譜の中核を構成する阿倍氏と膳氏については、その本拠地も隣接し、共同歩調をとることも多く、実際に阿倍氏同祖系譜における両氏の始祖系譜や始祖伝説の検討からも、本来同一氏族であったとみて良いようである。すなわち、おそらく継体朝から欽明朝にかけて、蘇我氏と共に政治中枢に進出した膳氏の主流は、その居住地に基づき阿倍氏として自立し、マエツキミ（大夫）の筆頭として、政局の運営に専念したのではなかろうか。そして、膳氏として残された一族は、本来の「職」である供膳により大王への奉仕を継続することになったのであろう。したがって、そうした本来の「職」に関わることで形成された同祖系譜は、基本的に膳氏が引き継ぎ、阿倍氏は、『記紀』の編纂段階において、そうした膳氏を中核とする同祖系譜を取り込むことにより、新たな同祖系譜を形成したとみられる。阿倍氏の始祖伝説である四道将軍伝説は、そうした同祖系譜に対応するものといえよう。『古事記』の系譜は、分岐した阿倍氏と膳氏が同族であることを強調したものであり、『書紀』の系譜は、両氏の分枝後に新たに同族に加わった氏族を包摂しており、『姓氏録』の同祖系譜に繋がるものであったと理解される。なお、『書紀』の系譜に見える筑紫国造、越国造の二氏は、阿倍氏が、筆頭のマエツキミとして、大和政権の海外交渉を統括するようになってから、政治的に同祖関係を結んだとみられ、同様に『姓氏録』に見える同族の内、大彦命の子、波多武日子命と紐結命の後とある「吉士集団」を構成する、吉志・難波忌寸・三宅人・日下連など、もともと渡来氏族とみられる諸氏も、新たに阿倍氏と膳氏の一族を包摂した同祖系譜に加えられたのであろう。おそらく阿倍氏同祖系譜は、すでにワカタケルの時代に原型が成立し、継体欽明朝の大和政権の再編、膳氏からの阿倍氏の分枝の時代に再構成され、最終的には阿倍氏の主導により『記紀』にみえる形に定着したのであろう。

註

（1）直木孝次郎「複姓の研究」、同「人制の研究」（『日本古代国家の構造』青木書店　一九五八）、阿部武彦「古代族

長継承の問題について」、「上代改賜姓の範囲について」（『日本古代の氏族と祭祀』吉川弘文館　一九八四　初出一九五四・一九四四）
（2）加藤謙吉「複姓成立に関する一考察」（『大和政権と古代氏族』吉川弘文館　一九九一　初出一九七三）
（3）志田諄一「阿倍臣」（『古代氏族の性格と伝承』雄山閣　一九七一）
（4）太田亮『全訂　日本上代社会組織の研究』（邦光書房　一九五五）
（5）大塚徳郎「丈部・吉弥候部について」（『平安初期政治史研究』吉川弘文館　一九六九　初出一九五三）
（6）佐伯有清「丈部氏および丈部の研究」（『日本古代氏族の研究』吉川弘文館　一九八五　初出一九八〇）
（7）本位田菊士「境部に関する若干の考察」（『日本古代国家形成過程の研究』名著出版　一九七八　初出一九七五）
（8）藤間生大「大和国家の機構」（『歴史学研究』二一四）、三浦圭一「吉士について」（『日本史研究』三四）
（9）大橋信弥「雄略朝成立前夜の政治過程」（『日本古代の王権と氏族』吉川弘文館　一九九六）
（10）佐伯有清『新撰姓氏録の研究』考證編　第二（吉川弘文館　一九八二）
（11）佐伯有清『新撰姓氏録の研究』考證編　第二（前掲）
（12）本書第三章参照
（13）本書第二章参照
（14）津田左右吉『日本古典の研究上』（岩波書店　一九五〇）吉井巌「シキツヒコ命と大毘古命との二つの子孫記述をめぐって」（『天皇の系譜と神話』二　塙書房　一九七六）
（15）水野祐『増訂日本古代王朝史論序説』（小宮山書店　一九五二）、同『日本古代の国家形成』（講談社　一九六七）
（16）黒沢幸三「古代息長氏の系譜と伝承」（『日本古代の伝承文学の研究』塙書房　一九八六）
（17）田中日佐夫『山辺の道』（三彩社　一九六九、学生社　二〇〇七再版）、同『近江古寺風土記』（学生社　一九七三）、

吉井巌「シキツヒコノ命と大毘古命との二つの子孫記述をめぐって」（前掲）
(18) 米沢康「北陸地域の国造について」、同「越国守阿倍引田臣比羅夫考」（『北陸古代の政治と社会』法政大学出版局　一九八九）、若月義小「律令国家成立期の東北経営」（『日本史研究』二七六　一九九四）、熊谷公男「阿倍比羅夫北征記事に関する基礎的考察」（高橋富雄編『古代東北氏の研究』吉川弘文館　一九八六）
(19) 竹本晃「阿倍氏」（『ここまでわかった！古代豪族のルーツと末裔たち』新人物往来社　二〇一一）
(20) 古典文学大系本『日本書紀』頭注
(21) 『本居宣長全集』第二巻（筑摩書房　一九六八）
(22) 『書紀』天智七年二月条に阿倍皇女、『続紀』元明即位前紀に阿閉皇女とある。
(23) 加藤謙吉「中央と地方」（『ここまでわかった！古代豪族のルーツと末裔たち』新人物往来社　二〇一一）
(24) 前川明久「古代の伊勢神宮と敢氏」（『古代文化』三八‐三　一九八六）
(25) 狩野久「膳氏と御食国」（旧版『古代の日本』5　角川書店　一九七五）

あとがき

本シリーズへの執筆を依頼され、一〇年余が過ぎてしまった。刊行趣旨にもあるように、この叢書が、この間停滞気味であった個別氏族研究の再興をめざすものであることから、もともとそうした問題意識から古代史研究に踏み込んだ私としては、無意識のうちに力みがあったのかもしれない。途中から執筆が停滞しがちになったのは、旧来の個別氏族研究の方法が、かなり行き詰まっていたことと無関係ではなく、新たな視角が必要であったからと思う。あらかじめ解っていたことであるが、古代豪族に関わる史料は極めて少なく、一書として仕上げるには障害が大きいという問題もあったが、長く近江の古代豪族の研究をすすめてきた経験もあり、そうした中にも、何か手がかりがあるかと試行錯誤を繰り返した。開き直って、本書が、個別氏族研究の常道を取らず、現在の私が関心を持っているテーマを選び、独立した論文を書くように執筆したのは、他の切り口が見つからなかったからであった。

二〇一七年一一月

大橋信弥

〈著者略歴〉

大橋　信弥（おおはし・のぶや）

1945 年　茨城県に生まれる

1967 年　立命館大学大学院文学研究科修士課程日本史学専攻修了

現在　成安造形大学非常勤講師　渡来人歴史館顧問

著書『日本古代国家の成立と息長氏』吉川弘文館　1984 年

『日本古代の王権と氏族』吉川弘文館　1996 年

『古代豪族と渡来人』吉川弘文館　2004 年

『継体天皇と即位の謎』吉川弘文館　2007 年

『小野妹子・毛人・毛野』ミネルヴァ書房　2017 年

平成 29 年 12 月 25 日 初版発行　《検印省略》

日本古代氏族研究叢書⑦

阿倍氏《あべし》の研究《けんきゅう》

著　者　大橋信弥

発行者　宮田哲男

発行所　株式会社　雄山閣

〒 102-0071　東京都千代田区富士見２－６－９

TEL 03-3262-3231　FAX 03-3262-6938

振 替 00130-5-1685

http://www.yuzankaku.co.jp

印刷・製本　株式会社 ティーケー出版印刷

ISBN978-4-639-02543-6　C3021

N.D.C.210　267p　22cm